William Crain
Lernen für die Welt von morgen

William Crain

Lernen für die Welt von morgen

Kindzentrierte Pädagogik –
Der Weg aus der
Erziehungs- und Bildungskrise

Aus dem Amerikanischen übersetzt
von Jaqueline Eddaoudi

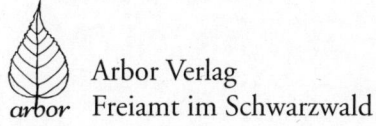

Arbor Verlag
Freiamt im Schwarzwald

Für Ellen

Copyright © 2003 by William C. Crain
Copyright © der deutschen Ausgabe: Arbor Verlag, Freiamt, 2005.
Published by arrangement with Henry Holt & Company L.L.C., 115 West 18th Street, N.Y. 10011, New York, USA

Titel der amerikanischen Originalausgabe:
Reclaiming Childhood. Letting Children Be Children in Our Achievement-Oriented Society

Alle Rechte vorbehalten

1 2 3 4 5   Auflage
05 06 07 08 09   Erscheinungsjahr

Titelfoto: © Jim Erickson/Corbis, 2005
Lektorat: Gabriele Grimm
Druck und Bindung: Kösel, Krugzell

Dieses Buch wurde auf 100 % Altpapier gedruckt und ist alterungsbeständig. Weitere Informationen über unser Umweltengagement finden Sie unter www.arbor-verlag.de/umwelt.

www.arbor-verlag.de

ISBN 3-936855-08-0

Inhalt

Vorwort 7
Einführung 11

Kapitel 1
Dem Plan der Natur folgen 21

Kapitel 2
Kinder erfinden imaginäre Freunde 43

Kapitel 3
Kinder erforschen die Natur 55

Kapitel 4
Kinder zeichnen 81

Kapitel 5
Kinder dichten 105

Kapitel 6
Kinder lernen sprechen 121

Kapitel 7
Wie hat es die Zukunft nur geschafft, uns dermaßen im Würgegriff zu halten? 137

Kapitel 8
Die Technologie hinterfragen 157

Kapitel 9
**Auf den Normungstrend reagieren:
Die kindzentrierte Alternative** 167

Kapitel 10
Die Fragen der Eltern 189

Anhang
Portraits von natürlichen Kindern 203

Anhang A
Ein Kind der Natur: Huckleberry Finn .. 205

Anhang B
**Wie Kinder die Schule erleben:
Sally Brown und Peppermint Patty** 217

Anmerkungen 226
Literatur 232
Danksagung 249

Vorwort

Unsere Kinder kamen in den späten 70er Jahren in Teaneck, New Jersey, einem großen, multikulturellen Vorort in die öffentliche Grundschule. Die Schulen hatten einen guten Ruf, doch weder unsere Kinder noch die anderen Kinder, die wir kannten, mochten die Schule besonders. Sie empfanden die meisten Aufgaben als langweilig und zu abstrakt.

Im Gespräch mit Eltern fand ich heraus, dass dieses Problem weit verbreitet war – in Teaneck und anderen Orten. Eltern konnten oft beobachten, dass ihre Kinder anfangs sehr neugierig und wissbegierig waren, dass ihre Begeisterung jedoch bereits nach wenigen Schuljahren verschwunden war.

Bald wurde die Standardisierung immer populärer und ich machte mir Sorgen, dass die neuen akademischen Anforderungen und standardisierten Tests den Kindern noch viel mehr zu schaffen machen könnten. Sogar die Kindergärten, die einst noch spielerisch auf das Schulleben vorbereiteten, erhielten immer mehr akademischen Anstrich. In allen Altersstufen verbrachten die Kinder immer mehr Zeit mit langweiligen, auf Leistung und Überprüfung ausgerichteten Lernaufgaben. 1987 beschloss ich, für den Bildungsausschuss von Teaneck zu kandidieren, um zu versuchen, diesen Trend auf lokaler Ebene zur Sprache zu bringen.

Ich ahnte bereits im Voraus, wie die Schulgemeinschaft die neuen akademischen Anforderungen rechtfertigen würde. Die lokale Schulbehörde wie auch die führenden Politiker waren der Meinung, dass die neuen Schritte notwendig wären, um die Schüler auf das zukünftige, auf Wettbewerb ausgerichtete Berufsleben vorzubereiten. Ich erkannte jedoch auch, dass das Thema Zukunft für die Schulgemeinschaft emotionsgeladener war, als ich gedacht hatte. Ich ging zu vielen Treffen von Eltern, Lehrern und Vertretern der Schulbehörde und kaum ein Treffen verging, ohne dass es nicht jemand für notwendig hielt, die anderen daran zu erinnern, dass „der Zweck der Schule darin besteht, die Kinder auf die Zukunft vorzubereiten". Bei diesen Worten wurde es üblicherweise still im ganzen Raum und alle nickten, als ob sie an eine tiefe Wahrheit und eine moralische Verpflichtung erinnert worden wären.

Was könnte man auf diese Sichtweise antworten? Es fiel mir nicht besonders leicht und ich fühlte mich in dieser Fragestellung allein. Auch heute ist die Situation nicht viel anders. Obwohl unzählige Eltern und Pädagogen dem Normungstrend mit seinem Schwerpunkt der standardisierten Überprüfung der Kinder nun kritisch gegenüber stehen, stellen nur wenige Kritiker das allgemeine Ziel des Normungstrends, nämlich Kinder auf die Zukunft vorzubereiten, in Frage. Stattdessen argumentieren sie, dass wir beim Nachdenken über die Zukunft uns zu sehr auf Tests und akademische Fähigkeiten konzentriert und beschränkt haben. Sie fordern dazu auf, mehr im weiteren Sinne über die Vorbereitung unserer Kinder auf das Leben und das lebenslange Lernen nachzudenken oder auch darüber, wie man Kinder zu ausgeglichenen und mitfühlenden Erwachsenen erziehen kann, die fähig sind, kritisch zu denken und sich für öffentliche Angelegenheiten einzusetzen. Nur selten hört man jemanden sagen: „Vielleicht ist es an der Zeit, die Tatsache zu hinterfragen, dass wir der Zukunft so großen Wert beimessen. Vielleicht sollten wir auf die gegenwärtigen Gefühle und Interessen der Kinder achten."

Ich wurde von ein paar wenigen großen Pädagogen und Psychologen der kindzentrierten Tradition inspiriert, die von dem Philosophen des 18. Jahrhunderts Jean-Jacques Rousseau initiiert wurde – eine Tradition, der John Dewey und Maria Montessori sowie zeitgenössische Gelehrte wie David Elkind angehören. Mehr und mehr las ich jedoch die Gedanken von Rousseau selbst und dachte darüber nach.

Rousseau warnte davor, dass uns die Beschäftigung mit der Zukunft des Kindes dem natürlichen Plan einer gesunden Entwicklung gegenüber blind macht. Er vertrat den Standpunkt, dass die Natur die Kinder im Inneren durch eine Vielzahl von Stadien führt und dass die Kinder in jeder dieser Phasen verschiedene Fähigkeiten entwickeln. Wir müssen die spontanen Interessen und Neigungen der Kinder beobachten und ihnen die Möglichkeit geben, ihr Potential in der gegenwärtigen Phase zu entwickeln.

Erst Rousseau hat den Anfang gemacht, die Bedeutung der Kindheit zu beschreiben. Er sprach allgemein über den Drang der Kinder, ihre

Sinne und ihren Körper durch das Spielen und durch körperliche Aktivitäten zu entwickeln. Er sah die beachtliche Kreativität im Spiel von kleinen Kindern, in ihren Bildern oder anderen besonderen Aktivitäten der Kinderjahre nicht. Er entwickelte jedoch die These, dass die Kindheit selbst wichtig ist und dass Kinder die Möglichkeit haben sollten, die Freude und die Erfüllung zu erleben, wenn man Fähigkeiten entwickelt, die einem wichtig sind.

Ich war für den Schulausschuss neun Jahre lang tätig. Während dieser Zeit trieben die amerikanischen Politiker und die führenden Pädagogen die „Bildungsreformen" voran, über die wir heutzutage so viel hören – höhere akademische Anforderungen, längere Schultage, mehr Technologie in den Klassen und größere Anstrengungen von Seiten der Eltern, um die Leistungen der Kinder zu erhöhen. In meinen Diskussionen mit Eltern und Lehrern über dieses Thema dachte ich über jene Art von Fragen nach, die Rousseau stellte. Wie werden sich die Veränderungen auf die Kinder in ihrem gegenwärtigen Leben auswirken? Werden sie die Zeit haben, die für die Kindheit charakteristischen Fähigkeiten zu entwickeln? Werden sie ihre eigenen Entdeckungen machen können? Und was kann ich Eltern und Lehrern raten, die den Kindern helfen möchten, eine erfülltere und glücklichere Kindheit zu erleben? Um diese Fragen dreht sich dieses Buch.

Einführung

Unsere Besessenheit
von der Zukunft der Kinder

Zwei Mütter saßen auf einer Parkbank in einem vornehmen Viertel New Yorks und passten auf ihre Kleinkinder auf, die in einem Sandkasten spielten. Eine der Mütter beobachtete ihren kleinen Sohn nachdenklich, wandte sich dann zu der anderen Frau und fragte: „Glauben Sie wirklich, dass er das Zeug zum Princeton-Studenten hat?"

Die Sorge dieser Mutter mag uns ein wenig extrem erscheinen, sie spiegelt jedoch die grundlegende Sichtweise unserer Kultur gegenüber Kindern wider. Wir sind so sehr besorgt um ihre Zukunft, dass wir sie nicht sehen und sie in ihrer Art schätzen können, wer sie sind – nämlich Kinder.

Die Konzentration auf die Zukunft beherrscht jeden Aspekt des Lebens der Kinder. Auf dem Gebiet der Bildung hat die intensive Angst um die Zukunft den Normungstrend vorangetrieben. Begonnen hat dies 1983 mit dem Bundesbericht „Eine Nation steht auf dem Spiel". Seitdem betonen Politiker und Unternehmer immer wieder, wie wichtig es ist, dass die Schulen die Kinder besser auf die Wirtschaft des 21. Jhdts. vorbereiten. Der Vorrang der amerikanischen Wirtschaft steht auf dem Spiel. Als Reaktion darauf hat beinahe jeder Bundesstaat das Niveau der Schulen angehoben und strenge Tests vorgeschrieben, um den Fortschritt der Schüler zu überprüfen. Die Staaten limitieren immer häufiger die Anzahl jener, die in die nächsthöhere Klasse aufsteigen, je nach den Punktezahlen in einer bestimmten Prüfung. 2002 hat die amerikanische Regierung Tests von der dritten bis achten Schulstufe vorgeschrieben. Um sicherzustellen, dass die Schüler jene

Fähigkeiten und jenes Wissen erwerben werden, das sie für die Zukunft brauchen, heben Schulen in allen Teilen der USA die Anforderungen bereits an sehr kleine Kinder an – sogar schon in Vorschulen.

Der Normungstrend hat das Leben der Kinder nicht gerade angenehm gemacht. Die Lehrer sind so damit beschäftigt, die Kinder auf die Tests vorzubereiten, dass nur mehr wenig Zeit für Projekte und Aktivitäten bleibt, die die Kinder interessant und wichtig finden, wie z.b. Bauen, Gartenarbeit und künstlerische Tätigkeiten. Die Tests machen auch vielen Kindern Angst. In der Welt von heute zählen die gegenwärtigen Interessen und Gefühle der Kinder wenig im Vergleich zu dem extrem wichtigen Ziel, sie auf den Arbeitsplatz vorzubereiten, den sie einmal als Erwachsener haben werden.

Die amerikanischen Gesetzgeber sind sich bewusst, dass einige Kinder Schwierigkeiten haben werden, mit den anderen Schritt zu halten. Das trifft vor allem für die Kinder zu, die in ärmlichen Verhältnissen leben. Auch hier sieht man jedoch wieder, wie sehr man heute nur an die Zukunft denkt. Mangelernährte Kleinkinder, die ohne zureichende Gesundheitsversorgung in schlechten Wohnverhältnissen leben, werden als Risikokinder für zukünftige Probleme eingestuft (Z.B. besteht bei armen Kindern ein größeres Risiko, dass sie die High School abbrechen und dass sie als Jugendliche schwanger werden sowie ein größeres Risiko der Arbeitslosigkeit). Der Hintergedanke dabei ist, dass es kein Problem gäbe, wenn die Armut die Kinder nur in ihrer Kindheit beträfe.

Sogar Kinderrechtsgruppen betonen die Bedeutung der Zukunft der Kinder. Z.B. hat der Children's Defense Fund (Fonds zur Verteidigung der Rechte der Kinder) die langfristigen Auswirkungen der Armut betont und uns an unsere moralische Verpflichtung erinnert, den armen Kindern in ihrem gegenwärtigen Leben zu helfen. Diese Organisation hat einen Bericht herausgegeben – „Wasting America's Future" (Die Verschwendung der Zukunft Amerikas) –, aus dem hervorgeht, dass die Armut von Kindern die Nation schätzungsweise einige Milliarden Dollar an zukünftiger Arbeitsproduktivität kosten wird. Der Children's Defense Fund warnt davor, dass sich solche Verluste für die Wirtschaft an diesem Punkt der amerikanischen Geschichte als besonders schädlich herausstellen werden: „Mit dem Älterwerden der amerikanischen Bevölkerung werden unsere Kleinkinder eine zunehmend wertvolle Ressource, deren Verschwendung wir uns nicht leisten können."

Wenn der Children's Defense Fund Kinder als eine „wertvolle Ressource" bezeichnet, beschwört das den Begriff, den wir ständig hören – wie in der Aussage „unsere Kinder sind unsere wertvollste Ressource". Die Popularität dieses Klischees wird nur noch von dem Slogan „unsere Kinder sind die Zukunft" übertroffen. Beide Slogans fordern uns auf, Kinder zu schätzen, jedoch nicht als Kinder in ihrem gegenwärtigen Leben. Sie fordern uns auf, sie dafür wertzuschätzen, was sie in den kommenden Jahren beitragen können.

Die Gruppe, die am meisten über die Zukunft der Kinder besorgt ist, ist zweifellos die der Eltern. Mittelschichteltern in New York arbeiten fieberhaft daran, ihre Kinder in Kindergärten unterzubringen, die sie auf eine Schulkarriere in Richtung der Ivy League Colleges vorbereiten. Möglicherweise fühlen die Eltern, dass irgendetwas daran nicht stimmen kann, Vierjährige auf IQ-Tests für die Aufnahme an Schulen vorzubereiten, sie wollen jedoch die beste Zukunft für ihre Kinder. Laut David Elkind versuchen Eltern überall in Amerika, ihren Kindern einen Vorsprung zu verschaffen, indem sie ihnen bereits früh schulische Bildung zukommen lassen. Elkind war Zeuge, wie eine Mutter eine Kandidatin für die Direktion eines Kindergartens fragte: „Wie sieht der wissenschaftliche Teil des Lehrplans aus?" Eine andere schrie den Lehrer ihres Sohnes, der die erste Klasse besuchte, an: „Sie können ihm kein ‚befriedigend' geben. Wie soll er jemals in das Massachusetts Institute of Technology kommen?"

Kürzlich wurden die Eltern mit einer neuen Sorge konfrontiert. Einige Behörden haben betont, wie wichtig die Stimulation der Umwelt für die Entwicklung des Gehirns von Kleinkindern ist. Die Behörden berufen sich auf neue Forschungsergebnisse, die besagen, dass die Stimulation in den ersten drei Jahren die gesamte Zukunft eines Kindes bestimmen kann. Obwohl die Forschungen diese Thesen nicht beweisen, haben die Verlautbarungen dieser Stellen die Besorgnis der Eltern hervorgerufen und Hersteller von pädagogischem Material verkaufen nun mehr Kassetten und Lehrmaterial für Kinder unter drei Jahren. Wie eine Zeitung dazu meinte, steht schließlich „das Ergebnis des Eignungstests für Studenten auf dem Spiel".

Diese ganze Sorge der Erwachsenen um die Zukunft der Kinder beeinträchtigt das emotionale Wohlbefinden der Kinder. Kinderärzte berichten bereits über das besorgniserregende Niveau des leistungsbedingten Stress bei Grundschulkindern. Viele Kinder sorgen sich so sehr um ihre schulischen Leistungen, dass sie Einschlafschwierigkeiten haben und unter Kopfschmerzen sowie Panikattacken leiden. Die Zeitung *New York Times* hat kürzlich berichtet, dass eine immer größer werdende Anzahl an Lehrern ihren Job kündigt, weil sie u.a. der Meinung sind, dass der prüfungsbedingte Stress den Kindern gegenüber ungerecht ist.

Der Stress ist jedoch nur eine Hälfte der Geschichte. Kindern wird die Möglichkeit genommen, jene Erfahrungen zu machen, die sie benötigen, um normal heranzuwachsen. Wie Jean-Jacques Rousseau vor über zwei Jahrhunderten meinte, entwickeln Kinder von Natur aus unterschiedliche Fähigkeiten in den verschiedenen Phasen des Lebens. Wenn wir uns zu sehr darauf konzentrieren, was Kinder für die Zukunft benötigen, nehmen wir ihnen die Chance, ihre Fähigkeiten der derzeitigen Phase zu entwickeln.

Wenn wir die Kinder in der Altersstufe zwischen ungefähr drei und acht Jahren betrachten, so sind sie in dieser Altersstufe, laut den Ergebnissen einer beachtlichen Anzahl von Studien, von Natur aus bestrebt, ihren Körper und ihre Sinne zu entwickeln und – wie Howard Gardner betont – die künstlerische Seite ihrer Persönlichkeit. Kleine Kinder lieben zu singen, zu tanzen, zu zeichnen, zu dichten und Theater zu spielen. Sie schaffen sich manchmal sogar einen imaginären Freund. Darüber hinaus entwickeln sich in dieser Zeit ihre künstlerischen Fähigkeiten auf atemberaubende Weise. Zum Beispiel fertigen Kinder zwischen fünf und acht Jahren tagtäglich Zeichnungen an, die frisch, lebendig und harmonisch sind. Viele große Maler wie Picasso, Klee und Kandinsky haben diesbezüglich gesagt, dass sie versuchen, die kreative Haltung, die sie als kleine Kinder hatten, wieder wach werden zu lassen.

Später, gegen Ende dieser Phase, unterzieht sich die Persönlichkeit des Kindes üblicherweise einem Wechsel. Die vorherrschende Orientierung der Kinder richtet sich weniger auf die Sinne, ist weniger frei, spielerisch und künstlerisch und wird rationaler und stärker auf die Logik bezogen. Die Phantasie und die magischen Fähigkeiten der früheren Jahre verschwinden. Wie es in dem Lied „Puff the Magic Dragon" heißt, muss Puff gehen, weil der menschliche Spielgefährte größer und vernünftiger wird. Das Kind fühlt sich mit schulischen Dingen zunehmend vertraut. In der Entwicklungspsychologie ist diese Veränderung als „five-to-seven-yearshift" (Übergang von der präoperationalen Phase in die erste operationale Phase, Anm. d. Übers.) bekannt und eine Reihe von Untersuchungen dokumentiert dieses Phänomen.

Die Schulen von heute jedoch schenken diesem Entwicklungsabschnitt keine Beachtung. Davon besessen, die Kinder auf einen vom Konkurrenzdenken geprägten, hochtechnologisierten Arbeitsplatz vorzubereiten, legen die Schulen Wert auf eine akademische Ausbildung und rationale Problemlösungsfähigkeiten, und das bereits in der Vorschule und sogar schon zuvor. Schulen geben auch eine beachtliche Menge Hausaufgaben auf. Manche Schulen haben sogar die Pausen abgeschafft. Infolgedessen hat das Kind nur wenig Zeit zum Spielen sowie für künstlerische Tätigkeiten und kann unter diesen Umständen seine Talente nicht voll entfalten. Irgendwann muss es wohl zu dem Schluss kommen, dass „das, was den meisten Erwachsenen so wichtig ist, nicht ich bin und die kreativen Impulse, die sich so stark anfühlen und die mir so natürlich vorkommen, sondern die Vorstellungen der Erwachsenen davon, wie ich denken soll". Das Kind muss das Gefühl haben, dass es in eine externe, rationale Form gezwungen wird – wie die Gefangenen des sagenhaften Prokrustes, der die Arme und Beine seiner Opfer entweder streckte oder abschnitt, damit sie in sein eisernes Bett passten.

Eine ähnliche Situation herrscht derzeit, was die Vorliebe der Kinder für die Natur betrifft. Viele große Dichter der Romantik machten auf die besondere Sensitivität der Kinder für die Welt der Natur aufmerksam. Wordsworth, Shelley, Whittier und andere Dichter waren der Meinung, dass Kinder Gefühle des Einsseins mit Tieren, Bäumen, dem Wind, der Erde, dem Wasser entwickeln und dass sie die Natur als Quelle endlosen Staunens und Entzückens erleben. Eine begrenzte, jedoch ständig steigende Zahl von Studien kommt zu dem Schluss, dass die Kindheit tatsächlich eine Zeit der besonderen Sensibilität für die Natur ist. Forscher haben z.B. festgestellt, dass kleine Kinder bis zum Alter von ungefähr sieben Jahren sogar mehr von Tieren als von Menschen oder anderen

Themen träumen. Es scheint, dass Kinder bis zum Alter von zwölf Jahren das starke Bedürfnis haben, die Natur zu erforschen und Trost in natürlicher Umgebung zu suchen.

Kinder können jedoch in einem Vakuum keine Beziehung zur Natur aufbauen – sie benötigen Erfahrungen mit der Natur. Wir sind heutzutage so damit beschäftigt, die Kinder auf ein technologisch fortgeschrittenes Arbeitsleben vorzubereiten, dass wir es verabsäumen, sie jene Erfahrungen machen zu lassen, die sie benötigen. Wir sehen keinen Sinn darin, Kinder durch Wiesen streifen oder selbstvergessen am Rande eines Bachs plantschen zu lassen. Stattdessen rufen die Verantwortlichen für die Bildungspolitik dazu auf, mehr Zeit vor dem Computer zu verbringen sowie längere Schultage und Schuljahre einzuführen, was bedeutet, dass Kinder sich noch längere Zeit in geschlossenen Räumen aufhalten. Die Stunden nach der Schule wiederum werden mit Videospielen, elektronischen Spielsachen und Fernsehen verbracht. All diese Aktivitäten veranlassen sie, sich in künstlichen Umgebungen in Gebäuden aufzuhalten. Währenddessen asphaltieren wir weiterhin den Boden, fällen Bäume und errichten künstliche Oberflächen. In unserer heutigen synthetischen, hochtechnologisierten Welt kann sich die Naturverbundenheit der Kinder möglicherweise nicht vollständig entfalten. Dieses Potential der Kindheit verkümmert womöglich und lässt die Persönlichkeit der Kinder verarmen.

Ich bin der Meinung, dass wir so davon besessen sind, die Kinder auf die Zukunft vorzubereiten, dass wir ihnen die Chance nehmen, ihre künstlerischen Neigungen, ihre Naturverbundenheit und andere unverwechselbare Fähigkeiten der Kinderjahre zu entwickeln. Ich bin der Meinung, dass wir tatsächlich ihr Wachstum hemmen und zukünftige Studien werden möglicherweise beweisen, dass sich die Auswirkungen davon in zunehmenden Depressionen, Selbstmordgefährdung, Ruhelosigkeit und anderen Symptomen eines unerfüllten Lebens zeigen werden.

Um diese Situation zu meistern, müssen wir beginnen, die besonderen Fähigkeiten der Kindheit wert zu schätzen. Was z.B. die Gefühle der Kinder für die Natur anbelangt, müssen wir über eine Haltung nachdenken, ähnlich der in dem bewegten Bild „The Yearling", das auf dem Roman über eine Bauersfamilie in Florida von Marjorie Kinnan Rawling von 1938 basiert.

In dieser Geschichte hat die Mutter bereits ihre ersten Kinder in frühem Alter sterben sehen und hat ihr Herz gegen Kinder im Allgemeinen und ihren einzigen Nachkommen, einen elf Jahre alten Sohn, verschlossen. Sie kritisiert ihn dafür, dass er ständig losrennt und Tiere nach Hause bringt. Er sollte nun ein ernster Erwachsener werden, meint sie, „und seinen Beitrag als Mann leisten". Der Vater jedoch bittet die Mutter, vom Sohn nicht zu viel zu verlangen.

„Er wird nicht mehr lange Kind sein. Verschone ihn noch eine Weile.

Ich habe unseren Jungen gesehen, wie er still und atemlos vor Staunen gestanden ist und einen Vogel und die Geschöpfe, den Wind, den Regen, die Sonne und den Mond beobachtet hat. Genau wie ich, als ich ein Junge war. Hab keine Angst davor, den Jungen zu lieben".

Die Haltung des Vaters mag altmodisch und sentimental erscheinen, es liegt jedoch eine gewisse Weisheit darin. Er erkennt, dass die Kindheit ihre besonderen Interessen und Leidenschaften hat und er möchte sie schützen. Er sieht die Kindheit nicht nur als eine reine Vorbereitung auf die Zukunft an, sondern als eine schätzenswerte – ja sogar, wertvolle – Zeit, um ihrer selbst willen.

Eine kindzentrierte Perspektive

Dieses Buch stützt sich auf eine spezifische intellektuelle und pädagogische Tradition. Es ist dies eine Tradition, die mit Jean-Jacques Rousseau begann und der Menschen wie Maria Montessori, John Dewey, Jean Piaget, Constance Kamii und David Elkind angehören. Unabhängig davon, ob das Thema der Autoren Erziehung oder Bildung war, ist ihre grundlegende Ausrichtung immer kindzentriert. Sie waren der Meinung, dass unsere höchste Priorität nicht unsere eigenen Ziele und Ambitionen für die Kinder sein sollten, sondern dass wir die größte

Bedeutung jenen Fähigkeiten beimessen sollten, die die Kinder von sich aus bestrebt sind, in ihrer gegenwärtigen Entwicklungsphase zu entfalten.

Bezüglich der Unterstützung der Kinder in ihrer Entwicklung meinen kindzentrierte Autoren, dass wir aufhören sollten, Kinder zu dirigieren und stattdessen unsere Aufmerksamkeit ihren spontanen Interessen und Gefühlen zuwenden sollten. Kinder haben großes Interesse an Aufgaben, die sie befähigen, ihre wachsende Kraft zu entwickeln, und sie arbeiten an ihnen mit großem Interesse und hoher Konzentration. Wenn sie dann diese Aufgaben gemeistert haben, sind sie meist glücklich und im Frieden mit sich selbst, weil es ihnen möglich war, ihre Kräfte zu entwickeln. Wir sollten diese Gefühle als Anhaltspunkt dafür verwenden, welche Aktivitäten Kinder benötigen.

Kindzentrierte Autoren fordern schließlich von uns, die Bemühungen der Kinder zu respektieren, selbst zu lernen. Sie streichen heraus, dass ein Kleinkind, das ein Bild zeichnet oder mit Bauklötzen baut, viele technische Probleme selbst löst, und sie fordern uns auf, der Versuchung zu widerstehen, uns mit unseren Ratschlägen, Anweisungen und Verbesserungen einzumischen. Unsere Aufgabe ist es, dem Kind die Möglichkeit zu geben, das zu lernen, was dem Kind selbst am wichtigsten ist und dann einen Schritt zurückzutreten und dem Kind zu erlauben, Dinge selbst und für sich selbst herauszufinden.

Jahrelang haben sich einige kindzentrierte Autoren dagegen ausgesprochen, was sie als übermäßiges Drängen und Anspornen von Seiten der Erwachsenen erachtet haben. Z.B. schrieb Louise Bates Ames 1971 einen leidenschaftlichen Artikel mit dem Titel „Don't Push Your Preschooler" (Drängen Sie Ihr Kindergartenkind nicht). Als der Normungstrend in den 80er Jahren ins Rollen kam, schrieb vor allem David Elkind sehr wortgewandt über die Notwendigkeit, die Kindheit gegenüber frühem akademischen Druck zu schützen. Elkind präsentierte die klassische Phasentheorie von Jean Piaget und Erik H. Erikson als ein Model der langsameren und natürlicheren Entwicklung, um den Eltern und Lehrern einen Leitfaden zu geben.

Jetzt am Beginn des 21. Jhdts. erlauben uns die Forschungsergebnisse mehr über die besonderen Qualitäten der Kindheit zu sagen. Ich werde versuchen, diese Qualitäten des Kindes: suchen, untersuchen, schauspielern, die Natur erforschen, zeichnen, Gedichte machen und die Sprache lernen, zu beschreiben. Meine Hoffnung ist, dass diese Beschreibungen ähnlich einem Naturführer zweckdienlich sein werden: genauso wie Beschreibungen von Bäumen, Vögeln und Bergen den Menschen helfen, die Natur schätzen zu lernen, hoffe ich, dass meine Beschreibungen den Lesern helfen werden, die beachtlichen Stärken der Kindheit anzuerkennen.

Dieses Buch richtet sich vor allem an Eltern. Wenn Eltern ihren Kindern in ihrem jetzigen Stadium mehr Wertschätzung zukommen lassen, wird diese Wertschätzung ihre Kinder stärken und ihnen Mut machen. Kinder werden das grundlegende Vertrauen gewinnen, das ihnen ermöglichen wird, ihre momentanen Interessen energisch zu verfolgen und in ihrem Leben weiterzukommen.

Eltern müssen jedoch mehr tun, als nur ihre Kinder anzuerkennen, so wertvoll diese Wertschätzung auch ist. Eltern müssen ihre Kinder auch darin unterstützen, zu wachsen und zu lernen. In diesem Buch gebe ich einige Tipps, wie sie den Kindern helfen können, ihre spontanen Interessen zu verfolgen und ihre eigenen Entdeckungen zu machen.

Dieses Buch spricht schließlich auch über Schulen. Die Schulzeit ist so eine lange Zeitspanne im Leben eines Kindes, dass wir als Eltern uns mit einbringen müssen. Wir müssen verstehen, welchen Druck Schulen auf Kinder ausüben und wir müssen die Alternativen verstehen, für die wir uns einsetzen sollten.

Kapitel 1

Dem Plan der Natur folgen

Die kindzentrierte Erziehung in den ersten Lebensjahren

Die Eltern von heute stehen vielen Ungewissheiten gegenüber. Das ist in ganz besonderem Maße in den USA und anderen Ländern der Fall, die besonderen Wert auf Fortschritt und Veränderung legen. Anders als Eltern in stabileren und traditionelleren Gesellschaften haben Eltern in den USA nicht immer das Gefühl, dass sie sich an ihre eigenen Eltern und Großeltern wenden können, wenn sie einen Rat bei der Kindererziehung benötigen. Stattdessen suchen die heutigen Eltern neuere und bessere Möglichkeiten, suchen nach den neuesten wissenschaftlichen Erkenntnissen und Ansätzen. Die Experten sind sich jedoch nicht immer einig und Eltern werden leicht verwirrt und ängstlich. Wie lang sollte man ein Kind stillen? Sollte man nach Zeitplan füttern oder auf Nachfrage? Ist es gut, ein Baby schreien zu lassen? Sollte man einem Baby das Gehen beibringen? Sind Leselernkarten und Mozart-Videos für Babys sinnvoll? Die Antwort auf diese und noch unzählige andere Fragen ist komplex.

Was die Sache noch erschwert, ist, dass Eltern ständig an ihre enorme Verantwortung erinnert werden. Zeitschriften und Bücher sagen den Eltern, dass sie die ersten Lehrer ihrer Kinder seien und dass das, was sie tun, gewaltige Auswirkungen haben wird. Die Titel beliebter Bücher suggerieren, dass es die Aufgabe der Eltern ist, den Kindern alle wichtigen Basiskenntnisse beizubringen: „Lehren Sie Ihr Kind Denken", „Lehren Sie Ihr Kind, Entscheidungen zu treffen", „Lehren Sie Ihr Kind die Sprache des sozialen Erfolgs", usw. So kann es leicht geschehen, dass Eltern glauben, dass ihre Kinder im Leben versagen werden, wenn sie als Eltern nicht alles richtig machen – und dass es dann ihre Schuld sein wird.

Die Unsicherheit und Ängstlichkeit der Eltern ist nichts Neues. Der berühmte Kleinkinderarzt Erik H. Erikson[1] schrieb in den 40er und 50er Jahren über dieses Problem. Als meine Frau und ich unsere Kinder in den späten 60er Jahren großzogen, hatten wir ähnliche Ängste wie die Eltern von heute.

Unsere Unsicherheit macht uns das Leben schwer, sie wirkt sich jedoch auch auf die Kinder aus. Laut Erikson können bereits Babys unseren Grad an Entspannung spüren und sie müssen ein Gefühl der Ruhe in uns spüren, um Vertrauen in die Welt zu entwickeln und sie als einen sicheren Ort zu erleben. Erikson war der Meinung, dass Eltern durch den Glauben an etwas Höheres, wie z.B. eine Religion, an innerer Sicherheit gewinnen. Nicht alle Eltern jedoch sind tief religiös. Wie können Eltern zu der inneren Ruhe gelangen und das Vertrauen erwerben, die so wichtig sind?

Meiner Meinung nach war jener, der diesbezüglich die besten Empfehlungen gab, der Kinderarzt Arnold Gesell[2]. Gesell meinte, dass das Erste, das wir als Eltern anerkennen müssen, ist, dass die Entwicklung unseres Babys nicht wirklich in unserer Hand liegt. Kinder kommen mit einem inneren Entwicklungsplan zur Welt, der das Produkt einer mehrere Millionen Jahre dauernden biologischen Entwicklung ist. Sie sind außergewöhnlich „weise", was ihre Bedürfnisse und die Frage betrifft, für was sie bereit sind oder nicht. Deswegen sollten wir uns einen kindzentrierten Ansatz zu Eigen machen: Anstatt zu versuchen, das Kind in unsere eigenen vorbestimmten Muster zu zwingen, sollten wir die Hinweise des Kindes selbst lesen lernen. Wenn das Baby hungrig ist, sollten wir es füttern; wenn es spielen möchte, sollten wir mit ihm spielen; wenn es müde ist, sollten wir es schlafen lassen und nicht wecken, um es zu füttern. Babys folgen den Gesetzen der Natur, deswegen können wir ohne Sorge den Hinweisen des Babys folgen. Folglich gibt es da etwas, in das wir Vertrauen haben können – die Natur selbst.

Zu Beginn, wenn die Eltern noch auf die Geburt eines Babys warten, mag dieser Ansatz nur wie eine weitere Theorie erscheinen. Wenn Eltern jedoch einmal ihre Kleinkinder größer werden sehen, sind sie meist zutiefst beeindruckt von der absoluten Weisheit der inneren Leitung der Natur. Das war auch bei mir der Fall. Als ich unsere Kinder und auch die unserer Freunde beobachtete, sah ich, wie Babys sich spontan in Aktivitäten vertieften, die ich mir nie hätte ausdenken können, um sie den Babys beizubringen, wie z.B. vor- und zurückschaukeln einige Wochen, bevor sie zu krabbeln begannen. Ich sah wie Babys Objekte mit gespannter und verzauberter Aufmerksamkeit untersuchten. Ich sah, dass Babys ihren eigenen Rhythmus für das Gefüttertwerden, Schlafen und Wachsein entwickelten, wenn die Eltern den Signalen und Bedürfnissen der Babys folgten. Ich verspürte demütige Befriedigung, das Werk der Natur zu beobachten.

Obwohl Gesell seine Hauptwerke bereits in den 40er und 50er Jahren veröffentlichte und auf romantische Art und Weise über die innere Führung durch die Natur schrieb, führte er auch einige der bis heute gründlichsten wissenschaftlichen Studien über die kindliche Entwicklung durch. In seinen fachspezifischeren Schriftstücken schrieb er von der Führung der Natur als *biologische Reife*. Reife ist eine innere, genetische Kraft, die die in Sequenzen unterteilte Entwicklung bestimmt. Im Mutterleib lenken die Gene das Wachstum in festgelegten Sequenzen und wir können diese auch nach der Geburt beobachten. Kinder beginnen, sich zu drehen, sich aufzusetzen, zu krabbeln, zu stehen und zu gehen – gemäß einem festgelegten Zeitplan. Wenn das kindliche Nervensystem unter der Leitung der Gene bis zu einem gewissen Punkt gewachsen ist, wird das Kind das innere Bedürfnis verspüren, sich mit einer neuen Aktivität zu beschäftigen.

Natürlich spielt die Umgebung eine Rolle. Entwicklungsforscher jedoch glauben, dass ihre Rolle in erster Linie eine unterstützende Funktion hat; sie garantiert, dass Kinder die Möglichkeiten haben, die sie benötigen, um ihre von innen kommenden Fähigkeiten zu perfektionieren. Entwicklungsforscher sind der Meinung, dass zwar die Entwicklung immer spezifischen Sequenzen folgt, dass Kinder jedoch in unterschiedlichem Tempo vorangehen. Nicht alle Kinder setzen sich im selben Alter auf, krabbeln oder gehen. Reifetheoretiker glauben, dass auch die individuelle Wachstumsgeschwindigkeit größtenteils von den Genen bestimmt wird.

Gesell initierte das derzeitige Forschungsinteresse an der angeborenen Veranlagung. Er beobachtete, dass einige Kinder sich schnell entwickelten und aufgeweckt und wachsam sind, andere Kinder jedoch eine andere Veranlagung haben. Einige Kinder, die sich langsamer entwickeln, lieben es, sich Zeit zu lassen und über Dinge nachzudenken. Andere, die unregelmäßig wachsen, sind oft launenhaft und schwanken zwischen Desinteresse und Geistesblitzen. Gesell betonte, dass jedes Kind ein einzigartiges, angeborenes Entwicklungstempo und Temperament hat und er forderte uns auf, die Individualität jedes Kindes zu respektieren.

Nicht alle kindzentrierten Theoretiker arbeiten mit dem Konzept der Reife. Insbesondere Jean Piaget[3] war der Meinung, dass wir einen Großteil der intellektuellen Entwicklung ganz einfach mit der kindlichen Neugier erklären können. Kinder werden neugierig durch Aufgabenstellungen, die sie nicht auf gewöhnliche Weise lösen können. Indem sie an diesen Aufgaben arbeiten, können sie neue kognitive Strukturen aufbauen. Dieser Konstruktionsprozess wird nicht direkt von den Genen beherrscht. Piaget war jedoch mit den Reifetheoretikern einer Meinung, dass die kindliche Entwicklung von innen stammt. Sie stammt nicht von den Unterweisungen durch Erwachsene oder durch den Einfluss der Umwelt, sondern vom eigenen spontanen Interesse des Kindes und von den Bemühungen, neue Wege zu entwickeln, die Welt zu verstehen. Deswegen fordern uns auch die Anhänger Piagets auf, die Hinweise der Kinder lesen zu lernen. Wir helfen Kindern am meisten, wenn wir ihnen die Möglichkeit geben, an jenen Aufgabenstellungen zu arbeiten, die sie am interessantesten finden.

Heute ist die kindzentrierte Pädagogik am stärksten durch die berühmten Artikel von Mary Ainsworth und anderen Bindungstheoretikern bekannt. Wie Gesell sind die Bindungstheoretiker der Meinung, dass Kinder, biologisch gesehen, vorbereitet sind, uns zu jenen Erfahrungen zu führen, die sie benötigen. Wenn wir auf ihre Signale und Zeichen reagieren, entwickeln sie eine gesunde und sichere Bindung an uns. Sie genießen es, mit uns zu sein, und sie nützen uns auch als sichere Heimatbasis von der aus sie losziehen können, um ihre Welt zu erforschen.

Führt der kindzentrierte Ansatz dazu, dass Kinder „verwöhnt" werden?

Die kindzentrierte Pädagogik erscheint vielen zu freizügig. Viele haben das Gefühl, dass ein Kind verwöhnt wird und alles bestimmen darf, wenn wir immer auf die Hinweise der Kindern achten. Dennoch haben die Studien, zumindest was die kindzentrierte Theorie betrifft, diesen Ansatz unterstützt. In einer klassischen Studie, sind Sylvia Bell und Mary Ainsworth[4] der Frage nachgegangen, was passiert, wenn Mütter schnell und zuverlässig auf das Weinen ihres Babys reagieren (anstatt ihren eigenen Vorstellungen zu folgen, wann es angebracht ist, zu weinen). Das klare Ergebnis war, dass das rasche Reagieren das Baby nicht verwöhnt. Im Gegenteil weinten diese Babys im Alter von einem Jahr, im Vergleich zu Babys von Eltern, die weniger auf sie reagierten, weniger und waren unabhängiger. Sie genossen es, gehalten zu werden. Wenn ihre Mutter sie jedoch wieder auf den Boden setzte, weinten sie nicht und protestierten auch nicht, sondern begannen, die Umgebung zu erforschen. Sie versicherten sich wohl von Zeit zu Zeit, ob die Mutter noch da ist, wie es für dieses Alter normal ist, sie waren jedoch grundsätzlich ziemlich selbständig. Es ist offensichtlich, dass Babys das Vertrauen gewinnen, dass sie immer Hilfe bekommen, wenn sie sie benötigen, entspannt sein können und losziehen können, um selbst ihre Umgebung zu erforschen, wenn ihre Signale beachtet werden.

Andere Studien haben diese Ergebnisse unterstützt, besonders was das Weinen der Babys und andere Signale betrifft (z.B. ihre Ärmchen in die Höhe halten, um aufgenommen zu werden, oder Grußgesten). Wenn Eltern beständig und einfühlsam auf die Signale des Babys reagieren, entwickeln Babys Gefühle des Vertrauens in die elterliche Fürsorge. Dieses Vertrauen macht sie frei, um mit beachtlicher Selbstständigkeit in die Welt zu ziehen.

Natürlich kann das Verhalten von Babys, besonders wenn sie älter sowie immer mobiler und aktiver werden, außer Kontrolle geraten. Sie machen Dinge, die für sie gefährlich sind, andere verletzen oder anderen gegenüber respektlos sind. Der kindzentrierte Ansatz spricht sich nicht für völlige Nachsicht aus. Wir dürfen einem zweijährigen Kind nicht erlauben, die Wände zu bekritzeln, weil es gerade seine inneren künstlerischen Bedürfnisse entwickelt.

Es ist oft recht einfach, Grenzen zu setzen und den Kindern dennoch zu erlauben, ihre natürlich erwachenden Fähigkeiten zu entwickeln. Es ist einfach zu sagen: „Wände sind nicht zum Malen da, sondern Papier. Da hast du Papier." Manchmal jedoch ist eine solche Lösung nicht so offensichtlich. Im Allgemeinen erscheint es sinnvoll, zwischen moralischem und intellektuellem Verhalten zu unterscheiden. Es ist angemessen, Grenzen zu setzen, was den moralischen Regelverstoß betrifft – also Verhalten, das andere verletzt oder anderen gegenüber respektlos ist. Wir wollen jedoch nicht den intellektuellen Erforschungen des Kindes Grenzen setzen. (Ein hilfreiches Buch über das Grenzensetzen ist das Buch von Haim Ginott: *Between Parent and Child*.)

Wenn es um die intellektuellen Erforschungen des Kindes geht, vertraut der kindzentrierte Ansatz dem eigenen Gefühl des Kindes, was wichtig ist. Auf einem gewissen Niveau wissen Kinder, was sie sich aneignen müssen, um zu wachsen. Wie Ralph Waldo Emerson sagte: „Es steht uns nicht zu, zu entscheiden, was das Kind wissen sollte und was es tun sollte. Es ist bereits entschieden und vorherbestimmt und nur das Kind selbst hat den Schlüssel zu seinem eigenen Geheimnis." Deswegen beobachten die Eltern die spontanen Interessen der Kinder und geben ihnen die Möglichkeiten, ihnen nachzugehen.

Manchmal stehen die Interessen der Kinder sehr im Widerspruch zu jenen der Erwachsenen. Z.B. wollen Erwachsene immer mehr, dass ihre Kleinkinder, sogar bereits mit einem oder zwei Jahren, Zahlen, Buchstaben und andere Fertigkeiten erlernen, die für ihre schulische Zukunft relevant sind. Kleinkinder haben jedoch eine Vorliebe für andere Aktivitäten – wie laufen, klettern, springen, zeichnen, mit Wasser spielen, die Natur erforschen und Rollenspiele. Die Begeisterung der Kleinkinder für solche Aktivitäten kommt von innen; diese Aktivitäten scheinen die Kinder zu unterstützen, sich zu entwickeln.

Sogar was die Freizeit betrifft, haben Kinder ihre eigenen Interessen. Ich erinnere mich noch daran, wie ich mit unserer Tochter, die damals drei Jahre alt war, in den Zoo in Bronx ging. Ich war mir sicher, dass sie die großartigen Vorführungen der Großtiere sehen wollte. Wir hatten uns gerade auf den langen Weg zum Zoo gemacht, als sie einen Wurm bemerkte. Sie hielt an und beobachtete ihn völlig vertieft eine ganze viertel Stunde lang. Sie entschloss sich schließlich, weiterzugehen, war jedoch erst wenige Schritte gegangen, als eine lange Kette ihre Aufmerksamkeit erregte, die die Seiten den Weges absperrte, und sie schaukelte auf ihr weitere zehn Minuten lang. Alles in allem war über eine Stunde vergangen, bis wir zu den Tieren kamen, und ich war überrascht, dass ihr Interesse daran nur bescheiden war. Sie schienen ihr zu fern zu sein; sie war vielmehr an solchen Dingen interessiert – wie Eichhörnchen oder einer Feder – die ganz nahe bei ihr lagen. Gary Nabhan hat etwas Ähnliches von der Natur berichtet. Während Erwachsene den Ausblick auf die Natur und das Panorama genießen, interessieren sich Kleinkinder für die Objekte und die Tierwelt direkt vor ihnen – einen Pinienzapfen, eine Blume, eine Ameise. Sie möchten mehr über kleine Objekte und Details erfahren.

Die kindzentrierte Pädagogik verlangt von uns nicht nur, dass wir das Interesse des Kindes respektieren, sondern dass wir ihm erlauben, seine eigenen Entdeckungen zu machen. Häufig sind wir vorschnell, Kindern etwas zu erklären oder ihnen Anweisungen zu geben. Wenn wir z.B. mit einem Kind spazieren gehen und das Kind anhält, um etwas Interessantes zu untersuchen, wie z.B. eine Blume oder einen Hund, geben wir Erwachsenen oft eine Bezeichnung und erklären, dass es etwas ähnelt, was das Kind bereits kennt. Das Kind jedoch möchte es selbst untersuchen. Ähnlich ist es, wenn Kinder zu zeichnen beginnen. Dann versuchen Erwachsene oft, ihre Zeichnungen zu verbessern. Dieses Verhalten von Erwachsenen ist in diesem Fall äußerst unangebracht, da kleine Kinder für gewöhnlich ihre Zeichentalente in erstaunlicher Weise selbst entwickeln – ohne die Einmischung von Erwachsenen. Wir werden dieses Thema im Detail in Kapitel 4 besprechen, jetzt möchte ich nur so viel dazu sagen, dass es am besten ist, wenn Eltern den Kindern unter acht Jahren Materialien und Zeit zum Zeichnen zur Verfügung stellen, sich dann zurücknehmen und sie selbst arbeiten lassen.

Der Psychologe Louise Ames hat einmal bemerkt, dass es oft nicht die Eltern, sondern die Großeltern sind, die die kindzentrierte Haltung am besten veranschaulichen. Großeltern empfinden unendlich viel Freude daran, ihre Enkelkinder einfach nur dabei zu beobachten, was Kinder eben so tun. Ob ein Kind seine ersten Schritte wagt, einen Klotz auf den anderen stellt oder singt, während es mit einem Auto spielt, oder ein Insekt beobachtet, sitzen Großeltern und beobachten lächelnd, als ob gerade etwas Großartiges geschehen würde. Großeltern greifen nicht ein, um dem Kind etwas beizubringen oder es zu korrigieren – sie genießen es, nur zu beobachten, und Kinder fühlen sich meist in der Präsenz der Großeltern wohl. Viele Eltern glauben, dass Kinder die Großeltern lieben, weil sie ihre Enkel verwöhnen. Manche Eltern meinen: „Natürlich mag mein Sohn seine Großeltern; er kann sich dort alles erlauben." Ich habe jedoch den Verdacht, dass der wirkliche Grund darin liegt, dass Großeltern einen weiteren Blick für den Lebenszyklus haben. Sie erkennen die speziellen Qualitäten der Kindheit und die eigenen Bemühungen des Kindes, das zu entdecken, was ihm wichtig ist.

Nichts desto weniger erscheint der kindzentrierte Ansatz vielen als zu phlegmatisch, speziell für die gehetzte Gesellschaft von heute. Der kindzentrierte Ansatz erscheint geeigneter für eine frühere Epoche, als die Geschwindigkeit des Lebens noch langsamer war. Heutzutage ist jeder besorgt, Kinder auf eine auf Konkurrenz ausgerichtete Zukunft vorzubereiten und damit so früh wie möglich zu beginnen. Die erwachsenenzentrierte Pädagogik beherrscht die Bücher über Erziehung und die Entwicklung der Kinder. Ich möchte hier kurz auf solche Modelle eingehen und dann die kindzentrierte Alternative näher beschreiben.

Erwachsenenzentrierte Ansätze

Diana Baumrinds autoritäre Eltern

Kinderärzte, Pädagogen und sogar beliebte Magazine stützen sich gerne auf psychologische Untersuchungen. Es gibt keine berühmteren Untersuchungen über Elternschaft als jene von Diana Baumrind. Beinahe jedes Buch über die Psychologie des Kindes hebt ihre Erkenntnisse über effiziente Erziehung hervor.

Auf der Basis von Elterninterviews und Beobachtungen zu Hause, berichtete Baumrind[5], dass die meisten selbständigen, selbstbeherrschten und aufgabenorientierten vierjährigen Kindergartenkinder eine bestimmte Art von Eltern hätten. Diese Eltern sind weder „autoritäre" Eltern, die herumkommandieren, aufdringlich oder distanziert sind, noch sind es „antiautoritäre" Eltern, die in ihrer Hilflosigkeit ihren Kindern erlaubten, alles zu tun, was sie wollten. Vielmehr sind die effizienten Eltern eine Mischung aus beidem. Sie verbinden strenge Kontrolle mit Wärme und dem Wunsch nach Selbstständigkeit des Kindes.

Oberflächlich betrachtet scheinen die Forschungen von Baumrind im Gegensatz zum kindzentrierten Ansatz zu stehen. Ihre hocheffizienten „Mischungseltern" klingen generell kontrollierender und direktiver, als es die kindzentrierte Pädagogik vertreten würde.

Baumrinds Erkenntnisse sind jedoch viel komplexer als die Zusammenfassung in den Lehrbüchern. Ihre Hauptstudie beschreibt nicht nur drei Typen, sondern acht. Darüber hinaus hatten einige nachsichtige Eltern äußerst kompetente Kinder. Das waren nicht Eltern, die Baumrind als „laissez-faire-Eltern" bezeichnete. Die „laissez-faire-Eltern" schienen verwirrt zu sein. Andere Eltern jedoch waren sehr klar, was ihre Sichtweise betraf. Sie schätzten eine demokratische Familie, die die Stimme eines jeden Familienmitglieds respektierte, einschließlich jener der kleinsten Kinder. Wie man erwarten würde, waren ihre Kinder im Kindergarten oft selbständig. Was vielleicht noch überraschender ist, ist, dass die Kinder im Allgemeinen das taten, was ihre Eltern wollten. Die

Kinder befolgten nicht die elterlichen Befehle (die Eltern gaben kaum welche). Stattdessen schienen die Kinder sich danach zu fühlen, aufmerksam demgegenüber zu sein, was die Eltern wollten, weil ihre eigenen Entscheidungen respektiert wurden und die Eltern angemessen auf sie reagierten. Deswegen enthüllt möglicherweise eine nähere Betrachtung der tatsächlichen Daten von Baumrind eine beachtliche Befürwortung der kindzentrierten Erziehung – eine Erziehung, die dem Kind, was seine eigenen Bedürfnisse betrifft, seine eigene Weisheit zugesteht.

Junge Akademiker

In den USA wird heute besonders viel Wert auf frühes akademisches Lernen gelegt. Eltern, die mit ihren Gedanken bereits in der Zukunft sind, würden am liebsten ihren Kindern von ganz klein auf intellektuelle Fähigkeiten beibringen und ihnen so einen Vorsprung auf den akademischen Erfolg verschaffen. Präsident George W. Bush möchte die Vorschulbildung noch viel akademischer gestalten.

Die Frage nach Beschleunigung der intellektuellen Entwicklung besteht in der Psychologie schon lange und die Forschung muss erst noch beweisen, inwieweit eine solche Geschwindigkeitserhöhung möglich ist. Allgemein scheint es, dass die Bemühungen, das kognitive Wachstum in Tagesstätten und Vorschulen zu beschleunigen, einige Erfolge erzielt haben, die Errungenschaften jedoch sind nur von kurzer Dauer. Es ist bewiesen, dass Eltern, die viel mit ihren Kindern sprechen, den Wortschatz ihrer Kinder erweitern, besonders wenn die Eltern sich in ihrer Wortwahl nach dem Interesse des Kindes richten. Dennoch können die elterlichen Bemühungen auch in die andere Richtung losgehen. Wenn Eltern zu viel Kontrolle ausüben, verringern sie die Neugier der Kinder, die für das kognitive Wachstum unumgänglich ist.

Darüber hinaus warnen Forscher davor, akademische Materialien zu früh einzusetzen. Kathy Hirsh-Pasek[6] fand heraus, dass die Kinder in akademischen Kindergärten im Vergleich zu Kindern in spielorientierten Kindergärten weniger kreativ und um ihre Leistung mehr besorgt waren. Sie mochten die Schule auch weniger. Diese Kinder hatten einiges

Schulwissen im Kindergarten – sie kannten die Zahlen und Buchstaben besser als die anderen Kinder – dieses Wissen ging jedoch während der Vorschulzeit verloren. Die negativen Auswirkungen von frühem akademischen Unterricht waren dagegen groß, was auch andere Forschungsergebnisse belegen.

Scaffolding

Ein zunehmend beliebter Ansatz, wie man die Entwicklung der Kinder fördern kann, ist jener des russischen Psychologen Lev Vygotsky[7]. Vygotsky schrieb seine Hauptwerke während der 30er Jahre, es besteht jedoch noch heute großes Interesse an seinem Gedanken, Kinder in der „Zone der proximalen Entwicklung" zu unterrichten. Das ist der Fortschritt, den Kinder machen können, wenn sie mit der Hilfestellung von kompetenteren Menschen arbeiten, anstatt alleine zu arbeiten. Unterstützung wird oft als „Scaffolding" beschrieben; wir helfen Kindern eine Weile und verringern nach und nach unsere Hilfe, sobald die Kinder den Dreh bei der neuen Fertigkeit herausbekommen.

Die Befürworter der Methode des Scaffolding möchten die völlige oder übermäßige Leitung durch Erwachsene vermeiden. Doch von der kindzentrierten Perspektive aus ist ihr Ansatz noch immer etwas problematisch. Denn wenn wir versuchen, die Entwicklung des Kindes voranzutreiben, verkürzen wir die Zeit, die es hat, um den derzeitigen Interessen nachzugehen. Wie ich später genauer ausführen werde, ist die Kindheit eine Zeit, in der Kinder unverplante Zeit benötigen, um z.B. die Natur zu erforschen. Wenn wir das Kind ständig vorantreiben und versuchen, seine intellektuellen Fähigkeiten zu fördern, enthalten wir dem Kind diese Zeit möglicherweise vor.

Darüber hinaus erkennen die Befürworter der Methode des Scaffolding nicht immer, bis zu welchem Ausmaß ihre Methode die intellektuelle Abhängigkeit fördert. Denken Sie über das folgende Beispiel nach, das diesen Sachverhalt in dem beliebten Buch von Laura E. Berk und Adam Winsler „Scaffolding Children's Learning" veranschaulicht. Ein Erwachsener verwendet die Methode des Scaffolding im Umgang mit den Bemühungen des kleinen Jungen, Jason beim Versuch, ein schwieriges Puzzle zusammenzubauen.

Jason: Das geht nicht hinein.
Erwachsener: Welches Stück könnte denn hineinpassen?
Jason: Seine Schuhe (Er schaut nach einem Stück, das wie die Schuhe des Clowns aussieht, er probiert jedoch das falsche Teil)
Erwachsener: Also, welches Stück sieht wie diese Form aus?
Jason: Das braune.
Erwachsener: Ja, genau! Versuch nun das Teil ein wenig zu drehen.
Jason: Fertig!

Jason schafft dann einige Teile und ist glücklich. Beachten Sie jedoch das Ausmaß, in dem der Erwachsene Jasons Bemühungen gelenkt hat. Wenn Jason auf ein neues Problem stößt, wird er sich wahrscheinlich wieder an einen Erwachsenen um Hilfe wenden.

Das Puzzle war natürlich schwierig und deswegen war die Hilfe eines Erwachsenen nötig. Vom kindzentrierten Standpunkt aus jedoch, würden wir uns in erster Linie fragen, warum es so wichtig war, dass das Kind an dieser Aufgabe arbeitet. Kindzentrierte Pädagogen schätzen die Aufgabenstellungen, für die sich die Kinder selbst entschieden haben. Ziemlich oft sind das nicht vorgefertigte Spielsachen und Spiele. Stattdessen sind es die unzähligen Probleme, auf die Kinder in ihren spontanen Aktivitäten stoßen – zeichnen, modellieren mit Sand und Erde, beim Verwenden der Utensilien beim Theaterspielen, Wasserspiele, beim Sortieren von Kieselsteinen und Münzen, beim Geschichtenerfinden und Dichten oder während sie spielen. Ziemlich oft sind kleine Kinder so intensiv mit ihren Aktivitäten beschäftigt, dass sie kaum auf die Erwachsenen um sie achten – ausgenommen wenn sie die Erwachsenen um Hilfe bitten.

Die Entwicklung bis zum dritten Lebensjahr

Da bot sich den Erwachsenen eine neue Gelegenheit, sich in die frühe Entwicklung der Kinder einzumischen. Das Ziel ist nicht, spezifische Fähigkeiten zu beschleunigen, sondern die Neuronenverbindungen zu stimulieren. In einer größeren Konferenz 1997 im Weißen Haus haben Hillary Clinton, der Schauspieler Rob Reiner und einige Neurowissenschafter auf die Forschungen aufmerksam gemacht, die ergaben, dass die Erfahrungen, die Kinder in den ersten drei Lebensjahren in ihrer Umgebung machen, das Gehirn für das ganze Leben verändern. Sie forderten alle, die mit Kindern zu tun haben, auf, diese Gelegenheit, die uns die Natur zur Stimulation des Kindergehirns zur Verfügung stellt, zu nutzen.

Das ist die Essenz dieses wissenschaftlichen Arguments. In den ersten drei Lebensjahren ist das Gehirn unaufhörlich damit beschäftigt, Neuronenverbindungen herzustellen. Das Gehirn eines Zweijährigen z.B. hat bereits doppelt so viele Synapsenverbindungen als das Gehirn eines Erwachsenen. Im Alter von ungefähr drei Jahren jedoch ist die Zeit der rasanten Gehirnentwicklung vorüber. In den darauf folgenden Jahren dominiert ein Reduzierungsprozess; eine Großzahl von synaptischen Verbindungen geht verloren. Die Verbindungen, die beibehalten werden, sind jene, die durch Erfahrungen trainiert und verwendet wurden. Was ein Kind sieht, hört, befühlt, schmeckt oder denkt, aktiviert die synaptischen Verbindungen und festigt sie; der Rest verkümmert. Wenn wir also möchten, dass das Gehirn unserer Kinder reich vernetzt wird, müssen wir ihnen in den ersten drei Lebensjahren reiche Erfahrungen bieten, bevor der Reduzierungsprozess zu sehr fortgeschritten ist.

Diese Botschaft über die ersten drei Jahre wurde rasch durch die Medien verbreitet. Zahlreiche wissenschaftliche Autoren, private Firmen, Stiftungen und Regierungsvertretungen haben Eltern aufgefordert, den Vorteil dieser außergewöhnlichen Zeit zu nutzen, die uns die Natur bietet. Sie sind der Meinung, dass Eltern ihren Kindern in den ersten drei Jahren – während dieser Zeit des unermesslichen Gehirnwachstums – so viel sensorische und intellektuelle Stimulation wie nur möglich bieten sollen. Sonst gingen diese einmalige Gelegenheit und die damit verbundenen Erziehungsvorteile, die Eltern ihren Kindern möglicherweise hätten bieten können – einschließlich der Hoffnung ihrer Kinder, ins Ivy College aufgenommen zu werden – für immer verloren.

Viele Wissenschafter jedoch sind diesbezüglich sehr skeptisch. Ein Versuch, diese Aufregung um die ersten drei Lebensjahre sachlich zu betrachten, ist jener von John T. Bruer. In seinem Buch „Der Mythos der ersten drei Lebensjahre" erklärt er Folgendes:

Erstens ist das meiste Wissen über die Gehirnentwicklung nicht so neu. Es ist über zwei Jahrzehnte alt.

Zweitens ist unser Wissen über die Gehirnentwicklung in den ersten drei Lebensjahren und danach noch immer bruchstückhaft. Es gibt vieles, was wir noch nicht wissen.

Drittens ist es zwar richtig, wie einige Wissenschafter erkennen, dass es entscheidende Phasen gibt, also Zeitspannen, in denen der Organismus für Stimulation durch die Umwelt am empfänglichsten ist, es ist jedoch falsch, die ersten drei Lebensjahre als die einzige, die alles entscheidende Periode zu betrachten. Stattdessen scheint es mehrere spezifische entscheidende Phasen zu geben und nur einige finden in den ersten drei Lebensjahren statt. Z.B. gibt es möglicherweise eine entscheidende Phase in den ersten drei Lebensjahren, was das Farbensehen betrifft; Kinder müssen in dieser Zeit Farben unterscheiden, wenn sie diese Fähigkeit entwickeln sollen. Andere entscheidende Phasen jedoch, wie z.B. jene für die Erlernung von Sprachen, erfolgen später.

Viertens beherrschen die entscheidenden Phasen nicht das gesamte Lernen im Leben.

Fünftens entwickeln sich bedeutende Gehirnteile erst lange nach dem dritten Lebensjahr. Z.B. scheinen die Präfrontallappen, die den intellektuellen Prozess, wie Planen und logisches Denken, beeinflussen, sich erst während der Pubertät zurückzubilden.

Bruers[8] Argumente sind vernünftig, doch die Botschaft von der Bedeutung der ersten drei Lebensjahre ist immer noch sehr stark. Sie ist auch die Ursache beachtlicher Beunruhigung unter den Eltern. Eltern haben das Gefühl, dass die ersten drei Lebensjahre irgendwie entscheidend sind und dass sie etwas tun sollten, doch die Ratschläge, die sie bekommen, sind verwirrend und widersprüchlich.

Einige Experten für die ersten drei Lebensjahre raten den Eltern, einfach ihren gesunden Menschenverstand zu nutzen. Andere Experten jedoch empfehlen den Eltern, so viel Stimulation wie nur möglich zu bieten – „eine Rund-um-die-Uhr-Power-Stimulation während der ersten drei Lebensjahre". Um den Eltern zu helfen, ihre Kinder zu fördern, finden Eltern in Buchläden und Spielwarengeschäften Karteikarten, „Guter Start"-Anleitungssets, Videos mit klassischer Musik und neue Bücher mit praktischen Ratschlägen.

Manchmal gibt ein und derselbe Experte widersprüchliche Ratschläge. Ein Beispiel dafür ist das Buch „Smart Start: Building Brain Power in the Early Years". Auf den ersten Seiten warnt das Buch davor, die Botschaft der ersten drei Lebensjahre überzubewerten. Was das Baby am dringendsten benötigt, ist laut Buch, einfach unsere liebevolle Fürsorge. Doch das Buch hinterlässt das allgemeine Gefühl, dass Eltern ihre Kinder mit Stimulation bombardieren sollten: Gesprächen, Geschichten, Fernsehen, Liedern, Tanz, Puzzles – alles Mögliche. Mancher Vorschlag beinhaltet sogar Anweisungen für die Lösung von Problemen, die die Fähigkeiten eines Dreijährigen übersteigen.

In einem akademischeren Buch „What's Going On in There?" bietet Lise Eliot Erziehungsratschläge sowohl über die Gehirnentwicklung als auch über die Erziehungspraktiken auf der Grundlage einer riesigen Anzahl von Studien. Eliots Ratschläge jedoch verlangen oft von den Eltern, dass sie einen schwierigen Balanceakt vollführen. Sie schlägt vor, dass Eltern ihre Kinder stimulieren, sie jedoch nicht überstimulieren sollten. Eltern sollten „fordern", jedoch nicht „überfordern".

Eliot empfiehlt „die Interessen des Babys zu unterstützen" und „die Aufmerksamkeit des Kindes zu wecken". Vor allem könnten Eltern Spielsachen an Freunde und Nachbarn weitergeben oder mit ihnen tauschen, so dass die Kinder immer wieder neue Anregungen haben. Die Eltern müssten sich jedoch davor in Acht nehmen, zu viel des Guten zu tun. Sie sollten nicht so viele Spielsachen einführen, sodass das Kind verwirrt wird und den Sinn des Tuns verliert. Erziehung wird zu einem sehr schwierigen Balanceakt.

Der Naturforscher

Darüber hinaus sind die Ratschläge der Verfechter der Botschaft der ersten drei Lebensjahre oft verwirrend und schwierig zu befolgen. Ich glaube, dass dies deswegen so ist, weil die Experten manchmal aus den Augen verloren haben, wie Kleinkinder sind.

Vor allem nehmen die Experten im Allgemeinen an, dass die Erwachsenen die Aufmerksamkeit der Babys und Kleinkinder wecken und ihr Interesse fördern müssten. Die einfache Beobachtung jedoch beweist das Gegenteil. Ohne das Drängen von unserer Seite untersuchen Babys die alltäglichen Dinge – ein zusammengeknülltes Papier, eine Brille, Schlüssel, Töpfe und Pfannen –, und zwar mit höchster Aufmerksamkeit. Sie untersuchen diese Dinge einige Minuten lang, ohne auf irgendeine andere Stimulation zu reagieren. Eigentlich scheint die Konzentration der Kleinkinder viel größer zu sein als die der meisten Erwachsenen. Ich war oft beeindruckt, wie ähnlich der Ausdruck der Babys beim Erforschen jenem von großen Athleten und Künstlern während ihrer Spitzenleistung ist.

Darüber hinaus durchschreiten Babys, wenn sie gehen lernen und zu Kleinkindern heranwachsen, eine Phase, in der sie die kühnsten Erforscher sind. Sie rasen durch den Flur, öffnen Wandschränke und Kästen. Sie erklettern voller Energie Stühle, Sofas und Treppen, um zu sehen, was sie dort finden könnten; und sie marschieren Bürgersteige entlang und durch Wiesen, voller Begeisterung über ihre Fähigkeit, sich selbst fortzubewegen und voller Entzücken über ihre Entdeckungen. Eine Blume, ein Vogel, eine Wasserpfütze – die Welt ist voller neuer Wunder. Wenn sie ausrutschen und hinfallen, stehen sie einfach auf und gehen weiter. Die Psychoanalytiker Phyllis Greenacre und Margaret Mahler bezeichneten diese Zeit als eine Phase, in der das Kind „eine Liebesbeziehung zur Welt hat"[9].

Kleinkinder sind so begeisterte Entdecker, dass sich Mahler und ihre Kollegen veranlasst fühlen, die frühe Kleinkindzeit als „kostbar" und „Höhepunkt der Perfektion" zu bezeichnen. Auch das Baby erforscht mit großer Intensität die Welt. Doch in den allerersten Monaten war es auf den Schoß der Mutter beschränkt, so dass seine Erforschungen begrenzt waren. Wenn es jedoch dann fähig ist, von der Mutter wegzukrabbeln, ist es immer noch besorgt, ob die Mutter noch anwesend ist. Obwohl das Baby also energisch die Welt erforscht, versichert es sich häufig, ob die Mutter noch immer da ist. Wenn ein Kind nun gehen kann und das Urvertrauen in die Mutter gut gefestigt ist, verspürt das Kind eine grenzenlose Freiheit, sich hinauszuwagen. Wie Mahlers Kollegin Louise Kaplan sagte, ist es, als ob der tiefe und hartnäckige Drang des Kindes schließlich befreit wäre. Kleinkinder werden von ihren Entdeckungen oft so mitgerissen, dass sie die Mutter gänzlich vergessen. Gelegentlich erinnert sich das Kind natürlich an sie und schaut sich kurz nach ihr um. Es wagt sich jedoch mit solchem Mut und solcher Freude hinaus, dass es scheint, als ob die Welt dem neuen Eroberer zulächeln würde.

Diese Zeit der überschwänglichen Erforschung dauert ungefähr vom 12. bis 18. Monat. Während der folgenden Monate und Jahre ist die Kindheit von der intensiven Neugier und dem Forscherdrang gekennzeichnet, doch entstehen bereits neue Zweifel und neue Besorgnis um seinen Platz im gesellschaftlichen Leben. Es herrscht nicht mehr derselbe, nicht enden wollende Bewegungsdrang des Kleinkindes.

Die Begeisterung und der Mut des kleinen Kindes charakterisieren auch einige unserer Abenteuer als Erwachsene, wenn wir z.B. in unbekannten Gewässern segeln, über Neuland wandern, steile Klippen erklimmen und in unerforschte Wasser tauchen. Der Unterschied besteht darin, dass das Kleinkind Tag für Tag mit Begeisterung sucht und untersucht. Das gesamte Leben des Kindes ist ein einziges wunderbares Abenteuer.

Es mag also einfach erscheinen, dass es Erwachsenen leicht fällt, den Mut und die Überschwänglichkeit des jungen Menschen zu genießen. Das ist jedoch nicht der Fall. Stattdessen nehmen Erwachsene im Allgemeinen an, dass sie dem Kind Anweisungen geben und ihm helfen müssten. Sie glauben, dass sie dem Kind zeigen müssten, wie es klettern, Treppen steigen, Schachteln öffnen usw. soll, obwohl es diese Aktivitäten mit großer Freude allein lernt. Selbst fortschrittliche Experten – wie wir gesehen haben – nehmen an, dass Erwachsene die Neugier der Babys und Kleinkinder fördern müssten.

Natürlich langweilen sich einige Babys und Kleinkinder mit der Zeit und verlieren die Freude. Doch wenn dies geschieht, ist es im Allgemeinen falsch, anzunehmen, dass das Problem irgendwie beim Kind liegt. Es ist eher wahrscheinlich, dass Erwachsene dem Kind ihre eigenen Interessen aufzwingen und die natürliche Art der Kinder zu lernen, begrenzen.

In Manhattan sieht man z.B. nur noch selten Kleinkinder oder Kindergartenkinder draußen mit Erwachsenen spazieren gehen. Erwachsene schieben die Kinder überall mit Buggys umher. Während die Erwachsenen die Wagen schieben, versuchen sie oft, ihre Kinder in erzieherische Gespräche zu verwickeln („Heute ist Freitag. Was kommt nach Freitag?"). Doch die Kinder sind kaum daran interessiert. Ich bin mir sicher, dass die Kinder, wenn sie sich selbst in Worten ausdrücken könnten, sagen würden: „Hier bin ich, begierig selbst zu gehen und zu erforschen, auf was ich treffe, doch die Erwachsenen packen mich einfach und zwingen mich, im Kinderwagen zu sitzen, während sie über Dinge reden, die *sie* für wichtig halten, die ich jedoch nicht einmal sehen kann. Da ist eine faszinierende Welt zu entdecken. Warum nehmen sie mir die Gelegenheit dazu?"

Die kindzentrierte Pädagogik ist der Ansicht, dass wir Kindern nur helfen, etwas zu lernen, indem wir ihre eigene Art zu lernen akzeptieren. Wie bei einem Baum, dessen Zweige sich dem Sonnenlicht entgegenstrecken und dessen Wurzeln ins Wasser wachsen, drängt ein Kleinkind nach den Erfahrungen, die es benötigt, um sich zu entwickeln. Deswegen sollten wir den Babys und Kleinkindern den Kontakt mit der Welt in ihrer gesamten Fülle ermöglichen und ihnen dann die Gelegenheit geben, das zu erforschen, was ihen am interessantesten erscheint. Anstatt zu versuchen, die Erforschungen des Kindes zu fördern und anzuleiten, sollten wir ihm die Chance geben, dies selbst zu lernen.

Unsere unauffällige Anwesenheit

Recht oft wird der kindzentrierte Ansatz dafür kritisiert, dass er mit seiner Betonung des selbständigen Lernens zu weit gehe. Dieser Ansatz scheint so gegensätzlich zum Fördern oder zur Unterstützung durch Erwachsene zu sein, dass er von uns verlangt, das Kind völlig alleine zu lassen – ein Ratschlag, der wie Vernachlässigung klingt.

Es gibt jedoch viele verschiedene Wege, wie wir als Eltern oder Betreuer Kinder unterstützen können, eigenständig zu lernen. Wir können ihnen z.B. Materialien zur Verfügung stellen, das ihr Interesse hervorruft, und sie dann selbst mit dem Material arbeiten lassen. Das ist ein integraler Ansatz von Montessori- und einigen Piaget-Kindergärten. Doch für Kinder unter drei Jahren gibt es nur wenige solcher Materialien; das verfügbare Material lässt sich nicht vergleichen mit den zahllosen körperlichen und sozialen Ressourcen, die ein Kind in seinem alltäglichen Leben faszinierend findet.

Was ich hier empfehlen würde, ist nicht spezifisches Material oder eine spezifische Methode. Es ist eher eine Haltung, eine Art mit dem Kind umzugehen.

Der Philosoph Søren Kierkegaard sagte in einem kurzen Kommentar über die ersten Versuche des Babys zu gehen, dass für die Eltern „die Kunst darin besteht, ständig präsent zu sein und doch nicht präsent zu sein". Das heißt, wir müssen aus Sicherheitgründen anwesend sein, nicht um unsere Besorgnis zum Ausdruck zu bringen, Anweisungen zu geben oder dem Kind zu helfen. Wir müssen uns ausreichend zurücknehmen, um dem Kind die Freiheit zu geben, selbständig zu lernen.

Diese Haltung – diese unauffällige Anwesenheit – ist in vielen Situationen hilfreich. Ein Kleinkind kann nur dann viele neue Situationen untersuchen oder neue Aktivitäten ausprobieren, wie z.B. Treppen hinaufklettern, bergab laufen, im Wasser waten, wenn wir die Möglichkeit dazu schaffen und in der Nähe sind, um für Sicherheit zu sorgen. Doch das Kind kann nur dann wirklich frei und unabhängig von uns lernen, wenn wir unauffällig sind.

Auch Maria Montessori[10] hat versucht, diese Haltung zu beschreiben und hat einige Beispiele angeführt. So beschrieb sie z.B., wie achtsame

Eltern ihre Kleinkinder auf Spaziergängen begleiten. Solche Eltern zwingen das Kind nicht, bei ihnen zu bleiben, oder nehmen die Kinder nicht und setzen sie in den Kinderwagen, wenn sie nicht schnell genug sind. Stattdessen passen sich die Eltern der Geschwindigkeit der Kinder an, halten an, wenn das Kind anhält, um etwas zu untersuchen, und geben dem Kind die Möglichkeit dazu. Wenn die Eltern geduldig daneben stehen, freuen sie sich im Stillen über die Faszination, die das Kind den ganz gewöhnlichen Dingen entgegenbringt – einem Blatt, einem Insekt, einer Wasserpfütze. Diese Eltern vernachlässigen das Kind ganz eindeutig nicht, noch kontrollieren sie den Lernfortschritt des Kindes. Im Gegenteil, ihre geduldige, unauffällige Anwesenheit gibt dem Kind die Chance, selbst die Welt zu untersuchen.

Obwohl die unauffällige Anwesenheit der Betreuungsperson in vielen Fällen hilfreich ist, scheint sie sich in bestimmten Situationen ganz natürlich zu ergeben, z.B. wenn Kinder, kurz nachdem sie krabbeln gelernt haben, tun, was Mary Ainsworth „den Erwachsenen als Basis für weitere Erforschungen verwenden"[11] nennt. Wenn z.B. eine Mutter mit ihrem neun Monate alten Kind in den Park geht, wird es normalerweise eine Zeit lang in ihrer Nähe bleiben, doch dann zunehmend Interesse an der Umgebung finden und kleine Erkundungsausflüge machen. Von Zeit zu Zeit wird das Kind zu ihr zurückblicken oder auch zurückkehren, bevor es wieder loszieht – als ob es sich versichern wollte, dass sie noch immer für es da ist. Die Mutter spürt, dass es nur ihre beständige Anwesenheit ist, die das Kind möchte. Das Kind würde nicht wollen, dass sie umhergeht, ihm folgt oder versucht, es durch Anweisungen zu kontrollieren. Es ist einfach ihre ruhige und beständige Anwesenheit – was Margaret Mahler „ruhige Verfügbarkeit" nannte –, die dem Kind den Mut gibt, die Welt allein zu entdecken.

Auf diese Weise sind die Handlungen der Erwachsenen begrenzt. Das Verhalten der Eltern ähnelt dem von Eltern vieler Tiergattungen, deren Methode charakterisiert worden ist als „die ganze Zeit beobachten, doch nur handeln, wenn es das Baby verlangt".

Kinder wollen auch andere Menschen erforschen und auch hier ist die unauffällige Anwesenheit am hilfreichsten. Ich erinnere mich, wie ich eines Tages ein Kinder-Soccer-Match angeschaut und dabei meine fünf

Monate alte Tochter gehalten habe. Wir standen ganz nahe bei einem weiteren Zuschauer, eines ungefähr zehn Jahre alten Jungen. Unsere Tochter sah ihn konzentriert an und griff dann nach seinem Gesicht und begann, ihn zu berühren. Sie war ganz versunken in der bedächtigen Untersuchung seines Gesichts. Ich erwartete, dass der Junge ihre Hand wegschieben oder zu einem „Babysprache-Spiel" übergehen würde. Doch ich war überrascht, dass der Junge ganz einfach stillhielt und unserem Baby die Chance gab, ihn auf seine Art zu erforschen. Er stand ganz einfach ruhig da, mit einem leichten Lächeln. Er wusste irgendwie, dass Babys auf diese Art Menschen erforschen und er gab unserer Tochter die Möglichkeit, dies zu tun.

Unsere unauffällige Anwesenheit erfordert normalerweise eine ordentliche Portion Geduld. Wir brauchen Geduld, einfach nur daneben zu stehen, wenn ein Baby seine Fähigkeiten des Gehens, Treppensteigens oder Untersuchens einer Blume perfektioniert. Es erfordert Geduld von uns, still zu stehen, während ein Baby uns erforscht. Doch wir werden bald stille Freude an der Ernsthaftigkeit des kindlichen Tuns haben. Ich glaube, wir bekommen ein Gefühl dafür, dass das Kind in Aktivitäten vertieft ist, die für sein Wachstum entscheidend sind – und wir geben diesem Wachstum eine Chance.

Ich habe beschrieben, wie wir Kindern helfen können, selbst zu lernen. Wie ich zuvor erwähnt habe, können wir dem Kind auch Spielsachen und Materialien zur Verfügung stellen, die das Kind anregen, selbständig zu lernen. Wir können auch mit Kindern auf eine Weise umgehen, die das Lernen erleichtert, ohne ihre Unabhängigkeit zu verletzen. Z.B. haben Daniel Stern und andere beschrieben, wie Kleinkinder und Mütter oft miteinander spielen, indem die Mutter die Geräusche und Gesten des Babys einfach imitiert und sie auf eine Weise abwandelt, die das Baby interessant und freudvoll findet. Das Baby wird neuen Stimuli ausgesetzt, doch das Baby spielt auch eine große Rolle bei der Bestimmung der Geschwindigkeit, der Intensität und des Rhythmus der Interaktion. Dennoch ist es häufig einfach unsere geduldige Anwesenheit im Hintergrund, die dem Kind die Sicherheit und die Freiheit gibt, die Welt eigenständig zu erforschen.

Kapitel 2

Kinder erfinden imaginäre Freunde

Dann dämmert das Unsichtbare.
                                           Emily Jane Brontë

Eines Nachmittags zeigte unsere damals zweijährige Tochter auf einen Punkt auf unserem Staubsauger und sagte: „Deed." Ich konnte nicht erkennen, auf was sie zeigte, und versuchte sie anzuregen, genauer auszudrücken, was sie meinte. Sie zeigte jedoch nur darauf, sagte: „Deed!" und wurde zunehmend energisch und verärgert über mich, da ich nicht darauf reagierte, was sie sah. Ich war erschüttert. Halluzinierte sie? Es machte keinen Sinn. Ich entschloss mich, die Angelegenheit auf sich beruhen zu lassen, damit ich mit meinen Erledigungen für den Tag weiterkommen konnte.

Am nächsten Nachmittag gingen Sally und ich in den Park. Ich ließ sie auf einem kleinen Karussell fahren. Als sie herunterkletterte, fragte sie: „Auch fahren, Deed?" Dann drehte sie das Karussell für ihren imaginären Kameraden.

Es ist nicht lange her, dass Sally sowohl mit Deed als auch mit ihrem neuen Freund „Bissa" sprach. Keiner in unserer Familie hatte eine Ahnung, wo Sally die Namen herhaben könnte. Ihre Freunde waren weniger als drei Zentimeter groß und waren manchmal in ihren Taschen oder in Halterungen im Auto. Sie verschwanden, kurz bevor sie acht Jahre alt war.

Der Nachmittag, an dem Sally auf Deed zeigte, machte einen tiefen Eindruck auf mich. Es besteht kein Zweifel, dass sie Deed wirklich sah. Was mich jedoch am meisten beeindruckte, war ihre unglaublich kreative Kraft. Sie schien etwas aus dem Nichts zu erschaffen.

Imaginäre Freunde sind nur ein Aspekt des Phantasiespiels des Kindes. Solche Spiele beginnen, wenn das Kind eineinhalb oder zwei Jahre alt wird, und betrifft den frühen Gebrauch von Symbolen des Kindes. D.h., Kinder verwenden Gegenstände oder Handlungen, um etwas zu symbolisieren, das sie sich vorstellen. Z.B. berichtete Piaget, dass seine Tochter Jacqueline in diesem Alter eines Tages vorgab, dass ein Stück Stoff ein Polster sei, und spielte den Vorgang des Schlafengehens aus. Bei einer anderen Gelegenheit bewegte sie ihre Finger quer über den Tisch und nannte sie ein Pferd, dann wiederum krabbelte sie auf allen Vieren und sagte: „Miau". Wenn Kinder drei Jahre alt werden, beginnen sie, Puppen, Stöcke, Steine und andere Gegenstände zu verwenden, um ausgearbeitete Theaterstücke zu kreieren und sprechen dabei sogar mit unterschiedlichen Stimmen, wenn sie die Rollen der verschiedenen Charaktere übernehmen.

Innerhalb der kindlichen Phantasiewelt jedoch ist nichts so beeindruckend wie die imaginären Kameraden. Sie sind nicht nur sichtbar für die Kinder, sondern werden wichtige Figuren in ihrem Leben. In einer frühen Untersuchung von Louise Bates Ames und Janet Leonard[1], beschrieben Eltern den imaginären Spielgefährten ihres dreijährigen Sohnes, Dig-a-dig chicken. Der Junge spielte mit Dig und sprach über ihn die ganze Zeit. Dig war manchmal so groß wie Daddy und manchmal so klein, dass er überall hineinpasste. Dig selbst hatte auch einen kleinen Sohn. Der Junge baute ein Haus für Dig, das er von niemandem zerstören ließ. Wenn die Familie irgendwohin ging, fragte er, ob auch Dig mitkommen könnte. Kinder decken häufig auch einen Platz auf dem Tisch für ihre Kameraden, legen zusätzliche Kissen für sie auf ihr Bett und organisieren zahlreiche Veranstaltungen für sie – besonders aufwendige Geburtstagsparties.

Imaginäre Kameraden werden im Familienleben reale Wesen. In John und Elizabeth Newsons Studie in Nottingham (England) gaben Eltern von vierjährigen Kindern Kommentare ab wie:

„[Unsere Tochter] hat Janet. Sie ist ein Mädchen. Sie kam mit ihr daher – also, vor mehr als einem Jahr. Alles ist Janet – und dabei kennt sie keinen, der Janet heißt. Aber ich meine – wir schauen gerade fern und falls mein Freund zu knapp neben ihr sitzt, heißt es sofort: „Du zerdrückst sie – geh weg!" Er muss dann auch weggehen und so! Ich glaube, wir haben uns jetzt alle an Janet gewöhnt." 2

Wie in meinem Fall haben viele Eltern in England berichtet, dass sie sich Sorgen gemacht haben. Sie dachten, die Phantasie ihres Kindes sei möglicherweise zu weit gegangen. Doch die Eltern waren beruhigt, als sie sahen, dass andere Kinder dieselbe Phase durchleben.

Eine meiner Studentinnen, Mutter einer zweieinhalbjährigen Tochter, teilte der Klasse mit, dass sie durch die Erfahrung der imaginären Freunde, wie z.B. Bo Bar, ihrer Tochter entnervt war.

„Niemand in unserer Familie weiß, woher der Name kommt, und dieser imaginäre Freund ist so *real* für sie. Wie z.B. neulich, als meine Tochter und ich tanzten und sie sagte: „Bo Bar, komm und tanz mit uns." Ich sah den Film *Der sechste Sinn* über einen Jungen, der Verstorbene sieht, und war kurz vor dem Ausflippen wegen meiner Tochter. Dann sah ich im Kindergarten, dass andere Kinder auch imaginäre Freunde hatten, und so war ich ein wenig beruhigt. Ich mag jedoch immer noch nicht darüber nachdenken."

Marjorie Taylor, Psychologin an der Universität Oregon, hat bis heute viele Studien durchgearbeitet. Die meisten Untersuchungen konzentrierten sich auf Kinder zwischen zwei und sieben, dem Alter, in dem die Kinder (und/oder ihre Eltern) am häufigsten über die Anwesenheit von imaginären Freunden berichten. Taylor schätzt, dass beinahe die Hälfte der Kinder irgendwann vor ihrem siebenten Geburtstag einen imaginären Freund haben. Wenn man Stofftiere und Puppen mitzählt, die Kinder so behandeln, als ob sie lebendig wären, ist der Prozentsatz noch höher – bei ungefähr 60%. Mädchen tendieren ein wenig stärker dazu. Tracy Gleason, Anne Sebanc und Willard Hartup an der Universität Minnesota haben herausgefunden, dass Kinder, die sich einen imaginären Freund schaffen, normalerweise mehr als einen haben. Manchmal haben Kinder einige Freunde zugleich; manchmal erschaffen sie einen neuen Freund, nachdem sie berichten, dass einer gestorben oder weggegangen ist.

Die meisten imaginären Freunde sind Menschen, für gewöhnlich Kinder. Eine beachtliche Anzahl – vielleicht ein Drittel – sind Tiere.[3]

Manche Kinder geben sich selbst auch als Tier aus. Z.B. bewegen sie sich auf allen Vieren, bellen oder miauen, essen aus einer Schale oder Schüssel am Boden und urinieren sogar wie Tiere. Wenn die Kinder angesprochen werden, bellen oder miauen sie zurück oder sehen den Menschen fragend an. Das Kind versetzt sich richtig in die Rolle hinein. Während das Kind ein Hund oder eine Katze ist, scheint das Kind die menschliche Sprache nicht zu verstehen.

Ein Elternpaar aus New York City hat ein Jahr damit verbracht, seine vierjährige Tochter auf den Stanford-Binet-Intelligenztest vorzubereiten, der für die Aufnahme in eine angesehene Vorschule erforderlich war. Doch als der Prüfer das Mädchen nach seinem Namen fragte, antwortete es: „Amanda" – das war der Name seiner Katze. Danach antwortete das Kind auf jede Frage des Prüfers einfach mit „Miau".

Man glaubt oft, dass Kinder, die einen unsichtbaren Freund erschaffen, einsam und isoliert oder sogar emotional gestört sind. Zahlreiche Studien haben jedoch gezeigt, dass diese Kinder, im Vergleich zu anderen Kindern, häufiger Erstgeborene oder Einzelkinder sind, eine Feststellung, die die Hypothese der Einsamkeit zwar stützt, doch ist diese Entdeckung nicht wirklich einheitlich. Kinder, die einen imaginären Freund haben, haben ebenso viele Spielgefährten wie andere Kinder auch.

Im Allgemeinen haben Forscher keine dramatischen Persönlichkeitsunterschiede zwischen Kindern, die einen imaginären Freund erschaffen, und Kindern, die das nicht tun, gefunden. Manche Forscher haben überhaupt keinen Unterschied feststellen können. Wenn Forscher Unterschiede erkennen, dann jene, dass Kinder mit einem unsichtbaren Freund im Allgemeinen als geselliger, intelligenter und kreativer eingeschätzt werden. Sie beteiligen sich im Allgemeinen mehr an phantasievolleren Spielen und sehen weniger fern. Kinder mit imaginären Freunden schneiden auch besser ab bei Aufgaben, bei denen sie eine Rolle übernehmen – Aufgaben, die von ihnen fordern, dass sie den Standpunkt einer anderen Person verstehen sollen.

Marjorie Taylor[4] fasst die Forschungsergebnisse folgendermaßen zusammen: „Die Erfindung eines imaginären Freundes sollte nicht als ein Zeichen von emotionalen oder zwischenmenschlichen Problemen interpretiert werden. Kinder, die imaginäre Freunde erfinden, tendieren dazu, besonders gesellige Menschen zu sein, die die Gesellschaft anderer genießen und im sozialen Verständnis fortgeschritten sind."

Glauben Kinder, dass unsichtbare Freunde real sind?

Wie ich zuvor erwähnte, war es für mich klar, als unsere Tochter Deed erschuf, dass sie tatsächlich die kleine Person sah und andere Eltern hatten denselben Eindruck. Wie ein Elternpaar eines Vierjährigen in Nottingham, England, meinte: „Er hat Candy, einen Hund. Wenn ich mit meinem Hund spazieren gehe, nehmen wir Candy mit; wir müssen Candy am Rand des Bürgersteigs führen. Ich glaube, er kann seinen Hund wirklich sehen. Ich sagte zu meinem Mann, ich glaube, sogar ich kann diesen Hund sehen!"

Darüber hinaus können die imaginären Freunde von Kindern ein Eigenleben entwickeln. Als Marjorie Taylor und ihre Kollegen Vorschulkinder befragten, ob es irgendetwas gäbe, was sie an ihren imaginären Freunden nicht mochten, „hatten die Kinder viele Beschwerden". „Sie schmiert mir Joghurt in die Haare." „Er schlägt mich auf den Kopf." „Sie will nicht teilen." Einige imaginäre Freunde sprechen zu laut. Manche „zeigen sich nicht, wenn die Kinder es wollen, während andere ihnen auf die Nerven gehen, weil sie niemals weggehen". Wir könnten denken, dass die Kinder, die sie geschaffen haben, die Kontrolle über sie haben, das entspricht jedoch nicht dem, was die Kinder darüber berichten.

Taylor beschreibt das Erlebnis einer Mutter, die ihre dreijährige Tochter mit zu einer Pferdeschau nahm. Das Kind liebte Pferde und hatte für sich ein Pony erfunden. Das Kind war sich sicher, dass sein Pony mit all den anderen Pferden auf der Pferdeschau war, doch „nach einer gründlichen Suche auf dem Platz zeigte sich, dass das Pony andere Pläne für den Tag haben musste". Das Kind war so enttäuscht, dass die Mutter den Ausflug abbrechen musste. „Die Situation musste die Mutter, die keine naheliegende Lösung dieses Problems fand, zum Verzweifeln bringen. Warum konnte ihre Tochter nicht einfach so tun, als ob das Pony da wäre? Aus irgendeinem Grund schien das nicht möglich zu sein."

So erleben Kinder häufig, dass ihre unsichtbaren Freunde einen eigenen Willen haben. Diese Tatsache wird oft als Beweis dafür genommen, dass Kinder glauben, dass ihre Freunde real sind.

Tatsächlich glauben einige Kulturen, dass die Freunde tatsächlich existieren. Die Erfahrung der Psychologin Antonia Mills[5] in Indien macht diesen Sachverhalt verständlich. Anfänglich, als Mills die Erwachsenen interviewte und sie fragte, ob sie Kinder kannten, die imaginäre Freunde hatten, antworteten alle Erwachsenen „Nein". Doch Mills dachte über ihre Frage nach und änderte den Ausdruck von „imaginärer Freund" in „unsichtbarer Freund". Dann bejahten zahlreiche Erwachsene diese Frage und gaben an, dass sie Kinder kannten, die einen hatten. In den Teilen Indiens, die Mills untersuchte, werden die Freunde als echte spirituelle Wesen oder echte Menschen aus vorigen Leben betrachtet. Wenn Kinder dann ungefähr sieben sind, üben Erwachsene Druck auf die Kinder aus, aufzuhören, zu den unsichtbaren Anwesenden zu sprechen. Die Erwachsenen fürchten, die Kinder könnten sonst ehemalige Identitäten annehmen und ihr jetziges Leben nicht weiterleben.

Leser, die an die Möglichkeit der Reinkarnation glauben, werden es interessant finden, dass Kinder sich selbst auf vergangene Leben beziehen. In der Studie der beiden Newson[6] in Nottingham, England, berichteten Eltern, dass ihre Vierjährigen oft über eine mysteriöse Zeit sprachen, „bevor ich geboren wurde", „als ich ein Mann war" und als „Papa ein kleiner Bub war". Eine Mutter sagte: „Er erzählt immer von einem Pferd, das er hatte, bevor er geboren wurde. Es ist einfach so eigenartig – er hat schon immer darüber gesprochen, seit er sprechen kann. Es ist wirklich verwunderlich."

Meine Studenten aus der Dominikanischen Republik, aus Kolumbien und anderen lateinamerikanischen Ländern erzählen mir, dass ihre traditionellen Kulturen die unsichtbaren Freunde auch für real halten. Sie sind Schutzengel. Eltern lehren Kinder jeden Abend, bevor sie zu Bett gehen, zu ihnen zu beten – und die Engel beschützen sie ein Leben lang. Doch nur ganz kleine Kinder sehen sie. Meine Studenten erzählen mir, dass die unsichtbaren Begleiter normalerweise verschwinden, wenn die Kinder ungefähr sieben Jahre alt werden. Eltern glauben, dass dies geschieht, weil Kinder in diesem Alter in die Schule kommen und stärker in gesellschaftliche Aktivitäten eingebunden werden.

Natürlich werden unsichtbare Begleiter in den USA und anderen Gesellschaften, die von westlicher Wissenschaft beherrscht werden, normalerweise als eingebildet erachtet. Die ungelöste Frage ist, ob die *Kinder* glauben, dass sie echt sind. Da Kinder oft erzählen, dass ihre Begleiter ein Eigenleben haben, scheint es, dass Kinder wirklich glauben, dass sie echt sind. Doch Marjorie Taylor ist nicht dieser Meinung. Sie bemerkt, dass wenn Forscher die Kinder über ihre unsichtbaren Freunde befragen, diese oft spontan erzählen: „Sie sind nicht echt, weißt du!" Taylor fügt hinzu, dass erwachsene Schriftsteller ihre Romanfiguren manchmal erleben, als ob sie ein Eigenleben hätten. Taylor fragt: „Wollen wir behaupten diese Autoren hielten ihre Charaktere für echt?"

Alles in allem sagt Taylor, dass die „Meisterschaft des Phantasieren" bei Kleinkindern beeindruckend ist; sie gehen mit der Unterscheidung zwischen Realität und Phantasie ebenso gut wie Erwachsene um. Sie bezeichnet den Standpunkt, dass Kinder Phantasie mit Realität vertauschen als „falsch".

Wie auch immer, wünschte ich, dass Taylor nicht so große Sorge gehabt hätte, die Ähnlichkeit von Kleinkindern und rational denkenden Erwachsenen herauszufinden. Was man hervorheben sollte, ist die kreative Phantasie von Kleinkindern. Kleinkinder erschaffen gewöhnlich lebhafte Charaktere und Geschichten; die Charaktere werden dabei so lebendig, dass sie Eigenleben bekommen. Diesbezüglich denkt ein gewöhnliches Kind nur wie die kreativsten Erwachsenen.

Das Schicksal der imaginären Freunde

Die imaginären Freunde, wie das Phantasie-Spiel im Allgemeinen, scheinen in den ersten zweieinhalb bis sechs Lebensjahren am häufigsten vorzukommen und erleben ihren Höhepunkt am Ende dieser Zeit. Dorothy und Jerome Singer nennen es „die Hochsaison des Phantasiespiels". Dann nimmt die Phantasie im Leben des Kindes ab. In der Newsons-Studie in England wird nur von 3% von 700 siebenjährigen Kindern berichtet, dass sie einen imaginären Freund haben, verglichen mit 22% von diesen Kindern im Alter von vier Jahren.

Das siebenjährige Kind ist bereits rationaler. Nach der Theorie von Piaget kommt das Kind nun in die Phase der konkreten Operationen und denkt logisch über die reale Welt nach. Das Kind zweifelt den äußeren Anschein an und weiß z.B., dass obwohl Wasser, das von einem Behälter in einen anderen geschüttet wird, anscheinend mehr geworden ist, die Menge dieselbe sein muss, da nichts hinzugefügt noch weggenommen worden ist. Das Kind unterscheidet auch zwischen Träumen und der Realität, zwischen Lebewesen und unbelebten Dingen und zwischen Tatsachen und Phantasie. Da der logische Aspekt in den Vordergrund rückt, stellt es nun Magie und Mythen wie den Weihnachtsmann in Frage. Es fragt: „Wie konnte der Weihnachtsmann unser Geschenkpapier benutzen?" „Wie kommt es, dass der Weihnachtsmann dieselbe Handschrift wie Papa hat?"

Einer unserer Söhne fragte im Alter von sieben Jahren, wie der Weihnachtsmann in einer einzigen Nacht in all die Häuser kommen könne, die er sah, und wie er in jene käme, die keinen Kamin hätten. Die Zeit der Magie zwischen dem zweiten und siebenten Lebensjahr macht dem Alter der Vernunft Platz.

Auch das Spielen des Kindes unterliegt einer Veränderung. Es erzählt nicht mehr laut Geschichten, unabhängig davon, ob andere zuhören oder nicht. Das Spielen allein macht den Gesellschaftsspielen mit Regeln Platz, in denen das Kind sein Verhalten anpasst als Reaktion auf das Verhalten seiner Gegner oder Mitspieler. Es wird an die gesellschaftliche Realität angepasst.

Wie zuvor erwähnt, sind diese Veränderungen Teil eines breiten „Fünf-bis-sieben-Rucks"[7], während dessen das Kind im Allgemeinen vernünftiger und realistischer wird. Zahlreiche Belege dokumentieren solche Veränderungen in den westlichen Gesellschaften und einige weisen darauf hin, dass die Veränderung kulturell gesehen universal ist. Obwohl die Beweise noch zu vage sind, scheint der Fünf-bis-sieben-Ruck mit dem neurologischen Wachstum zeitlich zusammenzufallen, besonders was die Verfeinerungen der Frontallappen des Gehirns betrifft.

Somit verschwinden die imaginären Freunde wenn das Kind logischer und rationaler zu denken beginnt und sich an die gesellschaftliche Welt anpasst. Doch einige bedeutende Forscher wie Marjorie Taylor und Dorothy und Jerome Singer sind sich nicht so sicher, dass Kinder ihre imaginären Freunde immer im Alter von ungefähr sieben Jahren aufgeben. Einige Kinder halten sie möglicherweise einfach geheimer. Eine solche Veränderung würde mit der Theorie von Vygotsky über die Internalisierung der Sprache übereinstimmen. Vier- und Fünfjährige sprechen laut, wenn sie alleine spielen. Dann im Alter von ungefähr sechs Jahren wird das Gesprochene immer leiser und kürzer und im Alter von sieben oder acht können andere ihre Gespräche gar nicht mehr hören. Die Selbstgespräche finden in ihrem Innern statt und unterscheiden sich nun von öffentlichen Gesprächen. Auf ähnliche Weise haben möglicherweise einige Kinder noch immer imaginäre Freunde, doch halten sie diese Tatsache geheim.

Taylor und die Singers betonen auch, dass einige Kinder während der mittleren und späteren Kindheit (von ungefähr sieben bis zwölf Jahren) einen *Parakosmus*[8] erfinden, also ganze imaginäre Gesellschaften oder Welten. Die Brontë-Kinder wie Emily, Charlotte und Anne schufen zwei imaginäre Welten für die Spielzeugsoldaten, die sie von ihrem Vater bekommen hatten. Die Charaktere spielten großartige Dramen, von denen einige in ihre Romane und Gedichte einflossen, die sie als Erwachsene schrieben.

Taylor und die Singers streichen auch heraus, dass Erwachsene gelegentlich imaginäre Freunde haben. Viele Erwachsene lieben wie die Jugendlichen Spiele wie Dungeons und Dragons, glauben an Geister und an paranormale Erscheinungen und nehmen an Aktivitäten wie Civil War Recreations teil.

Zusammengefasst lässt sich sagen, das Taylor und die Singers sich bemühen, die Theorie der Kontinuität zwischen dem Phantasiespiel von kleinen Kindern und der Phantasie nach dieser Zeit zu belegen. Doch im Vergleich zu Kindergartenkindern scheint der Prozentsatz derjenigen, die sich an phantasiereichen Aktivitäten beteiligen, nur gering. Es ist wichtig, anzuerkennen, dass es eine Zeit gibt, nämlich die frühe Kindheit, in der die Phantasie regiert.

Die Rolle der Erwachsenen

Forschungen haben kürzlich die Aufmerksamkeit auf den Beitrag, den die Erwachsenen beim Phantasiespiel leisten können, gelenkt. Einige Psychologen sind nämlich der Meinung, dass es die Erwachsenen sind, die das Kind in das Phantasiespiel einführen.[9] Z.B. sagen Eltern möglicherweise zu einem Einjährigen, der sich auf eine Schachtel zu bewegt: „Ah, du möchtest in dein Haus gehen". Auf diese Weise geben die Eltern die Möglichkeit des So-tun-als-ob vor. Manche Eltern lenken sogar explizit das Spiel des Kindes. Wenn ein Kind eine Puppe hält, sagt ein Erwachsener möglicherweise: „Streichle dein Baby" oder „Sage deinem Baby, dass es das Essen kauen soll". Einige Psychologen haben dieses Anleiten durch die Eltern scaffolding genannt; Eltern führen das Kind an das Phantasiespiel heran, bevor das Kind es selbst übernehmen und sich selbst darauf einlassen kann.

Es ist jedoch keinesfalls bewiesen, dass Eltern diese Wirkung auf Kinder haben. Zwei wichtige Studien – eine von Wendy Haight und Peggy Miller, die andere von Miller und Catherine Garvey[10] – zeigten, dass es oft das Kind und nicht der Erwachsene ist, das bereits früh mit Phantasiespielen beginnt. Darüber hinaus ist die erstaunlichste Form des Phantasiespiels, der imaginäre Freund, ganz klar die Erfindung des Kindes – und nicht die der Eltern. Eltern sind erstaunt über das, was das Kind hervorbringt.

Was Forscher jedoch belegt haben, ist, dass Eltern das Phantasiespiel bereichern können, wenn die Kinder erst einmal damit begonnen haben. Das können sie tun, indem sie mit Kindern spielen und auf die Initiativen des Kindes auf unbeschwerte Weise reagieren. Wenn Erwachsene zu aufdringlich und kontrollierend sind, ersticken sie das Phantasiespiel des Kindes.[11]

Tipps

Begründet auf den Forschungsstudien und persönlichen Beobachtungen, glaube ich, dass Eltern das Phantasiespiel fördern können, wenn sie sich an folgende Schritte halten:

1. Das Wichtigste ist, dass wir das Phantasiespiel durch unsere positive Haltung ihm gegenüber fördern. Akzeptieren Sie und genießen Sie es. Kritisieren Sie es nicht und halten Sie das Kind nicht davon ab.
2. Stellen Sie Requisiten wie Bauklötze und Puppen zur Verfügung. Die besten Spielsachen sind oft eher einfach und regen die Phantasie des Kindes an. Zugleich finden auch die Kinder ihre eigenen Requisiten und verwenden Stecken, Steine, Papierklammern und alles Mögliche, um die Phantasiecharaktere in einem Spiel darzustellen. Gekaufte Spielwaren sind normalerweise viel zu strukturiert – sie haben zu viele Funktionen für das Kind. Sie wirken in der Fernsehwerbung attraktiv, doch das Kind wird das Spiel bald satt haben.
3. Geben Sie dem Kind die Möglichkeit, draußen in der Natur zu spielen. Mary Ann Kirby[12] fand in einer Studie heraus, dass Vierjährige an Orten, die sie als Verstecke verwenden können (wie leere Stellen neben großen Büschen), besonders phantasievoll spielen. Andrea Taylor und ihre Kollegen[13] fanden heraus, dass arme Innenstadtkinder sich an phantasievolleren Spielen beteiligen, wenn sie im Grünen spielen können.
4. Spielen Sie mit dem Kind, wenn es Sie dazu auffordert, doch erlauben Sie dem Kind, die Führung zu übernehmen. (Im Rahmen der Newsons-Studie in England sagte eine Mutter, dass sie mit ihrem vierjährigen Kind Einkaufen spielte. Als sie gefragt wurde, welche Rolle sie dabei spielte, antwortete sie: „Ach, ich bin einfach nur ein Kunde – ich kann nicht der Ladenbesitzer sein".)[14]

Marjorie Taylor erwähnt einige Beispiele, in denen die Bemühungen, eine gewisse Kontrolle über das Verhalten des imaginären Freundes des Kindes auszuüben, dazu führte, dass das Kind den Freund überhaupt ganz aufgab. Taylor sagt: „Der Schlüssel der Freude des Kindes am Mitspielen der Eltern besteht vielleicht darin, dass es die Rolle des Leiters beibehält." Eltern fördern das Rollenspiel, indem sie wie ein gutmütiger Bühnenmanager agieren. Die Eltern stellen einige Requisiten zur Verfügung und schlüpfen, wenn nötigt, in eine Rolle, lassen jedoch dem Kind die Führung.[15]

Kapitel 3

Kinder erforschen die Natur

Lebe frei, Kind des Dunstes.

H. D. Thoreau

Eines Morgens kam mein vierjähriger Nachbar Jonathan aus dem Haus und rief mir „Hallo" entgegen. Im nächsten Moment hörte er den Ruf eines Vogels und antwortete auf diesen Ruf, als ob er auch dem Vogel Hallo sagen würde. Er handelte dabei so, als ob es nichts Selbstverständlicheres gäbe.

Kinder scheinen einen starken Bezug zur Natur zu haben. Wie Jonathan gehen sie oft davon aus, dass sie eine Freundschaft mit anderen Lebewesen haben. Tatsächlich blickten viele große Dichter der Romantik – wie Wordsworth, Blake, Shelly und andere – auf ihre Kindheit zurück als eine Zeit, als der Wind, das Gras und andere Elemente zu singen, sprechen und sich mit ihnen zu bewegen schienen. Zwischen dem Kind und der Natur, schrieb Wordsworth, besteht eine „ursprüngliche Sympathie" und die Natur bietet dem Kind sowohl Trost als auch unendlich viele Wunder.

Die Anziehungskraft der Natur auf das Kind scheint bereits sehr früh zu bestehen. Das Baby oder Kleinkind wird oft reine Freude ausdrücken, wenn es z.B. ein Tier wie einen Hund oder einen Vogel sieht. Das Kind beginnt möglicherweise, strahlend zu lächeln und zu versuchen, das Tier zu halten und ihm zu folgen, wohin es auch geht.

Ähnlich begeistert sind Babys und Kleinkinder auch von Sand, Matsch und Wasser. Am Strand z.B. verbringen sie Stunden völlig vertieft bei Sandspielen. Sie finden die einfache Erfahrung mit dem Sand unglaublich bedeutend.

Die Anziehungskraft der Natur auf die Kinder stellt die Erwachsenen oft vor ein Rätsel. Auch wir sind vermutlich durch eine Phase gegangen, als wir dieselben Gefühle für die Natur verspürten – beim Anblick eines Hundes oder eines Vogels, das Gefühl des Sandes –, doch ist die Erfahrung nun tief in uns begraben. Unsere Gefühle werden von anderen Faktoren bestimmt – unseren Jobs und Zielen, unseren Plänen und täglichen Erledigungen. Wie Wordsworth es ausgedrückt hat:

Waters on a starry night	Wasser in einer Sternennacht
Are beautiful and fair;	Ist wunderschön und lieblich;
The sunshine is a glorious birth;	Der Sonnenschein ist eine herrliche Geburt;
But yet I know, wher'er I go,	
That there hath past away a glory from the earth.[1]	Doch weiß ich, wohin ich auch gehe, dass die Erde an Herrlichkeit verloren hat.

Ebenso könnten wir erwarten, dass die meisten Erwachsenen die besondere Freude der Kinder und ihr Staunen über die Welt der Natur schätzen. Doch diesen Eindruck habe ich nicht.

In den letzten zehn Jahren habe ich in Manhattan und in den Vororten in New Jersey sehr genau beobachtet, was geschieht, wenn Kinder mit Erwachsenen spazieren gehen und irgendetwas in der Natur ihre Aufmerksamkeit erregt. Ich war vor allem betroffen von der Ungeduld der Erwachsenen. Z.B. sah ich kürzlich ein ungefähr zweijähriges Mädchen mit einem Erwachsenen über den Manhattan Square gehen. Plötzlich entdeckte es eine Taube. Es zeigte auf den Vogel, als ob es etwas von unglaublicher Bedeutung entdeckt hätte, und versuchte, ihm zu folgen. Doch der Erwachsene sagte einfach nur: „Ja, eine Taube. Komm jetzt." Das Kind ging einige Schritte mit, wechselte jedoch dann die Richtung und folgte dem Vogel nochmals, was eine strengere Reaktion vonseiten des Erwachsenen nach sich zog.

Allgemein gesagt nehmen die unerbittlichen Kräfte der Modernisierung den Kindern die Natur weg. Wohin wir auch schauen, sehen wir Bauarbeiter, die die unkrautbewachsenen Wegeränder, die Wälder, die Felder und Teiche entfernen, die die Kinder so gerne erkundeten. An ihrer Stelle schaffen Baufirmen Einkaufszentren, Bürogebäude und Wohnanlagen mit Parkplätzen, asphaltierten Bürgersteigen, perfekt getrimmten Rasen und ordentlich angelegten Blumenbeeten. Alles Wilde ist entfernt worden.

In der Stadt New York plant das Gartenamt, sogar alle mit Gras bewachsenen Spielflächen durch künstlichen Rasen zu ersetzen. Grasflächen, so meint das Parkamt, sind zu matschig und schwierig zu pflegen. Rasenflächen sind natürlich nicht gerade ein Beispiel für die Artenvielfalt der Natur. Doch der Boden und das Gras leben und interagieren mit dem Wasser und den Ökosystemen, die sie umgeben, und beherbergen eine Anzahl von Pflanzen, Vögeln und andere Lebewesen. Als eine Kindergärtnerin von diesem Plan erfuhr, rief sie entsetzt: „Aber wo werden dann unsere Kinder die Würmer finden?"[2]

In der Geschwindigkeit, wie wir die Natur draußen entfernen, bereichern wir die Umgebung der Kinder drinnen. Wir versorgen sie mit den allerneuesten Videos, Fernsehprogrammen, Videospielen und Computertechnologien. In einer kürzlich erstellten Studie fanden Gary Nabhan und Sara St. Antoine[3] heraus, dass sogar in der entlegenen Wüste Sonoran im Grenzgebiet zwischen den USA und Mexiko die meisten der acht- bis 14-jährigen Befragten aussagten, dass sie mehr über wilde Tiere durch das Fernsehen und Filme gelernt hätten als durch das Erlebnis in der Natur. Die meisten der Kinder, die sowohl indianischer Abstammung waren als auch lateinamerikanische oder angelsächsische Wurzeln hatten, hatten noch nie eine halbe Stunde allein an einem naturbelassenen Ort verbracht oder natürliche Schätze wie Federn, Steine und Knochen in der Wüstenumgebung gesammelt.

Ist der geringer werdende Kontakt zur Natur ein Grund zur Besorgnis? Sind die Kinder wirklich in Gefahr, etwas Wichtiges in ihrem Leben zu verlieren? Wenn dem so ist, was genau steht auf dem Spiel?

Um das herauszufinden, wenden wir uns an Entwicklungspsychologen und Soziologen. Doch die Informationen, die sie liefern, sind spärlich. Forscher haben die Tatsache weitgehend ignoriert, dass Kinder in der Natur leben. Jedes Jahr wird in Tausenden von Studien die Meinung der Kinder über Mathematik, wissenschaftliche Konzepte, Sprachen und Menschen erforscht, doch relativ wenige haben die Erfahrungen der Kinder mit der Natur untersucht.

Ich glaube, dass dies vernachlässigt wird, da die Besorgnis der Psychologen und Soziologen grundsätzlich die dominierenden Ziele und Werte der Gesellschaft betreffen. Unsere Gesellschaft will, dass Kinder in der von Menschen gemachten Welt Erfolg haben. Wir wollen, dass Kinder die kognitiven Fertigkeiten erlernen, die sie befähigen, an einem hochtechnologisierten Arbeitsplatz Erfolg zu haben. Wir wollen auch, dass sie lernen, gut mit anderen Menschen umzugehen. Doch die Entwicklung der Beziehung der Kinder zur Natur ist kaum von großem Interesse in unserer Gesellschaft.

Über das Thema Natur und Kindheit gibt es nur eine Handvoll wissenschaftlicher Arbeiten. Maria Montessori, Edith Cobb und Joseph Chilton Pearce[4] haben darüber spekuliert, dass die Kindheit eine spezielle Zeit dafür ist, ein Gefühl für die Natur zu entwickeln. Kürzlich haben der Biologe E. O. Wilson und seine Kollegen[5] die *Biophile Hypothese* weiterentwickelt.

Biophilie bedeutet die Liebe zur lebenden Natur. Wilson meint, dass Menschen eine gewisse genetisch bedingte Anziehung zu anderen Lebewesen haben. Unser Interesse an der Natur, meint Wilson, macht Sinn, wenn wir die Umgebung betrachten, in der sich unsere Spezies entwickelt hat. 99% der Menschheitsgeschichte hindurch haben die Menschen in einer natürlichen Umgebung gelebt – nicht in einer mechanischen Welt. Deswegen waren die Neugier und die Achtsamkeit gegenüber der Natur für das Überleben der Menschheit von entscheidendem Wert.

Der Kontakt mit der Natur ist, wie die Vertreter der biophilen Theorie versichern, lebenswichtig für die Selbstverwirklichung und die Selbsterfüllung der Menschen. Die Natur hat unsere Kunst und Dichtkunst wesentlich beeinflusst und wir fühlen uns meist am glücklichsten und enspanntesten in einer natürlicher Umgebung.

Doch die Vertreter der biophilen Theorie betonen, dass unsere Anziehung durch die Natur nicht ausreichend stark ist. Sie ist nicht annähernd so stark wie z.B. das Hungergefühl oder das sexuelle Verlangen. Die Anziehung der Natur auf uns ist darüber hinaus nur zum Teil genetisch bedingt und erfordert die Erfahrung mit der Natur vor dem Jugendalter, damit sich diese Naturverbundenheit entwickeln und entfalten kann. Das heißt, es gibt wahrscheinlich eine „sensible Phase", während der Kinder hochmotiviert sind, Kontakt mit der Natur aufzunehmen. Wenn ihre Erfahrungen mit der Natur während dieser Zeit nur dürftig sind, werden ihre Gefühle zur Natur nie mehr so stark sein, wie sie hätten sein können. Wie David Orr sagte: „Wenn die Natur ... nicht sehr früh als ein freundlicher Ort des Abenteuers und der Freude erlebt worden ist, wird die Biophilie nicht so zur Entfaltung kommen, wie sie könnte. Dann wird eine günstige Gelegenheit verpasst sein und dem Menschen wird es daher an einer entscheidenden Befähigung zu Wahrnehmung und zu Phantasie fehlen."[6]

Die Arbeiten von Wilson, Montessori, Cobb und anderen über Kinder und Natur sind bruchstückhaft und spekulativ, doch sie geben zwei wichtige Fragen an die Forschung weiter:

1. Ist die Kindheit eine Zeit spezieller Sensibilität gegenüber der Natur? Gibt es bestimmte Altersstufen, in denen Kinder am motiviertesten sind, die Natur zu erforschen und Kontakt zu ihr aufzunehmen?
2. Wie könnte dieser Kontakt die Kinder in ihrer Entwicklung unterstützen?

Sind Kinder besonders sensibel für die Natur?

Umweltanliegen

Wenn die Kindheit eine Zeit des besonderen Interesses an der Natur ist, könnten wir erwarten, dass Kinder sich besonders stark für Umweltbelange einsetzen. Einige Umfragen haben ergeben, dass dies der Fall ist.

In einer telefonischen Umfrage in den USA hat Peter D. Hart Research Associates herausgefunden, dass die meisten jungen Menschen (vierte bis zwölfte Schulstufe) und auch ihre Eltern der Meinung waren, dass jene in der Familie, die sich am meisten über die Umwelt Gedanken machten, die jungen Familienmitglieder waren. Die jungen Menschen beeinflussten ihre Eltern häufig dahingehend, Müll zu trennen und umweltverträgliche Produkte zu kaufen. Die jungen Menschen waren üblicherweise auch besorgter als ihre Eltern über die generelle Verschlechterung des Ökosystems des Planeten.

Eine bundesweite Umfrage von Louis Harris liefert spezifischere Information über die Altersstufen, in denen das Umweltbewusstsein am stärksten ist. Die Ergebnisse dieser Umfrage werden in der Tabelle 3.1. angeführt.

Tabelle 3.1.
Harris Umfrage (1993) Kinder, die sich „sehr" viele Gedanken um die Umwelt machen*7

Schulstufe	*machen sich „sehr" viele Gedanken*
4. – 6.	67%
7. – 8.	54%
9. – 10.	53%
11. – 12.	50%

Wie man aus der Tabelle ersehen kann, sind Kinder der 4. bis 6. Schulstufe eher um die Natur besorgt als die Jugendlichen (7. bis 12. Schulstufe).

Als meine Mitarbeiter und ich Kinder aus der Stadt New York baten, sich eine ideale Regierung für eine Phantasieinsel vorzustellen, sahen wir, dass sich sechs- bis zehnjährige Kinder mehr Gedanken um die Umwelt

---

* Kinder wurden befragt, ob sie sich „viele, wenige oder gar keine" Gedanken über die Umwelt machten.

machten als elf- bis 16-jährige. Als Sung Ha Suh dasselbe Interview in Chile führte, erhielt sie ähnliche Ergebnisse. Ich war wiederholt beeindruckt von dem leidenschaftlichen Naturschutzengagement der Kinder. Ich nehme oft teil an öffentlichen Anhörungen zum Schutz von Bäumen oder der Tierwelt und erlebe oft, dass Kinder aufstehen, zum Sprecherpodium gehen und z.B. sagen: „Hört auf, Bäume zu fällen. Wie würdet ihr euch dabei fühlen, wenn ihr gefällt würdet?"

Träume über Tiere

Kinder interessieren sich besonders für Tiere. Im vorhergehenden Kapitel haben wir gesehen, dass Tiere in ihren Phantasiespielen stark vertreten sind. Darüber hinaus hat man herausgefunden, dass Kinder im Vergleich zu Erwachsenen häufiger über Tiere sprechen, wenn sie Geschichten erfinden. Doch am auffallendsten ist diese Tatsache in den Träumen der Kinder. Der Psychologe David Foulkes[8] ließ Kinder ein paar Nächte pro Jahr in seinem Schlaflabor an der Universität Wyoming schlafen. Immer wenn die schlafenden Kinder in der REM-Phase waren, die ein Anzeichen für Traumtätigkeit ist, weckte er sie auf und befragte sie, welche Träume sie hatten. (Foulkes begann seine Untersuchungen mit drei- bis fünfjährigen Kindern und ich war der Meinung, dass diese Erfahrung kleine Kinder ängstigen würde, doch Foulkes versicherte mir, dass dies nicht der Fall wäre.) Foulkes fand heraus, dass die Drei- bis Fünfjährigen häufig von Tieren träumten – 38 % der Zeit. Die Kinder träumten häufiger von Tieren als von Menschen oder anderen Themen.

Foulkes zweifelte anfangs seine Ergebnisse an. Er wusste, dass Kinder an Tieren interessiert sind, doch er hatte nicht erwartet, dass dieses Interesse so groß wäre, dass Tiere sogar ihre Träumen bevölkerten. Doch er brachte jahrelang weiterhin Kinder in sein Labor und fand heraus, dass Tierträume bei fünf- bis siebenjährigen Kindern beinahe genauso üblich waren. Nach dem siebten Jahr ungefähr nahm die Häufigkeit der Tierträume ab und unter den älteren Kindern von Foulkes, im Alter von elf bis fünfzehn, waren sie selten. Sie träumten hauptsächlich von anderen Menschen und von sich selbst in verschiedenen Handlungen.

Einige der Tierträume der Kinder waren aufregend. Ein Kind träumte z.B. davon, dass ein Pferd einen Zaun durchbrach und die Schweine und anderen Pferde befreite. Doch die meisten Träume waren recht einfach – ein singender Vogel, Frösche im Wasser, Hühner, die Körner fraßen, ein bellender Hund, ein laufendes Pferd und ein Kalb in seinem Stall.

Wenn ich Menschen von den Erkenntnissen von Foulkes erzählte, sagen sie sehr oft „Nun ja, er hat ja auch Kinder aus Wyoming befragt, einer ländlichen Gegend, wo Kinder viel mehr mit Tieren zu tun haben, als Kinder in Städten und Vorstädten." Dann sind Robert van de Castle und andere Forscher zu ähnlichen Ergebnissen gekommen, wenn Kinder aus Städten und Vorstädten ihren Lehrern oder Eltern ihre Träume erzählten. Tiere kommen in den Träumen von Kindern – und besonders von Kleinkindern – viel häufiger vor als in den Träumen von Jugendlichen und Erwachsenen. Die Kinder träumen hauptsächlich von Hunden, Katzen und Pferden, obwohl sie auch manchmal von Schlangen, Bären, Wölfen, Löwen, Spinnen und anderen wilderen Tieren träumen.

Foulkes wie auch andere Psychologen sind erstaunt über die Anziehung der Tiere auf Kinder. Repräsentieren Tiere ihre impulsive Natur? Foulkes glaubt, dass Kleinkinder üblicherweise bis zum Alter von ungefähr sieben Jahren von Tieren träumen, weil sie nicht imstande sind, sich selbst klar zu symbolisieren. Sie benutzen die Tiere als ihre Stellvertreter. Foulkes nennt Tierträume „Kompensation für einen symbolischen Defekt" und meint, dass sie die „kognitive Unreife"[9] des Kindes widerspiegeln.

Wie rasch ein angesehener Psychologe die Träume der Kinder negativ erscheinen lässt! Man könnte ebenso einfach die Träume der Kinder von Tieren in positivem Licht sehen – da sie eine grundlegende Wahrheit enthüllen. Wie der Dichter Gary Snyder sagt, erkennen Kinder, dass sie junge Tiere sind. Wenn wir dann älter und in den westlichen Werten sozialisiert werden, verlieren wir die Tatsache aus den Augen, dass wir Teil der Natur sind. Stattdessen sind wir stolz auf unser Ego und die Errungenschaften in unseren isolierten, sozialen Welten und erachten das Leben anderer Spezies als recht sekundär.

Foulkes beobachtete, dass eine kleine Zahl seiner Versuchspersonen entgegen dem dominanten Trend in ihren Jugendjahren weiterhin viel von Tieren träumten. Diese jungen Menschen, üblicherweise Mädchen, waren gutmütig, relativ gleichgültig sozialer Anerkennung gegenüber und neigten zur Selbstbeobachtung und Phantasie. Waren sie die knospenden Dichter und Künstler, die die Natur als Quelle der Inspiration nutzten?

Häuser bauen

Auf jeden Fall ergaben einige Hinweise, dass das Interesse der Kinder an der Natur im Allgemeinen vor dem Eintritt ins Jugendalter stärker ist – vor dem Alter von elf oder zwölf Jahren. Auch in ihrem tatsächlichen Verhalten hat man diesen Unterschied gefunden. Während Kinder liebend gern Verstecke und Häuser in der Natur bauen, nehmen diese Aktivitäten nach dem elften Lebensjahr rapid ab. Dies wurde u.a. im ländlichen Neuengland, in Devon (England) und auf der Insel Carriacour (Westindische Inseln) beobachtet. David Sobel, der dieses Verhalten in England und auf den Westindischen Inseln untersuchte, fand heraus, dass Jugendliche weniger Interesse daran zeigten, „Unterschlupfe" in der Natur zu finden, dafür mehr Interesse daran, ihren Platz im sozialen Umfeld zu finden.

Nicht alle Studien haben ergeben, dass Kinder ein besonders starkes Interesse an der Natur haben. Einige Studien haben ein gemischteres Ergebnis erbracht, obwohl diese Studien oft Fragebögen verwendet haben, die die Kinder möglicherweise nicht zur Gänze verstehen. Darüber hinaus besteht Bedarf an näherer Untersuchung in Bezug auf Kinder unter sieben Jahren, um herauszufinden, ob ihr Interesse an der Natur besonders intensiv ist. Doch allgemein gesagt, ergeben die Resultate der Forschung so weit, dass die Kindheit tatsächlich die Zeit der stärksten Anziehung der Natur ist.

Inwiefern profitieren Kinder von einem nachhaltigen Kontakt zur Natur?

Obwohl die Forschung keine Zweifel daran ließ, dass Kinder ein besonders starkes Interesse an der Natur haben, möchten Psychologen, Eltern und Pädagogen wissen, wie der vielseitige Kontakt zur Natur der Entwicklung der Kinder nutzt. Nützliche Hinweise kann man wenigen, jedoch wichtigen Studien entnehmen, die das spontane Verhalten der Kinder in der Natur dokumentiert haben. Diese Studien sind sehr oft informell, jedoch sehr reich an Details. Nachdem ich diese Studien durchgegangen bin, glaube ich, dass man zumindest von drei Arten sprechen kann, wie die Natur Kindern hilft, ihr Potential zu entfalten.

1. Die Natur stimuliert die Beobachtungsfähigkeit

In einer Pionierstudie, die Roger Hart[11] zwischen 1971 und 1973 durchgeführt hat, untersuchte er das Verhalten von Vier- bis Zwölfjährigen in der Natur in der Umgebung einer ländliche Stadt in Neuengland. Hart befragte die Kinder, beobachtete ihr freies Verhalten und folgte ihnen zu ihren Lieblingsplätzen. Wie er erwartet hatte, bezogen ihn die Kinder in viele Spiele mit ein – rennen, hüpfen und klettern – und genossen es, in der Natur zu wandern und sie zu erforschen. Doch Hart war überrascht von der Geduld und Sorgfalt, mit der die Kinder einfach nur die Natur beobachteten. Z.B. verbrachten einige Kinder lange Zeit damit, völlig ruhig die Fische, Frösche, Salamander und Insekten in den Teichen, Bächen und Flüssen zu beobachten. Manchmal kniete ein Kind minutenlang mit hohlen Händen am Wasser, bereit, ein Tier zu fangen. Als Ergebnis ihrer Beobachtungen, lernten die Kinder alle Orte und Verhaltensweisen der Wassertiere in beachtlichem Detail kennen.

Eine ähnliche Methode wandte Robin Moore an und fand heraus, dass Neun- bis Zwölfjährige in städtischen Gegenden von England es liebten, in Parks und naturbelassene, unkrautbewachsene Gebiete zu gehen, um Dinge wie Steine und Eicheln zu sammeln und um einfach nur zu beobachten. Sie fanden großen Gefallen daran, Vögel, Teiche, Blumen, Bienen, Marienkäfer, Eidechsen, Mäuse und andere kleine Tiere ruhig zu beobachten. Moore meinte, dass er sich oft wie auf einer Naturwanderung mit Expertenführern fühlte, wenn die Kinder ihm ihre Lieblingsplätze zeigten. Die Kinder zeigten ihm Pflanzen und kleine Tiere an Orten, die zu Beginn nur vernachlässigtes Ödland zu sein schienen.

Die Auswirkung der Natur auf die Sichtweise der Kinder wurde in einem Projekt sehr klar, das Moore[12] in Berkeley, Kalifornien, 1972 gestartet hat. Moore und einige Gemeindemitglieder (einschließlich Kinder) begannen, einen asphaltierten Platz, nämlich einen 6000 m² großen Grundschulhof in einen neuen Spielplatz zu verwandeln, der einen 2000 m² großen Naturbereich umfasst mit Teichen, Bächen, Waldgebieten und Wiesen. Fünf Jahre später interviewte Moore die Viertklässler, die den Wandel miterlebt hatten. Ihre Berichte bezeugen ein sensorisches Erwachen.

Die Kinder meinten, dass der Asphalt-Hof „langweilig" war und dass der Naturbereich ein wunderbarer Ort wäre, einfach nur um dort zu sitzen oder „kleine Ausflüge zu machen und Dinge zu beobachten". Ein Kind meinte, dass sie es besonders liebte, das Sonnenlicht durch die Bäume zu sehen, ein anderes genoss es, zu schmecken, zu riechen und Pflanzen anzusehen. Viele Kinder fanden besonderes Interesse an dem Leben der Tiere an den Teichen.

„Ich liebe es, die Frösche zu beobachten", sagte Lela, „sie sind sooo groß und ganz grün. Das letzte Mal habe ich einen gesehen, der direkt aus dem Wasser gesprungen ist."

Die Kinder schenkten auch den sinnlichen Effekten des Wassers selbst Beachtung. „Es ist wie eine kühle Brise Luft, die in dein Gesicht weht", sagte ein Kind. „Ich habe das Gefühl, dass ich schwimme, obwohl ich nicht einmal im Wasser bin".

In der Klasse forderten die Lehrer die Kinder auf, ihre Beobachtungen zu diskutieren und zu dokumentieren. Die Kinder waren sich bewusst, wie viel sie nun lernten. Wie ein Kind sagte: „Man würde niemals sagen: ‚Gehen wir hinaus und lernen etwas über den asphaltierten Schulhof'. Es gibt nur eines, was man über einen asphaltierten Schulhof wissen kann, nämlich dass er asphaltiert ist, aus. [Nun] gibt es immer etwas Neues zu entdecken."

2. Die Natur fördert die Kreativität

In der Studie von Hart[13] im ländlichen Neuengland war zu erkennen, dass die Kinder es liebten, Häuser zu bauen. Sie bauten Baumhäuser in den kräftigen Ahorn- und Apfelbäumen und sie konstruierten Modellstädte und Autobahnen im losen Matsch unter den Bäumen. Sie bauten auch eifrig Klubhäuser, Verstecke, Burgen und andere Unterstände am Boden – oft unter den großen Büschen und im hohen Gras.

Die jüngeren Kinder zwischen vier und sieben Jahren bauten sich nicht so häufig Unterschlupfe, sondern suchten sich welche. Doch die älteren Kinder zwischen acht und zwölf Jahren beschäftigen sich häufig mit tatsächlichem Bauen und benutzten dazu Tücher, Gerümpel, abgebrochene Äste und andere „lose Teile", um damit ihre Häuser zu bauen. Im Winter bauten sie sich ihre Unterkünfte aus Schnee.

Wie ich bereits angemerkt habe, haben die Häuser der Kinder die Aufmerksamkeit und das Interesse anderer Forscher angezogen. Kinder scheinen auch in Innenräumen eifrig Häuser zu bauen, indem sie z.B. Tücher über ein Bett legen, um sich ein gemütliches Zelt zu machen. Kinder bauen Häuser auch in städtischen Gebieten. Forscher müssen jetzt systematisch die Anzahl von Hausbauten in unterschiedlicher Umgebung vergleichen, ich habe jedoch den starken Eindruck, dass sie am großartigsten draußen in relativ wilder Natur sind. Stadtkinder z.B. scheinen meistens Häuser zu bauen, wenn sie Zugang zu naturbelassenen, offenen Orten haben wie z.B. Felder mit hohem Gras. Kinder sind begeistert von der Möglichkeit, wilde Gebiete zu erforschen, und sie verspüren den Drang, einen Außenposten oder eine Basis zu errichten, von der aus sie ihre Erkundungen starten. Wie David Sobel sagt, schaffen sie sich einen Platz, um in der Natur draußen daheim zu sein.

Die Natur inspiriert auch Zeichnen und Dichten der Kinder. Eltern und Lehrer wissen, wie häufig die Sonne, Bäume, Vögel und andere Naturerscheinungen in Kinderzeichnungen auftauchen. Die meisten Erwachsenen wissen eher weniger um die Gedichte der Kinder, doch die Inspiration durch die Natur scheint sehr stark zu sein. Nach der Durchsicht von vier Anthologien und Kollektionen von Kindergedichten (von denen einige von aufmerksamen Eltern niedergeschrieben wurden), schätze ich, dass über zwei Drittel der Gedichte von der Natur handeln. Ich werde im Kapitel 5 näher auf die Gedichte eingehen, doch an dieser Stelle möchte ich herausstreichen, dass viele der Gedichte die Art der aufmerksamen Beobachtung belegen, die wir zuvor besprochen haben. Die Sinne der Kinder sind hellwach. Die achtjährige Wendy Hancock z.B. lenkt die Aufmerksamkeit auf ein Geräusch, das sehr leicht überhört werden kann.

The storm is over and gone away,	Der Sturm ist vorüber und abgezogen
Not a bird sings, not a twig moves.	Nicht ein Vogel singt, nicht ein Zweig bewegt sich.
There's driftwood on the beach and	Treibholz liegt auf dem Strand und
The sea is low,	Das Meer ist niedrig,
After the storm,	Nach dem Sturm,
After the storm.	Nach dem Sturm.
But there *was* a sound,	Aber da war doch ein Geräusch,
Was it a rabbit scurrying	War es ein Hase, der vorbeitrippelte,
Or a dog barking?	Oder ein Hund, der bellte?
No, no, no	Nein, nein, nein,
It was the wisper of the trees	es war das Flüstern der Bäume
Far away,	sehr weit weg,
Far away.	sehr weit weg.

Mit entwaffnender Einfachheit erinnern uns solche Gedichte daran, wie es war, aufmerksam zu sein und auf die Natur ringsum uns zu reagieren.

3. Die Natur vermittelt ein Gefühl des Friedens und des Einsseins mit der Welt

Ich habe nun beschrieben, wie die Natur die Kinder dazu anregt, sie ruhig zu beobachten und wie die aufmerksame Beobachtung die Gedichte der Kinder beeinflusst. Doch die Natur löst auch innere Ruhe und Stille aus, was etwas anderes als die aufmerksame Beobachtung ist. In dem ländlichen Neuengland hat Hart[14] herausgefunden, dass die Kinder beachtlich viel Zeit damit verbrachten, einfach in einer anscheinend introspektiven Art zu bleiben. Das war besonders an „Froschteichen", trägen Bächen oder Teichen der Fall, die manchmal Frösche, Insekten oder andere kleine Wildtiere beherbergten. Am Rand des Wassers starrte das Kind oft in einem träumerischen Zustand in das Wasser, indem es unterdessen ziellos im Matsch oder Wasser plantschte. In diesen Momenten der Ruhe schienen die Kinder eine fließende Verbindung zwischen sich und dem Wasser zu verspüren – ein Einssein mit der Welt.

Der beruhigende Effekt der Natur geht besonders in der Studie von Robin Moore[15] über den Schulhof in Berkeley hervor. Als der Hof noch zur Gänze asphaltiert war, gab es beständig Kämpfe und Streitereien. Doch im neuen Naturbereich spielten die Kinder harmonischer zusammen und sie waren viel ruhiger. Das war sowohl bei Jungen als auch bei Mädchen der Fall, die zuvor getrennt gespielt hatten. In dem natürlichen Bereich kamen sie häufig zu entspannten Gesprächen zusammen. Wie ein Kind sagte: „Es fühlt sich gut an dort. Wirklich ruhig. Viele Kinder genießen es, einfach herumzusitzen und zu sprechen."

Ich glaube, die Kinder fühlten sich oft ruhig in dem Naturbereich, weil sie spürten, dass er ihnen Schutz und etwas wie Nahrung gibt. Es war, als wären sie Teil einer sehr liebevollen Familie geworden. Wenn die Kinder den natürlichen Bereich beschrieben, sagten sie z.B. Folgendes: „Ich fühle mich zu Hause dort." „Allein zu sein, stört mich nicht mehr." „Es ist einfach ein guter Platz." „Es scheint wie eine große Familie." Wie Moore sagte, gab der natürliche Bereich den Kindern ein neues Gefühl der Zugehörigkeit.

Manchmal erlebten die Kinder Momente einer besonders starken Verbindung mit der Natur. Wenn ein Teich still ist, sagte Kelli, „macht es mich sprachlos, es ist so ruhig dort. Es fühlt sich warm in mir an ... Ich fühle mich einfach gut." Moore lenkte besondere Aufmerksamkeit auf das Einfühlungsvermögen dieses Mädchens in seine Umgebung. Die Ruhe der Natur rief einen ähnlichen Zustand in ihm hervor; es fühlte sich „sprachlos". Es fühlte sich sehr gut, wenn auch auf eine Weise, die schwierig in Worte zu fassen war.

Die Gefühle der Ruhe und der Verbundenheit bei Kindern sind auch zentrales Thema der Studie von Louise Chawla[16] über Erwachsenenbiographien von Autoren des 20. Jhdts. Diese Schriftsteller, die sich an intensive Erfahrungen mit der Natur als Kinder erinnerten, die Gefühle der Ruhe und Verwurzeltheit mit der Welt hervorriefen – Gefühle, die ein Leben lang andauerten. Wie Chawla anmerkte, kann man eine besonders eloquente Beschreibung solcher Gefühle in der Autobiographie von Howard Thurman finden, eines einflussreichen afro-amerikanischen Ministers.

Thurman[17], der in Daytona, Florida, zu Anfang des 20. Jhdts. aufwuchs, fühlte sich als Junge oft sehr einsam. Als er sieben Jahre alt war, verstarb sein Vater – seine Mutter war sehr distanziert. Doch Thurman fühlte sich von der Nacht getröstet, die ihm eine Art mütterlichen Rückhalt bot.

„Da war irgendetwas an der Nacht, das meinen Geist wie eine sanfte Decke zuzudecken schien ...[Manchmal] konnte ich die Nacht denken hören und sie fühlen spüren. Das tröstete mich und ich wünschte mir, dass die Nacht sich beeilen und kommen würde, da unter ihrer Decke mein Geist wandern konnte. Ich fühlte mich umarmt, umhüllt und sicher."

Thurman spürte eine ähnliche Beziehung zu einer alten Eiche im seinem Hof. Sich an sie zu lehnen gab ihm ein Gefühl von Frieden und Stärke. Auch die Wälder waren seine Freunde. Doch die stärksten Erfahrungen machte er am Strand. Als er eines Nachts am Strand entlangging und das Meer sehr ruhig war,

„hatte ich das Gefühl, dass alle Dinge, der Sand, das Meer, die Sterne, die Nacht und ich eine Lunge wären, durch die alles Leben atmete. Ich war mir nicht nur des gewaltigen Rythmus' bewusst, der alles einhüllte, sondern ich war Teil dessen und er war Teil von mir."

Sogar die Stürme schienen den jungen Thurman zu umarmen und seine Erfahrung der Einheit mit der Natur als Junge verlieh ihm

> „eine gewisse äußerst starke Immunität gegen all den Schmerz, mit dem er in den folgenden Jahren fertig werden musste, als der Ozean nur mehr eine Erinnerung war. Das Gefühl, das er hatte: Ich fühlte mich im Leben, in der Natur, in der Existenz verwurzelt."

Ich habe drei Beispiele dafür gegeben, wie der Kontakt zur Natur die Entwicklung der Kinder unterstützen kann. Die Natur stimuliert die Beobachtungskräfte der Kinder, fördert ihre Kreativität und ruft Gefühle des Friedens und des Einsseins mit der Welt hervor. Dies ist bedeutend. Tatsache ist jedoch, dass Kinder, wie zuvor erwähnt, immer weniger Kontakt mit der Natur haben. Sogar während der Zeit, in der Hart und Moore die Außenaktivitäten der Kinder in Neuengland und England untersuchten, konnten sie beobachteten, dass die Erwachsenen die natürlichen Bereiche rasch durch Asphalt, Beton und ordnungsgemäß gemähten Rasen ersetzten. Der natürliche Bereich in Berkeley war eine mutige, doch eher vereinzelte Bemühung, einen radikalen Trend rückgängig zu machen. Das Ende des Kapitels möchte ich dem Thema widmen, welche Auswirkungen ein fehlender Kontakt der Kinder mit der Natur auf ihre geistige Gesundheit hat.

Die Bedeutung für die geistige Gesundheit

Aufmerksamkeitsstörungen

Viele Kinder haben heutzutage Schwierigkeiten, aufmerksam zu sein. Sie haben Probleme, sich auf Aufgaben zu konzentrieren und sind im Allgemeinen ruhelos. Bei 3 bis 5 % der Kinder in den USA ist das Problem so massiv, dass man sogar eine psychiatrische Bezeichnung dafür gefunden hat: Attention deficit/Hyperactivity disorder (ADHS). Doch in unterschiedlichem Ausmaß ist das Problem viel verbreiteter und hat viele Gesundheitsexperten zum Aufhorchen veranlasst.

Forscher nehmen allgemein an, dass die Ursache dieses Problems genetischer oder physiologischer Natur ist, doch wir haben beobachtet, dass Kinder in natürlicher Umgebung zu beachtlich geduldiger und sorgfältiger Beobachtung imstande sind. Deswegen sollte man auch die Umgebung als Faktor miteinbeziehen. Die heutige Außenumgebung ist möglicherweise zu steril und zu langweilig, dass sie auf die Sinne der Kinder anregend wirken und die Fähigkeit der Kinder zu sorgfältiger Beobachtung stimulieren könnte. Darüber hinaus verschärft die Umgebung, die in unseren Wohnräumen herrscht, die Aufmerksamkeitsprobleme. Fernbedienungen und Videospiele laden Kinder dazu ein, ständig die Stimulation zu verändern oder zu beschleunigen.

Neuere Studien weisen darauf hin, dass Aufmerksamkeitsprobleme gelindert werden können, wenn mehr Zeit in der Natur verbracht wird. Nancy Wells hat herausgefunden, dass wirtschaftlich benachteiligte Kinder sich besser konzentrieren konnten, wenn ihre Familien in grünere Wohngegenden zogen. Darüber hinaus haben Andrea Taylor, Frances Kuo und William Sullivan[18] herausgefunden, dass Kinder aus der Mittelschicht weniger Aufmerksamkeitsprobleme hatten, wenn sie Zeit im Grünen wie z.B. Parks anstelle von unnatürlichen Umgebungen wie Einkaufszentren und Parkplätzen verbringen.

Kämpfe

Probleme mit der Aufmerksamkeit sind oft verbunden mit Kämpfen. Auch das Kämpfen ist möglicherweise ein Produkt der sterilen Umgebung, die Kinder draußen vorfinden. Das ist genau das, was die Kinder in der Studie von Moore sagten, als sie über den asphaltierten Schulhof sprachen. Auf dem kargen Asphalt „ist Kindern so langweilig, dass sie ziemlich viel Mist machen ... Kinder zerbrechen sogar Glas, nicht weil sie einen schlechten Charakter haben, sondern, weil sie nichts zu tun haben." „Kinder werden wirklich gereizt und verrückt. Und dann kann schon mal ein Kampf beginnen." Im Gegensatz zu dem monotonen Asphalt lud der schöne Naturbereich mit seinen schattigen Matschwegen, seinem Unterholz und seinen Teichen zur Erforschung mit allen Sinnen und zu kreativen Aktivitäten ein, wie zum Konstruieren von Modellbauten mit Stecken und Sand oder zur Herstellung von Schiffen aus Blättern.

Die Kinder in der Studie von Moore sprachen auch über die Kraft der Natur, Spannungen zu lindern. Sie beschrieben den Naturbereich als einen Ort, wo Kinder Ruhe finden und ein gutes Gefühl allem gegenüber – einschließlich sich selbst und anderen gegenüber – haben konnten. „Die Natur bewirkt, dass sich die Kinder untereinander gut fühlen" und „Wenn Kinder jetzt streiten, können sie danach in die Bäume klettern und wieder Freunde sein." Die Kommentare der Kinder rufen die mütterlichen Qualitäten, die zuvor besprochen wurden, in Erinnerung. In dem Naturbereich fühlten sich die Kinder wie „eine große Familie". „Ich fühle mich zu Hause." Es ist, als wäre die Natur eine sanfte Mutter, die Kinder liebevoll in ihre Armen nimmt.

Einsamkeit

Wir hören sehr oft den Begriff „Mutter Natur", doch es ist hauptsächlich ein Klischee. Unter den westlichen Erwachsenen waren es in erster Linie Dichter, die über die mütterliche Funktion der Erde mit aller Tiefe des Fühlens sprachen. Mary Olivers Gedicht „Sleeping in the Forest" z.B.

beginnt mit den Worten: „Ich dachte, die Erde erinnerte sich an mich. Sie nahm mich zurück so zärtlich."

Darüber hinaus hören wir auch leidenschaftliche Kommentare über die Mutter Erde von amerikanischen Indianern. Der Lakota-Autor Luther Standing Bear sagte: „Wo der Lakota auch hinging, er war mit Mutter Erde. Unabhängig davon, ob er bei Tag und bei Nacht wanderte, sie war bei ihm. Dieser Gedanke tröstete den Lakota, unterstützte ihn und er war für immer erfüllt mit Dankbarkeit."

Heutzutage haben nur wenige von uns das Gefühl einer solchen Verbundenheit. Ich frage mich oft, ob wir nicht aus diesem Grund einsamer sind.

Einsamkeit ist sehr verbreitet. Menschen fühlen sich unverbunden, losgelöst und isoliert und die Probleme werden bei immer jüngeren Kindern sichtbar. Zahlreiche große Sozialtheoretiker wie Emile Durkheim und Erich Fromm[19] waren der Meinung, dass die Isolierung und die Einsamkeit die charakteristische Pathologie der modernen Zeit sind.

Gelehrte haben nach einer Erklärung gesucht. Einige haben über den Verlust von Gemeindebanden als Erklärung dafür genommen, die die traditionellen Gesellschaften charakterisiert haben. Andere Gelehrte haben die Probleme mit der modernen Familie untersucht. Wenn Eltern z.B. zu sehr mit ihrem Arbeitsleben beschäftigt sind, fühlen sich die Kinder vernachlässigt und allein.

Zeitgenössische Psychoanalytiker wie Margaret Mahler, D.W. Winnicott und Heinz Kohut[20] waren der Meinung, dass die Wurzeln der Isolierung in der frühen Mutter-Kind-Beziehung zu finden sein könnten. In einer gesunden Entwicklung – meinen diese Autoren – trägt die einfühlsame Reaktion der Mutter auf die Bedürfnisse des Babys dazu bei, dass sich das Kind auf harmonische Weise eins mit der Welt fühlt. Wenn Kinder größer werden, werden sie unabhängiger, doch dieses Gefühl der Einheit mit der Mutter in der frühen Kindheit bleibt bestehen und hilft ihnen bei eventueller Trennung, Zurückweisung und bei Verlusten. Wenn Kindern hingegen diese Gefühle der angenehmen Einheit in ihrer frühen Kindheit fehlen, fühlen sie sich möglicherweise sehr einsam und losgelöst von der Welt. Jede drohende Zurückweisung gibt ihnen das Gefühl auseinanderzufallen.

All diese Erklärungen haben ihre Berechtigung. Jedoch sehr selten hat jemand die Hypothese aufgestellt, dass die moderne Einsamkeit etwas mit unserer Entfremdung von der Natur zu tun haben könnte. Die Studien von Hart, Moore und anderen besagen, dass Kinder in der Natur starke Gefühle des Friedens und der Verbundenheit entwickeln. Die Natur scheint wie eine neue Mutter zu fungieren, die das Kind beruhigt und tröstet und dem Kind das Gefühl vermittelt, dass es der Welt angehört. Wie Howard Thurman in seiner Autobiographie schrieb, vermittelten ihm die Erfahrungen mit der Natur das Gefühl, dass er im Leben selbst verwurzelt ist. Sollten wir nicht die Möglichkeit in Erwägung ziehen, dass sich die Menschen heute einsam und losgelöst fühlen, weil sie in so einer künstlichen Umgebung aufgewachsen sind, dass sie keine tröstende, mütterliche Verbindung mehr zur Natur haben?

Wie können wir den Kontakt der Kinder mit der Natur fördern?

Ratschläge

1. Geben Sie dem Kind Gelegenheiten, seine Umgebung zu erforschen

Von der kindzentrierten Perspektive aus fördern wir die Erfahrung des Kindes mit der Natur nicht am besten durch direktes Lehren, sondern indem wir ihm Gelegenheiten geben, seine eigenen Entdeckungen zu machen. Wir müssen Kindern erlauben, Forscher und Abenteurer zu sein.

Doch dies erfordert von uns viel Geduld. Wenn wir z.B. mit einem Zweijährigen einkaufen gehen, mag der Wunsch des Kindes, plötzlich anzuhalten und ein Blatt oder einen Käfer zu untersuchen, uns möglicherweise wie eine verrückte oder unnötige Ablenkung von unserem Ziel erscheinen. Es ist wichtig, uns daran zu erinnern, dass das Interesse des Kindes wahrscheinlich viel tiefer ist als das unsere. Wenn es uns möglich ist, sollten wir stehen bleiben und dem Kind die Gelegenheit geben, das zu erforschen, was wichtig ist.

2. Legen Sie nicht zu viel Wert auf Bezeichnungen

Der Existentialpsychologe Ernest Schachtel[21] hat betont, dass wir häufig die Erfahrung von kleinen Kindern durch den Gebrauch von Bezeichnungen eingrenzen. Wenn ein zwei- oder dreijähriges Kind auf ein Insekt zeigt oder fragt: „Was ist das?", dann nehmen wir oft an, dass wir die Neugier des Kindes befriedigen, wenn wir es benennen. Wir sagen: „Das ist eine Ameise," als ob das alles wäre, was man darüber sagen kann. Nachdem wir die Frage des Kindes beantwortet haben, sollten wir dem Kind Zeit lassen, die Ameise gründlich zu beobachten.

Eltern sind manchmal bestrebt, mit dem Kind darüber zu sprechen, was es sieht, und verwandeln so den Moment in eine Unterrichtseinheit. Eltern sagen möglicherweise: „Erinnerst du dich an die Ameisen im Buch zu Hause? Das ist eine Arbeiterameise – ihre Aufgabe ist, Nahrung für den Ameisenhaufen zu suchen." Wir halten unsere wörtlichen Erklärungen für lehrreich, doch es lenkt das Kind möglicherweise von dem ab, was es beobachtet. Wenn ein kleines Kind vertieft eine Ameise beobachtet, sollen wir es dies tun lassen. Wir sollten es auf seine eigene Weise lernen und seine eigenen Entdeckungen machen lassen. Wie Ralph Waldo Emerson sagte: „Sei nicht zu sehr seine Mutter bzw. sein Vater. Betritt nicht unerlaubterweise seine Abgeschiedenheit."

3. Sorgen Sie unaufdringlich für die Sicherheit des Kindes

Einige Eltern schränken die Erforschungen der Natur ihres Kindes ein, weil sie sich um die Sicherheit ihres Kindes Sorgen machen. Das ist eine legitime Sorge, besonders bei Kindern unter sieben Jahren. Kleine Kinder scheinen nicht reif genug zu sein, selbst loszuziehen und in Teichen zu waten, Felsen zu erklettern und Wege entlangzugehen, um Insekten und andere lebende Dinge zu untersuchen. Doch mit ein wenig Mühe können wir normalerweise ein Gleichgewicht zwischen Sicherheit und dem Bedürfnis des Kindes nach Abenteuer schaffen. Es ist üblicherweise ausreichend, knapp hinter dem Kind zu sitzen oder zu stehen und ein wachsames Auge auf das Kind zu haben, während es die Umgebung auf seine eigene Weise erforscht. Wir brauchen nicht mehr als dies zu tun – einfach unaufdringlich und wachsam da sein.

Größere Kinder, die über sieben Jahre als sind, können bereits weitere Erkundungsgänge ohne den Erwachsenen machen. Doch auch diese Kinder benötigen noch etwas Schutz durch den Erwachsenen. Sie benötigen oft die unaufdringliche Anwesenheit von Eltern, Lehrern oder Parkwächtern, solange sie die Natur erforschen.

4. Setzen Sie sich für die Natur in ihrem Ort ein

Die wichtigste Aktion, die wir unternehmen können, ist, die Natur um uns herum zu schützen. Kinder werden nicht imstande sein, sich mit ihrer natürlichen Umgebung zu verbinden, wenn es keine Natur mehr um sie herum gibt.

Die Natur zu schützen ist oft schwierig. Mächtige und Reiche möchten die offenen Flächen in unseren Gemeinden nutzen. Baufirmen können sehr viel Geld machen, indem sie mehr Geschäfte, Wohnblöcke und Parkplätze schaffen. Deswegen fällen sie Bäume, entfernen Büsche, mähen das Gras und betonieren Wege und Teiche zu. Doch wenn Kinder die Natur erforschen sollen, dann müssen wir zugunsten der Wahrung von natürlicher Umgebung argumentieren. Wir müssen Briefe schreiben, zu Gemeindeversammlungen gehen und mit Lokalpolitikern sprechen.

Natürlich ist auch rund um Wohnanlagen meistens etwas Grün geplant. Doch dieser Plan sieht nur eine begrenzte Zahl von Pflanzen vor – üblicherweise Grasrasen und eine kleine Mischung von Pflanzen – und auf Ordentlichkeit legt man großen Wert. Der konventionelle Geschmack der Erwachsenen besteht aus sauberem Beton, getrimmten Rasenflächen, begrenzten Blumenbeeten und asphaltierten Wegen. Die Landschaft scheint beinahe in der Fabrik hergestellt worden zu sein. Da gibt es nichts auch nur annähernd Wildes.

Um die Natur wirklich entdecken zu können, brauchen Kinder etwas, was Robin Moore „naturbelassenes Areal" nennt – unkrautbewachsenes Gelände, Matschwege, Teiche, bewaldete Bereiche, natürlich gewachsene

Bäume und hohes Gras. Eine solche Umgebung ist normalerweise relativ inhomogen und unvorhersehbar. Wir können uns z.B. nicht sicher sein, welche Arten von Insekten, Blumen oder Vögel Unterschlupf in einem unkrautbewachsenen, freien Gelände finden. Deswegen können Kinder beim Erforschen solcher Gebiete wirklich echte Entdeckungen machen.

Die Vorschläge, diese wilden Gründe zu bewahren, werden auf Widerstände stoßen wie „Dieses Gebiet wird überwuchert werden", „Es wird ungepflegt aussehen", „Kinder werden sich schmutzig machen". Doch dieses wilde Gelände ist wichtig, wenn die Kinder die Natur in ihrer Fülle erfahren sollen, deswegen müssen wir an die Gemeindegruppen appellieren, damit einige Bereiche relativ naturbelassen bleiben. Wir können damit argumentieren, dass relativ wilde Areale der Gemeinde ein ländliches Aussehen geben und eine besondere Schönheit besitzen, da sie viele Sorten von Wildblumen und anderen Spezies beherbergen. Gärtner für natürlichen Lebensraum zeigen, wie es möglich ist, einige Bereiche innerhalb der Grenzen einer umfassenden Gartengestaltung wild wachsen zu lassen. Wir können an das Verantwortungsbewusstsein der Menschen für andere Lebewesen appellieren, damit ihr Lebensraum erhalten bleiben kann, den sie für das Überleben benötigen.

5. Machen Sie das Projekt von Moore in Berkeley nach

In den USA wurde schon so viel Fläche zubetoniert, dass ich glaube, dass man das Projekt von Moore in Berkeley weitflächig wiederholen sollte. D.h., wir sollten Asphalt entfernen und Naturbereiche schaffen. Moore meint, dass solche Projekte nicht immer formelle Gestaltung erfordern. „Reißen Sie etwas Asphalt auf, umgeben Sie die Stelle mit einer festen Umgrenzung, fügen Sie etwas fruchtbare Erde hinzu und überlassen Sie es sich selbst ... Machen Sie es zu einem Ort, wo Kinder und Wildleben zusammen Kolonien gründen können." Für jene, die sich mit Plänen wohler fühlen: Die Organisation Learning Through Landscapes (Lernen anhand der Natur) hat Veröffentlichungen über die Anlage zahlreicher Naturparks in Großbritannien herausgebracht.[22]

6. Erkennen Sie den Wert von „losen Teilen"

In Vorstädten kaufen Eltern oft vorgefertigte Baumhäuser und befestigen sie in ihren Gartenbäumen. Andere Eltern kaufen Spielhäuser, die man am Boden aufstellt. Das machen Eltern natürlich mit den besten Absichten. Sie möchten ihren Kindern Gartenmaterial bieten, das Kinder üblicherweise lieben. Doch die Erwachsenen geben den Kindern auf diese Weise nicht die Möglichkeit, ihre eigenen Strukturen zu schaffen.

Es ist deswegen wichtig, sich zu überlegen, bis zu welchem Ausmaß die Außenumgebung Kreativität zulässt. Experten wie Roger Hart und Robin Moore weisen auf den Wert von „losen Teilen" hin – Gegenstände, wie abgebrochene Äste, Restholz, Kartonschachteln und alte Möbel, die Kinder finden und für ihre eigenen Gebäude verwenden. Lose Teile sind anders als Spielsachen, Konstruktionssets und Computersoftware, die man kaufen kann – die alle eine größtenteils vorgegebene Struktur haben. Hart meint, dass zu viele Eltern für ihre Kinder Spielsachen und Ausrüstungen kaufen, die „unsere technologisierte Gesellschaft ihnen in immer ausgeklügelteren Formen vorgibt; Formen, die von den Kindern nicht mehr verlangen, als die Fähigkeit zu lernen, wie man sie zu dem Zweck, für den sie geschaffen wurden, verwendet."

7. Ermutigen Sie Ihr Kind, die Natur zu erkunden

Alle meine bisherigen Empfehlungen betreffen die Frage, wie wir Kindern Möglichkeiten geben können, ihre Welt zu entdecken und ihre Kreativität zu entwickeln. Ich bin davon ausgegangen, dass der Erwachsene dabei eine untergeordnete Rolle spielt, so dass das Kind ein unabhängiger Abenteurer sein kann.

Doch die heutige Situation mag das Eingreifen des Erwachsenen erforderlich machen, besonders bei größeren Kindern. Heute (wie auch früher) sind Kleinkinder und Kindergartenkinder typischerweise eifrige Erforscher der sie umgebenden Natur. Doch wenn ein Kind acht oder neun Jahre alt ist, hat es möglicherweise so viel Zeit vor dem Fernseher verbracht oder mit Videospielen, dass es sich wohler zu Hause fühlt als draußen. In früheren Zeiten hat sich ein Kind möglicherweise durch andere Kinder zu spannenden Aktivitäten in der Natur anregen lassen, doch heute verbringen auch seine Freunde viel Zeit im Innenbereich. Wenn ein Kind doch nach draußen geht, dann lädt die künstlich strukturierte Umgebung kaum zum Erforschen ein. Deswegen ist das Eingreifen durch Erwachsene möglicherweise notwendig, um die Kinder vom Fernsehen wegzulocken und sie in die Wunder und Möglichkeiten der Natur einzuführen.

Wenn man im Grünen lebt, ist die Chance groß, dass das Kind jene Art von Umgebung und Herausforderungen vorfindet, die seine Begeisterung für Entdeckungen entflammen lässt. Nach Ausflügen in der Natur wird das Kind wahrscheinlich die Umgebung um das Haus erkunden. Darüber hinaus versuchen Naturpädagogen im Allgemeinen, das unabhängige Lernen zu respektieren. Sie stellen z.B. möglicherweise stimulierende Fragen wie: „Wie viele Dinge kannst du hier mit geschlossenen Augen hören?" „Wenn du deine Hände ans Ohr hältst, dass du wie ein Reh aussiehst, klingen dann die Geräusche anders?" „Kannst du den Weg bis zum Hasenbau finden?" Nachdem der Erwachsene diese Fragen gestellt hat, überlässt er das Erkunden dem Kind, damit es die Möglichkeit hat, seine eigenen Entdeckungen zu machen.

Dieser Ansatz ist übrigens einer der beliebtesten bei den ursprünglichen Naturvölkern Amerikas, den Indianern. Der Lakota-Autor Luther Standing Bear[23] z.B. erzählte, wie die Älteren normalerweise Kinder aufforderten, still zu sitzen, wenn es offensichtlich nichts zu sehen, zu hören, zu spüren oder riechen gab. Dann nach dem Warten spürte das Kind typischerweise etwas – ein Rascheln des Windes, einen zarten Duft, den leisen Ruf eines Vogels. Das Kind wurde belohnt durch die Freude über seine eigene Entdeckung.

Wenn es keine Natur in der Nähe gibt, die angemessen erscheint, können wir selbst als Naturerzieher fungieren. Zahlreiche Kinderbücher[24] über die Natur beschreiben Projekte, die den Kindern viele Möglichkeiten bieten, selbst zu lernen. Darüber hinaus können wir Aktivitäten einführen, wie Unterstände zu bauen. Wir können damit beginnen und dann den Rest den Kindern überlassen. Roger Hart, der Naturstudienprogramme auf der ganzen Welt untersucht hat, hat mir gesagt, dass Orte in Europa manchmal „Spielleiter" anheuern, die diese Funktion übernehmen. Hart ermutigt Gemeinden, solche Spielleiter auch in den USA anzuheuern, doch sie sind noch sehr rar. In der Zwischenzeit können wir als Eltern diese Rolle übernehmen.

8. Fördern Sie die dichterischen Fähigkeiten Ihres Kindes

Als letzte Empfehlung möchte ich die Fähigkeit, Gedichte zu machen hervorheben. Weiter oben habe ich darauf hingewiesen, dass das Dichten eine der kreativen Beschäftigungen der Kinder ist, die sich auf ihre aufmerksame Beobachtung der Natur stützen. Das Verfassen von Gedichten wiederum verfeinert und stärkt zweifellos die aufmerksamen Beobachtungen der Kinder und ihre Gefühle für die Natur. Kapitel 5 wird mehr Details über dieses Thema liefern.

Schlussfolgerung

Meiner Meinung nach fühlen sich Kinder besonders zur Natur hingezogen und profitieren vom intensiven Kontakt mit ihr. Ich vermute, dass die Isolierung des modernen Kindes von der Natur möglicherweise zu einigen emotionalen Problemen beiträgt. Ich habe Vorschläge gemacht, wie man Kindern den Kontakt zur Natur erleichtern kann. Dabei habe ich Bemühungen angeregt, die Natur in unseren Gemeinden zu wahren und wiederherzustellen. Ich vertraue darauf, dass ich nicht ausdrücklich erwähnen muss, dass wir die Natur nicht nur für die Entwicklung unserer Kinder bewahren müssen, sondern zu Gunsten aller anderen Lebewesen.

Kapitel 4

Kinder zeichnen

*Früher zeichnete ich wie Raphael,
doch es hat ein ganzes Leben lang gedauert,
so wie ein Kind zu zeichnen.*

Pablo Picasso

Kinder im Alter zwischen zwei und acht Jahren lieben von sich aus künstlerische Tätigkeiten. Sie lieben zu singen, zu tanzen, zu zeichnen, zu dichten, Geschichten zu erfinden und Theater zu spielen. Wie Howard Gardner[1] betont, entfalten sich ihre Talente gewöhnlich auf beeindruckende Weise. Viel an ihrem Rollenspiel ist großartig und phantasievoll, ihre Lieder, Zeichnungen und Gedichte sind oft schön und ansprechend. In diesem Kapitel werde ich die Entwicklung des Zeichnens bei Kindern beschreiben.

Gegen Ende des zweiten Lebensjahres beginnen Kinder zu kritzeln. Niemand bringt ihnen das Kritzeln bei – sie fangen einfach von selbst damit an. Während der nächsten Lebensjahre bringen sie zahllose Zeichnungen hervor und schaffen neue und interessante Bilder.

Zahlreiche Psychologen, die diesen Prozess untersucht haben, haben diesen unter dem gestalttheoretischen Ansatz betrachtet. Gestalttheoretiker wie Rudolf Arnheim[2] und Rhoda Kellogg sind der Meinung, dass angeborene Kräfte die Reihenfolge und die Art der Formen, die Kinder hervorbringen, beeinflussen. Diese Experten sind der Meinung, dass angeborene Faktoren nicht alles ausmachen. Sie erkennen, dass Kinder auch frei mit neuen Formen experimentieren und dass auch kulturelle Faktoren Einfluss ausüben. Doch Gestaltpsychologen sind der Meinung, dass angeborene Kräfte alle Kinder anregen, grundsätzlich in einer bestimmten Reihenfolge vorzugehen und ihre Zeichnungen von einem inneren, angeborenen Sinn für ästhetische Prinzipien wie Symmetrie und Gleichgewicht geleitet werden. Kinder versuchen, gute Formen zu schaffen – eine gute „Gestalt".

Der ursprüngliche Kreis
(zwei- bis dreijährige Kinder)

Die erste klare Form, die sich vom Gekritzel zweijähriger Kinder herausentwickelt, ist der Kreis. Anfangs kritzeln Kinder in einer Vor- und Rückbewegung (siehe Fig. 4.1a). Dann beginnen sie, klarere Kreise zu zeichnen. Sie ähneln oft Spiralen oder konzentrischen Kreisen; das Kind beginnt, Kreise zu zeichnen und sie auszuweiten (siehe Fig. 4.1b).

Der Gestaltpsychologe Rudolf Arnheim meinte, dass das Auftreten des Kreises ein bedeutender Moment im Leben eines Kindes ist.

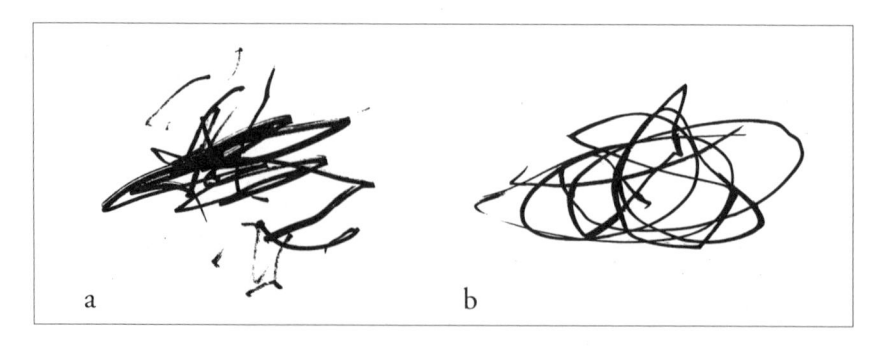

Fig. 4.1 Frühes Gekritzel mit Vor- und Rückbewegungen (a)
   macht Platz für rundere Formen (b).

Organisierte Formen im Gekritzel von Kindern herauskommen zu sehen, bedeutet, eines der Wunder der Natur zu beobachten. Der Beobachter kann nicht umhin als an einen anderen Prozess der Schöpfung zu denken, die Formung der kosmischen Wirbel und Sphären aus amorpher Materie im Universum.

Wenn Kinder konzentrische Kreise zeichnen, haben sie zu Beginn Schwierigkeiten, ihre Bewegungen zu kontrollieren. Wie Gardner sagte, scheint es, dass sie bestrebt sind, die Spirale zu erweitern, und sie nicht mehr aufhören können. Es dauert einen oder zwei Monate lang, bevor sie langsamer werden und ihre Handbewegungen gut genug lenken können, um einen einzelnen, geschlossenen Kreis zeichnen zu können (siehe Fig. 4.2).

Arnheim war der Meinung, dass die Schaffung eines einzelnen, geschlossenen Kreises eine ganz besondere Leistung darstelle.

Fähig zu sein – ganz allein – etwas so Klares, Ordentliches und Vollkommenes zu schaffen, muss eine außerordentliche Erfahrung für das Kind sein. Es versucht ja immer wieder mit offensichtlicher Freude und produziert eine große Anzahl von dem, was Erwachsene möglicherweise als Wiederholungen abtun.

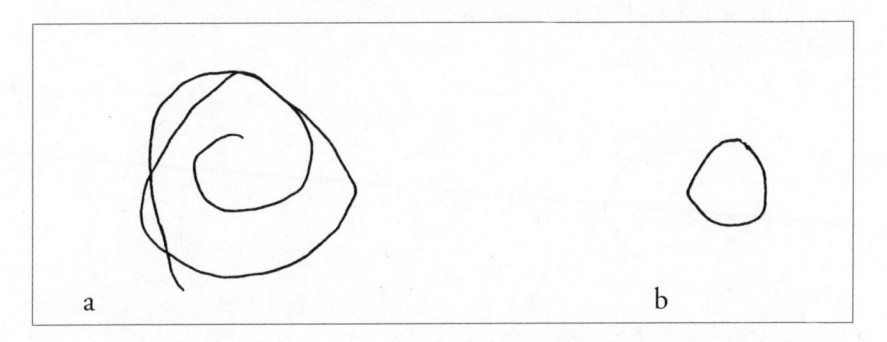

Fig. 4.2 Zweijährige haben anfänglich Schwierigkeiten, ihre Kreisbewegungen anzuhalten (a). Es ist eine Leistung, wenn sie einen einzigen, geschlossenen Kreis zeichnen können (b).

Arnheim glaubte, der Kreis sei die Urform der Menschen. Deswegen benutzen wir als Erwachsene den Kreis, um Gegenstände darzustellen, wenn uns ihre Form unbekannt ist. „Kugeln, Scheiben und Ringe stellen hauptsächlich in den frühen Theorien die Form der Erde und des Universums dar, nicht auf der Grundlage der Beobachtung, sondern weil unbekannte Formen und räumliche Beziehungen auf die einfachste mögliche Art dargestellt werden."

Können Kinder einmal einzelne Kreise zeichnen, können sie sie zusammensetzen, um Figuren darzustellen. Sie zeichnen Kreise in Kreisen, um gesichtsähnliche Figuren zu schaffen (siehe Fig. 4.3). Diese Figuren sehen ein wenig wie Geister aus, doch das Kind versucht nicht, Geister zu zeichnen. Das Kind arbeitet einfach mit der Form, die es bisher bewältigt hat.

Sonnenräder und Mandalas (dreijährige Kinder)

Die Untersuchung von Rhoda Kellogg[3] hat ergeben, dass Kinder nicht sofort beginnen, die menschlichen Figuren weiterzuentwickeln. Stattdessen experimentieren sie einige Zeit lang mit anderen Formen. Eine sehr verbreitete Form ist das strahlenförmige Muster oder das Sonnenrad – der Kreis mit Strahlen. Beachten Sie, wie ausgewogen die Sonnenräder in der Figur 4.4 (S. 85) sind.

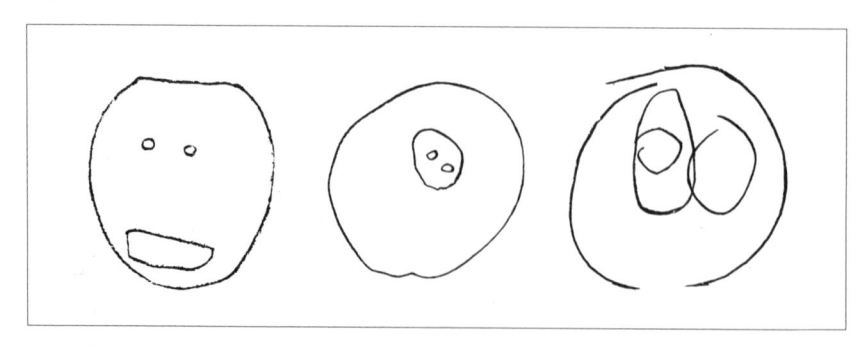

Fig. 4.3 Frühe Gesichter. *Von Kellogg 1969, 94.*

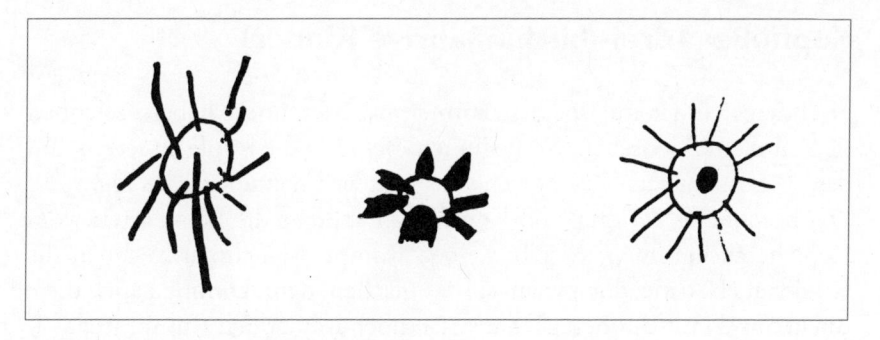

Fig. 4.4 Sonnenräder. *Von Arnheim 1954/1971, 173.*

Eine weitere übliche Form ist in diesem Alter das Mandala. In der Kunstarbeit von Erwachsenen sind Mandalas perfekt ausgewogene Muster von Kreisen, Kreuzen und Quadraten, die der Psychoanalytiker Carl Gustav Jung als Symbol der Suche des Menschen nach der Einheit des Lebens erachtete. Die Mandalas von Dreijährigen sind natürlich sehr einfach; sie sind oft einfache Kreise mit Kreuzen in der Mitte (siehe Fig. 4.5) Doch Kellogg dachte, dass dasselbe Verlangen nach Einheit und Ausgeglichenheit dabei eine Rolle spielt.

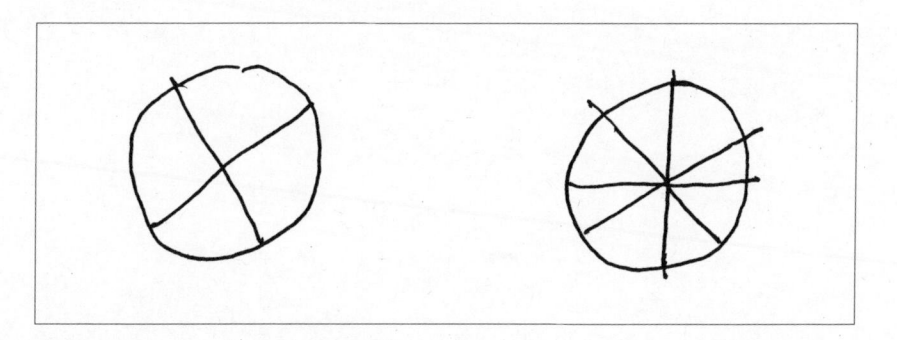

Fig. 4.5 Frühe Mandalas. *Von Kellogg 1970, 36.*

Kopffüßer (drei- bis fünfjährige Kinder)

Nachdem Kinder mit solchen Formen experimentiert haben, zeichnen sie komplette Menschen. Sie beginnen, Beine an die Köpfe zu setzen, um das zu produzieren, was Forscher Kopffüßer[4] nennen (siehe Fig. 4.6). Das besondere Merkmal von Kopffüßern ist, dass die Beine direkt vom Kopf herauskommen. Es gibt keinen Rumpf. Manchmal zeichnen die Kinder auch Arme, doch wenn sie das machen, dann kommen auch diese direkt aus dem Kopf heraus. Sie lassen noch immer den Rumpf weg.

Drei- bis Fünfjährige zeichnen menschliche Kopffüßer sehr häufig. Doch sie zeichnen auch viele Sonnen, Tiere, Bäume und Pflanzen, indem sie die Grundstrukturen, die sie bisher entwickelt haben, benutzen, um ihre Bilder zu schaffen (Fig. 4.6 und 4.7).

Fig. 4.6 Kopffüßer. *Unterste Figuren von Crain 2000, 96.*

Fig. 4.7 Kleinkinderzeichnung eines Hundes (a) und von Blumen (b und c). Die Kinder verwenden den Kopffüßer und die Form des Sonnenrades, die sie sich zuvor angeeignet haben. *Der Hund ist von Arnheim 1954/1971, 176.*

Es ist möglich, dass die Reihenfolge, die ich besprochen habe, nicht immer genau eingehalten wird. Kellogg selbst hat angemerkt, dass es Ausnahmen geben kann. Manche Kinder zeichnen möglicherweise menschliche Kopffüßer, bevor sie Sonnenräder oder Mandalas zeichnen. Doch das war nicht von großer Bedeutung für die Forscher. Was sie dagegen gefesselt hat, war das auffallende Merkmal der menschlichen Kopffüßer – der fehlende Rumpf. Und hinsichtlich dieses Punktes sind sich die Gestaltpsychologen wie Kellogg und Arnheim mit den meisten Forschern keinesfalls einig.

Die Kontroverse um den Kopffüßer

Die meisten Forscher nehmen an, dass der Kopffüßer ein Defizit auf Seiten des Kindes widerspiegelt. Norman Freeman z.B. ist der Meinung, dass kleine Kinder ein „Zuordnungsproblem" haben, ähnlich dem, das sie bei vielen Erinnerungsaufgaben zeigen. Wenn kleine Kinder gebeten werden, sich an eine Reihe von Nummern zu erinnern, fällt es ihnen leichter, sich an die ersten und letzten Zahlen zu erinnern statt an die mittleren Zahlen. Ähnlich ist es, wenn sie zeichnen. Sie wissen, was zuerst kommt (der Kopf) und was zuletzt kommt (die Beine und vielleicht die Arme), doch sie vergessen, was in die Mitte muss (der Rumpf).

Die Gestaltpsychologen hingegen sehen den Kopffüßer überhaupt nicht als defekt an. Wie der Gestaltforscher Henry Schaefer-Simmern meinte, ist das Kind in erster Linie nicht daran interessiert, die Wirklichkeit zu kopieren oder „in Erinnerung gespeicherte Teile zusammenzusetzen". Das Kind ist mehr mit der Schaffung einer ausgewogenen und harmonischen Form beschäftigt. Tatsächlich besitzen Kopffüßer oft eine wohltuende Eleganz und Einfachheit. Nur mit wenigen gutplazierten Linien erfassen die Kopffüßer das Wesentliche eines lebenden Menschen. Eine solche Einfachheit ist eines der Ziele der Kunst.

Bis zum heutigen Tag gibt es keinen soliden Beweis von Seiten der Forschung, der entschieden die Defizit-Theorie oder die Theorie der Gestaltexperten unterstützt. Klar ist, dass drei- bis vierjährige Kopffüßerzeichner mehr über die Anatomie des Menschen wissen, als sie zeichnen. Sie wissen, dass Menschen einen Bauch, ein Kinn, einen Hals, usw. haben. Sie können prompt die Körperteile in die korrekte Position bringen, wenn sie ein Puzzle zusammenstellen. Sogar wenn sie zeichnen, sprechen sie möglicherweise über zahlreiche anatomische Merkmale ihrer Figuren („Er hat Wangen, ein Kinn, einen großen Körper, winzige Hände ..."), doch sie zeichnen nichts anderes als einen einfachen Kopffüßer.

Informelle Beobachtungen haben ergeben, dass das, was geschieht, in die Gestalttheorie passt. Wenn Kinder zeichnen, geraten sie oft in einen Zustand tiefer Konzentration. Unabhängig davon, ob sie sprechen oder still sind, schenken sie den Menschen um sie herum wenig Aufmerksamkeit und sie betrachten mit Sicherheit die anderen nicht als Modell für ihre Arbeit. Vielmehr zeichnen sie in einem halbbewussten Zustand, in dem, wie Howard Gardner meint, unpersönliche Kräfte an der Arbeit zu sein scheinen. Der Psychologe Claire Golomb erwähnt das Beispiel eines Jungen, der, nachdem er einen Kopffüßer gezeichnet hatte, ihn aufmerksam untersuchte und sagte: „Habe noch nie Hände aus dem Kopf kommen gesehen." Er sprach, als wäre er nicht gänzlich verantwortlich für das, was er gezeichnet hatte. Es mag sein, dass das Zeichnen der Kinder durch einen tiefen, inneren Sinn für Muster gelenkt wird – der Sinn für Muster, den die Gestalttheorie aufstellt.

Solche Anekdoten beweisen kaum, dass der Standpunkt der Gestalttheorie korrekt ist, und die Defizittheorie falsch ist. Man benötigt weitere Forschung, um die Verdienste dieser beiden Positionen herauszufiltern. Doch ich glaube schon, dass die Defizittheorie in gewisser Weise sehr irreführend ist. Sie leitet unsere Aufmerksamkeit weg von den beachtlichen Qualitäten der Zeichnungen kleiner Kinder.

Es ist nicht nur so, dass die Kopffüßer der Drei- bis Vierjährigen eine einfache Eleganz und Charme haben. Während der nächsten Lebensjahre, wenn Kinder über den Kopffüßer hinauswachsen, schaffen sie regelmäßig Zeichnungen, die frisch, lebendig und schön gestaltet sind. Howard Gardner, dessen Forschung so viel bewirkt hat, um die Aufmerksamkeit auf die künstlerischen Talente von Kindern zu lenken, nannte die nächsten Lebensjahre „die goldene Zeit der künstlerischen Entwicklung".

Die goldene Zeit (fünf- bis achtjährige Kinder)

Fig. 4.8 zeigt die Zeichnung unserer Tochter Sally, als sie viereinhalb Jahre alt war. Die Zeichnung hat einen lebendigen, doch sanften Rhythmus, der durch das Gegengewicht der Bewegung der Hand einer jeden Figur mit dem gegengleichen Fuß erreicht wurde.

Fig. 4.8 Sallys Zeichnung im Alter von viereinhalb hat einen lebendigen, jedoch sanften Rhythmus.

Sie hat eine so angenehme Wirkung, dass man nur schwer den „unrealistischen" Aspekt der Figuren wahrnimmt, wie die Form der Hände oder die Haltung an sich.

In Fig. 4.9 (S. 91) zeigt Gardner die Ähnlichkeit zwischen der Zeichnung eines Sechsjährigen und dem Gemälde von Paul Klee. Der Junge verwendet eine wunderschön ausgewogene Form, um die Fröhlichkeit des Seil springenden Mädchens auszudrücken. Überhaupt wirkt die Zeichnung des Kindes lebendiger als die von Klee.

Diese Kinderzeichnungen (in Fig. 4.8 und 4.9) sind, obwohl beachtlich, nichts Ungewöhnliches. Alle Kinder scheinen eine Phase durchzumachen, und zwar im Alter zwischen ungefähr fünf bis sieben, bzw. acht Jahren, wenn sie zahlreiche Bilder schaffen, die energetisch und harmonisch sind.

Fig. 4.9. Die Zeichnung eines sechsjährigen Jungen (links) ist lebendig, frei und schön ausgeglichen. Howard Gardner vergleicht sie mit dem Gemälde des modernen Meisters Paul Klee (rechts).* *Von Gardner 1980, 5.*
* *Die Reproduktion von P. Klee stammt von der Paul-Klee-Stiftung, Bern.*

Viele große Maler (wie auch Dichter und andere Künstler) haben selbst gesagt, dass sie versuchten, die Einstellung des kleinen Kindes wieder einzufangen. Das war bei Klee der Fall sowie auch bei Picasso, dessen Worte ich als Einführung in dieses Kapitel verwendete: „Früher zeichnete ich wie Raphael, doch es hat ein ganzes Leben lang gedauert, so wie ein Kind zu zeichnen." Hier sind einige weitere Anmerkungen:

> Der Künstler ... muss alles so betrachten, als sähe er es zum ersten Mal; er muss das Leben so betrachten, wie er es als Kind getan hatte.
>
> Henri Matisse

> [Der Künstler] ist ein leidenschaftliches kindähnliches und spielbesessenes Wesen.
>
> Thomas Mann

> Der Künstler, der sein Leben lang in vielen Dingen ähnlich wie Kinder ist, kann die innere Harmonie der Dinge leichter erreichen als andere.
>
> Wassily Kandinsky

Nicht jeder ist der Meinung, dass wir die Kunst der Kinder mit jener von erwachsenen Künstlern vergleichen sollen. Einige Menschen haben betont, dass, obwohl die Arbeit von Kindern Frische, Vitalität und Harmonie ausdrückt, die erwachsene Künstler schätzen, Kinder diese Qualitäten unbewusst erreichen. Erwachsene Künstler hingegen beschäftigen sich ausgiebig mit bewusster Planung und Skizze. Sogar Klee, der sich sehr bemühte, die Qualitäten der Kunst der Kinder wieder einzufangen, hat betont, dass die Arbeit der Erwachsenen bewusster geplant ist.

Andere, wie der Psychologe Glyn Thomas und Angele Silk haben gemeint, dass der Wert, den man der Kunst der Kinder beigemessen hat, historisch und kulturell relativ ist. Die Kunst der Kinder, sagten sie, wurde erst im 20. Jhdt. wertgeschätzt, als die westlichen Künstler davon inspiriert wurden.

Dies ist nicht ganz korrekt. Delacroix und Baudelaire, zwei Große in der Kunstwelt des 19. Jhdts., meinten, dass künstlerische Genies den frischen und schwungvollen Strich der Kinder wieder einfangen. Doch wir müssen die breiten kulturellen und historischen Unterschiede in den ästhetischen Vorlieben anerkennen. Einige Studien weisen z.B. darauf hin, dass die chinesischen Kunstexperten die technische Kontrolle über die Lebendigkeit der Zeichnungen kleiner Kinder wertschätzen. Soweit wir Kunst schätzen, die frisch, lebendig und harmonisch ist, ist das spontane Zeichnen kleiner Kinder eine erstaunliche Leistung.

Das Alter der Genauigkeit
(acht- bis zwölfjährige Kinder)

Im Alter von ungefähr acht Jahren treten Veränderungen ein. Die Zeichnungen der Kinder werden geometrisch präziser und realistischer. Wie Gardner sagt, werden ihre Zeichnungen „zunehmend ihrem Ziel treu, zunehmend ordentlich ausgemalt. Doch ... der Sinn des Lebens, Kraft und Lebendigkeit"[5] schwinden.

Der Unterschied wird dargestellt durch zwei Zeichnungen von meinem Nachbarn Andy in Fig. 4.10. Die erste, die Andy gezeichnet hat, als er sechs Jahre alt war, ist lebendig und frei ausgedrückt. Die zweite, die Andy stolz schuf, als er neun Jahre alt war, ist strenger geometrisch. Es achtete mehr auf Details, doch es wirkt steif.

Andy, 6 Jahre   Andy, 9 Jahre

Fig. 4.10 Die Zeichnungen von Andy zeigen die Veränderung von einem lebendigeren zu einem geometrischeren Stil. *Von Crain 2000, 105.*

Die Zeichnungen unserer Tochter Sally zeigen auch dieselbe grundlegende Veränderung. Weiter oben habe ich über die Lebendigkeit der Zeichnungen gesprochen, die sie mit viereinhalb Jahren machte (siehe Fig. 4.8). Als Sally das Alter von acht Jahren erreicht hatte, wurden die Zeichnungen geometrischer und genauer. Die Zeichnung in Fig. 4.11 (S. 94) z.B. enthüllt ihren Gebrauch der geometrischen Perspektive, um einen Raum in realistischen Details darzustellen, doch die Zeichnung wirkt eher streng. Obwohl sie humorvoll ist, fehlen die expressive Bewegung und der Rhythmus ihrer früheren Arbeiten. Sally war in einer Phase, die bis zu ihrer frühen Jugendzeit dauerte, als ihre Zeichnungen gespreizter und gestylter waren. Und wie Gardner betont, ist diese grundlegende Entwicklung um sich greifend. Eine Anzahl von Studien haben ergeben, dass wenn Kinder sieben bis acht Jahre alt waren, ihre Zeichnungen technisch kompetenter, jedoch weniger „lebendig" wurden.

Fig. 4.11 Im Alter von acht Jahren arbeitet Sally an der geometrischen Perspektive und an den Details eines unordentlichen im Vergleich zu einem ordentlichen Raum.

Die Erklärung der Veränderung

Was erklärt diese Veränderung – diese Verschiebung zur Präzision? Ein Faktor mag die Schule sein. Schulen legen großen Wert auf technische Fähigkeiten und Genauigkeit und diese Schulkultur beeinflusst vielleicht die Zeichnungen der Kinder.

Doch es ist wahrscheinlich, dass Zeichnungen eine generellere, natürliche Veränderung des Mentallebens der Kinder reflektieren. Sheldon White und andere[6] haben recht viele Beweise gesammelt, dass Kinder zwischen fünf und sieben Jahren rationaler, überlegter und objektiver werden. Diese „five-to-seven-shift" scheint in vielen Kulturen stattzufinden, einschließlich jener, bei denen es keinen formellen Unterricht gibt. Der Beweis für diese Veränderung unterstützt die Erkenntnisse der wichtigsten Entwicklungsforscher wie Piaget und Erikson. Nach dem Alter von ungefähr sieben Jahren wird das Denken des Kindes laut diesen Forschern weniger schwungvoll und phantasievoll. Dafür untersucht das Kind die Welt nun systematisch und objektiv. Das Kind sucht nach Regelmäßigkeiten und Rechtmäßigkeit – eine Ausrichtung, die sich selbst in der Bemühung um geometrische Genauigkeit bei künstlerischen Tätigkeiten zu äußern scheint.

Da die Theorie von Piaget[7] so zentral für viele Schriften und die Forschung der Entwicklung der Kinder gewesen ist, möchte ich beschreiben, wie er diese generelle kognitive Veränderung sieht.

Nach der Theorie von Piaget geschieht die Veränderung, wenn das Kind von der senso-motorischen Phase (die von zwei bis sieben Jahren dauert) übergeht in die operative Phase (von ungefähr sieben bis zu zwölf Jahren). Das Denken des Kindes befreit sich selbst von dem Vertrauen der äußeren Erscheinung, wie durch die Aufgabe „Bewahrung von Flüssigkeiten" veranschaulicht wird. Einem Kind werden zwei identische Gläser gezeigt, A1 und A2, die gleich hoch mit einer Flüssigkeit gefüllt sind. Nachdem das Kind sich überzeugen konnte, dass die Flüssigkeitsmengen gleich sind in beiden Gläsern, schüttet der Experimentleiter (oder das Kind) die Flüssigkeit von A2 in ein Gefäß P, das niedriger ist und einen größeren Durchmesser hat (siehe Fig. 4.12). Das Kind in der senso-motorischen Phase sagt, dass A1 mehr Flüssigkeit enthält, weil sie höher ist.

Fig. 4.12 Aufgabe der Bewahrung von Flüssigkeiten. Ein Kind sieht, dass die Gläser A1 und A2 die gleichen Mengen Flüssigkeit beinhalten. Es schüttet dann A2 in P und meint, dass A1 nun mehr Flüssigkeit enthält, weil die Flüssigkeit höher ist. *Von Crain 2000, 122.*

Gelegentlich sagt das Kind, dass P mehr beinhaltet, weil es breiter ist, doch in beiden Fällen beachtet das Kind nur das „Aussehen" der Dinge, die auffallende sichtbare Dimension. Das Kind erkennt nicht, dass die Menge berücksichtigt werden muss, da die Menge gleich bleiben muss.

In der operativen Phase (nach dem Alter von ungefähr sieben Jahren) werden die Antworten des Kindes nicht mehr von seiner Wahrnehmung beherrscht. Es antwortet jetzt logisch und erklärt z.B., dass die Wassermenge gleich ist, weil nichts hinzugefügt noch weggenommen worden ist.

Diese Aufgabe ist nur eine von vielen, die Piaget sich ausgedacht hatte, um die radikale Entwicklung zu erschließen, die beim Übergang von der senso-motorischen zur operativen Phase vor sich geht. Z.B. versuchte er zu zeigen, wie Kinder den Egozentrismus überwinden. Genau wie sie die zuvor beschriebene Aufgabe nicht mehr von einer einzigen, auffallenden Perspektive sehen, sehen sie auch soziale Situationen nicht mehr nur aus ihrer eigenen unmittelbaren Perspektive. Kinder wachsen auch aus dem Animismus heraus. Sie nehmen nicht mehr an, dass Bäume, Blumen, Steine und andere Gegenstände Gefühle und Vorhaben wie sie haben. Darüber hinaus sehen sie Träume nicht mehr als real an, sondern als innere Ereignisse, die von der wirklichen Welt getrennt sind.

Auf die eine oder andere Weise verändert sich die Welt der Kinder nach dem Alter von sieben oder acht Jahren sehr stark. Sie wird nicht mehr dominiert von der äußeren Erscheinung und von Phantasien. Sie ist nun rational und objektiv. Natürlich ist das Denken des Kindes noch nicht voll entwickelt. Es ist nur insofern rational und logisch, als es mit wirklichen Dingen oder Personen zu tun hat. Erst im Jugendalter kommen junge Menschen in die Schlußphase von Piaget (zweite operationale Phase) und beginnen, logisch über rein hypothetische Themen nachzudenken. Doch das Denken der Acht- bis Zwölfjährigen ist im Vergleich zu dem von jüngeren Kindern rationaler und objektiver und eher so, wie wir es in unserer wissenschaftlichen, technologischen Gesellschaft wünschen. Piaget betrachtete dies als größeren Fortschritt, wie auch Psychologen im Allgemeinen. Nicht alle stimmen in den spezifischen Merkmalen dieser Phasen überein, doch sie sehen die Rationalität der Acht- bis Zwölfjährigen als eindeutigen Schritt voraus an.

Die Erforschung der künstlerischen Entwicklung wirft Zweifel an dieser verbreiteten Sichtweise auf. Es scheint ziemlich klar, dass die neue rationale Intelligenz der Sieben- bis Achtjährigen ihre Zeichnungen verändert. Die Zeichnungen werden genauer, geometrischer und technisch kompetenter. Doch sie verlieren die Frische und Lebendigkeit, die große Künstler an den Zeichnungen kleinerer Kinder bewunderten. Wir müssen uns fragen, ob es wertvolle Qualitäten in der Einstellung kleinerer Kinder gibt, die sie im Prozess des Älterwerdens verlieren.

Piaget hat herausgestrichen, dass das kleinere Kind stärker von der äußeren Erscheinung und der Wahrnehmung beeinflusst wird als von der Logik. Da sich Piaget auf das logische und rationale Denken konzentrierte, erachtete er diese Wahrnehmungsrichtung als negativ. Doch legen Künstler nicht großen Wert auf Wahrnehmung? Kleine Kinder scheinen eine solch intensive Vision zu haben, dass sie sich an kleine Details erinnern können, wenn sie wollen. Sie haben auch ein starkes Gefühl für Synästhesie, wie Eigenschaften den Sinnen widersprechen können (ein vierjähriges Mädchen sagte z.B.: „Vater spricht bum, bum bum ... so dunkel wie die Nacht! Aber wir sprechen hell wie der Tag ... bim, bim, bim"). Viele Künstler sagen, dass Synästhesie Bilder, Musik und andere Kunstformen bereichert. Schließlich sind kleine Kinder einfallsreich und erleben alles als dynamisch und ausdrucksvoll, wenn sie z.b. Gesichter auf der Sonne und auf Blumen, Ballons und anderen Gegenständen finden. Die kognitive Neigung kleiner Kinder ist kurzgesagt genau das, was Künstler wertschätzen.

Wie man die künstlerische Entwicklung fördern kann

Howard Gardner, Ellen Winner und ihre Kollegen haben eine Sichtweise umrissen, wie sich Zeichnen idealerweise entwickelt und wie Erziehung diese Entwicklung unterstützen kann. Kurzgesagt:

Wenn Kinder ungefähr zwischen zwei und sieben Jahre alt sind, entfaltet sich ihre Kunst auf so wunderbare Weise von selbst, dass man ihr freien Lauf lassen sollte. Anweisungen sind unnötig.

Während der mittleren Kindheit (zwischen acht und zwölf Jahren) konzentrieren sich Kinder auf technische Fähigkeiten wie geometrische Genauigkeit, Detail und Perspektive. Sie scheinen bestrebt zu sein, diese Fähigkeiten zu meistern und die technischen und die stylistischen Konventionen der Kultur zu lernen. Deswegen kann Kunsterziehung in diesem Alter sinnvoll sein.

Während der Jugendzeit schließlich sind junge Menschen in der Lage, technische Fertigkeiten in eine neue Ausdruckskraft und Originalität zu integrieren.

Doch Gardner und seine Kollegen[8] beobachten, dass diese Sequenz kaum jemals in unserer Gesellschaft realisiert wird. Stattdessen stoßen wir auf recht viel Entmutigung. In der mittleren Kindheit zeichnen Kinder viel weniger als zuvor und in der Jugendzeit hören sie meistens überhaupt damit auf. Ich glaube, dass es dafür zwei Gründe gibt.

Erstens schätzt unsere Gesellschaft als Ganzes diese Kunst nicht. Die führenden Köpfe in den USA machen sich unglaublich viele Sorgen über den Fortschritt der Kinder in Lesen, Mathematik und Wissenschaft. Die Vorherrschaft der USA in der Zukunft, so sagen diese Personen, hängt von den Errungenschaften auf diesen akademischen Gebieten ab. Bundeskommissionen drängen die Schüler dazu, führend in den Bereichen Mathematik und Wissenschaft zu sein, doch kein Präsident hat je dazu aufgerufen, die USA solle in Kunst weltweit führend sein.

Natürlich haben in den 90er Jahren die Bundesregierung und zahlreiche Regierungen der Bundesstaaten Curriculumstandards entwickelt, die Kunst mit einschließen. Doch in der Praxis bieten Grundschulen Kunstunterricht nur ungefähr einmal pro Woche an. Und selbst dann sind diese Unterrichtsstunden zunehmend der Kunstgeschichte und Kunstwertschätzung gewidmet statt tatsächlicher künstlerischer Betätigung. In der Mittelschule und der Oberstufe wird Kunst ein Wahlfach, für das sich die wenigsten Schüler entscheiden. Eltern ermutigen ihre Jugendlichen nicht, am Kunstunterricht teilzunehmen, außer wenn ein Schüler ein besonderes Talent für Kunst besitzt, denn sie sind der Meinung, dass Kunststunden den Schülern nicht hilft, um in die maßgebenden Colleges zu kommen. Die Schüler werden stattdessen dazu angehalten, sich Auszeichnungen zu erarbeiten und sich auf besonders gute Leistungen in Mathematik, Wissenschaft, Literatur und Sozialwissenschaften zu konzentrieren.

Ein zweiter Grund, warum Kinder das Interesse an Kunst verlieren, hat etwas mit ihrer persönlichen Interaktion mit Erwachsenen zu tun. Was Kinder schon ganz zu Beginn erleben, wenn Erwachsene sich für ihre Zeichnungen interessieren, ist, dass sich die Erwachsenen häufig kritisch dazu äußern. Picasso und Klee versuchten, von dem spontanen Zeichnen der kleinen Kinder zu lernen, doch die meisten Erwachsenen möchten das Zeichnen verbessern. Als Vorbereitung auf dieses Kapitel sammelte ich Kritzeleien von fünf Zweijährigen. In beiden Fällen hatten die Eltern oder der Betreuer versucht, das Gekritzel der Kinder zu steuern oder zu verbessern. Die Erwachsenen drängten das Kind, rundere Kreise zu zeichnen oder geradere Linien oder innerhalb der Außenlinien der vorgezeichneten Figuren zu kritzeln. Ähnlich ist es, wenn Kinder Kopffüßer zeichnen: Beinahe alle Eltern, die ich kenne, versuchten, die Zeichnungen zu korrigieren. Sie haben ihre Kinder aufgefordert, auch einen Rumpf zu malen und die Arme und Beine vom Rumpf herauszuzeichnen anstatt vom Kopf aus. Die Eltern möchten, dass ihre Kinder so zeichnen, wie sie (die Eltern) glauben, dass es am besten ist – realistische Kopien von Menschen und Dingen. Sie versäumen es, die erstaunliche Schönheit der spontanen Arbeit der Kinder zu schätzen.

Derselbe erwachsenengeleitete Ansatz ist in den Schulen üblich. Wie Seymour Sarason meint: „[Im] Kindergarten wird dem Kind beigebracht, was in seiner Schöpfung akzeptabel ist. Viel zu oft sagt man Kindern, was sie zeichnen oder machen sollen und man bewertet diese Arbeiten nach den Kriterien, die der Betreuer aufstellt." Sogar gutausgestattete Bücher über Kunst geben Tipps, wie man Kinder dazu bringt, realistischere Bilder zu zeichnen.[9]

Natürlich ist der innere Drang kleiner Kinder zu zeichnen stark und bis zu einem gewissen Grad wird sich die künstlerische Tätigkeit in der frühen Kindheit auf eigene Weise entfalten – trotz all der Kritik und der Einmischung der Erwachsenen. Doch die Reaktionen der Erwachsenen fordern ihren Zoll, verwirren das Kind und veranlassen es, an sich und seinen Fähigkeiten zu zweifeln.

Wie können wir also als Eltern helfen?

1. Geben Sie kleinen Kindern Möglichkeiten zu zeichnen. Halten Sie sich jedoch zurück und freuen Sie sich über die Arbeiten.

Zuerst müssen wir sicherstellen, dass Kinder genügend freie Zeit und geeignete Materialien zum Zeichnen und Malen haben. Wenn wir dann einfach mit neuen Augen die spontan entstandenen Zeichnungen der Kinder betrachten können und die Zeichnungen zu uns sprechen lassen, werden wir Zeugen kleiner Wunder. Die Kunstwerke unserer Kinder werden uns mit Stolz und Glück erfüllen. Unsere Kinder wiederum werden unsere Freude wahrnehmen. Sie werden spüren, dass ihre Kreativität – und sie selbst – wertgeschätzt werden. Sie werden ein inneres Vertrauen gewinnen, das ihnen helfen wird, mutig voranzuschreiten.

Das bedeutet jedoch nicht, dass es einfach ist, Kindern Möglichkeiten für künstlerische Tätigkeiten zu bieten. Heute wird ein so starker akademischer Druck auf Kinder ausgeübt – sogar schon auf vier- bis siebenjährige –, dass die künstlerische Betätigung einfach zu kurz kommt. Das trifft sowohl für die Schule als auch für zu Hause zu. Kinder haben sehr häufig viele Hausaufgaben, die sie müde machen. Um sich auszuruhen, schauen sie dann einfach fern. In unseren Schulen müssen wir gegen die übermäßigen akademischen Anforderungen arbeiten und die TV-Zeiten eingrenzen, damit Kinder genügend Zeit und Energie haben, um ihre tiefsten kreativen Impulse auszuleben.

2. **Halten Sie Ihre Kommentare kurz**
Eltern fragen sich oft: „Wie viel sollte ich mit meinem Kind über seine Zeichnungen sprechen?" „Was soll ich sagen?" Kunst eignet sich nicht für verbale Analysen, das gilt auch für die Kunst der Kinder. In jungen Jahren fragen uns Kinder normalerweise nicht nach Kommentaren, geschweige denn um Hilfe. Ihr Zeichnen ist von innen gesteuert und sie sind so vertieft, dass sie der Welt außerhalb wenig Aufmerksamkeit schenken. Doch sie zeigen uns ihre fertigen Arbeiten oder geben uns zu verstehen, dass sie eine Reaktion wünschen und wir sollten dann auch reagieren.

Ich glaube, dass es am besten ist, generelle, bewertende Kommentare zu vermeiden wie „Du bist ein guter Zeichner" oder „Das ist ein tolles Bild". Sogar positive Bewertungen implizieren die Möglichkeit, dass es in der Zukunft negative Bewertungen gibt. Nach einiger Zeit kann das Kind so besorgt um Bewertungen von außen werden, dass es sich nicht mehr ganz auf seine Arbeit konzentriert. Stattdessen sollten wir Einzelheiten in der Zeichnung kommentieren wie z.B. „Die Sonne scheint ganz glücklich zu sein", „Das ist ein hoher Baum", „Ich wette, diese Vögel lieben diesen Baum", „Sie liebt Seilspringen." Das Kind lächelt dann normalerweise und sagt „Ja" und ist völlig zufrieden. Das Kind ist anscheinend erfüllt von einer Reihe von Bildern und Gedanken über seine Zeichnung – manchmal eine ganze Geschichte – und unsere einfachen Kommentare verbinden uns mit der Geschichte auf eine Art, die das Kind liebt.

Gelegentlich wird ein Kind unglücklich mit etwas auf der Zeichnung sein. Wir können allgemeine Fragen stellen wie: „Möchtest du mir mehr über die Zeichnung sagen?" Als generelle Regel ist es am besten, zu versuchen, uns von dem Kind führen zu lassen, wie viel

Feedback es hören möchte. In Kapitel 10 spreche ich über die Methode des aktiven Zuhörens, die dem Kind helfen kann, die Führung dabei zu übernehmen, seine Anliegen zum Ausdruck zu bringen.

3. **Setzen Sie sich in den Schulen für Kunst ein**
Da Kinder einen großen Teil ihrer Kindheit in der Schule verbringen, wäre es hilfreich, wenn Schulen die Kreativität der Kinder fördern würden, indem sie mehr Zeit für die Kunst bereitstellen würden. Dann hätten Kinder eine viel positivere Einstellung gegenüber der Schule. Wir können uns bei Lehrer-Eltern-Ausschuss-Treffen, bei Schulbehördentreffen und Schulforen für die Kunst einsetzen. Wir können Schulaufsichtsmitglieder wählen, die mehr Zeit für die Kunst fordern.

Wir können uns auch für eine spezielle Art von Kunstunterricht einsetzen. Eltern stellen die Lehrer nicht direkt ein. Doch können wir Rundschreiben aussenden und Ideen über jenen Bildungsansatz verbreiten, den wir für den besten halten. Wenn wir es schaffen, dass unser Ansatz in die Praktiken des Schulsystems einfließt, werden diese die Auswahl der einzelnen Lehrer und Methoden beeinflussen.

Meine Hoffnung ist es, dass alle Schulen Kunstlehrer einstellen und unterstützen werden, die die Wunder der spontanen Kunst kleiner Kinder anerkennen und sich ungern einmischen. Die Lehrer werden den Kindern möglicherweise eine Vielzahl von Materialien vorstellen, einige Erklärungen geben, wie sie funktionieren, doch dann das Kind mit den Materialien selbst arbeiten lassen.

Obwohl die goldene Zeit des Zeichnens üblicherweise mit ungefähr acht Jahren endet, tragen das Zeichnen und das aktive Teilnehmen an künstlerischen Tätigkeiten großteils zum Reichtum des wachsenden Lebens des Kindes bei. Nach dem Alter von ungefähr acht Jahren ist eine direkte Anweisung laut Gardner angemessener. Kinder möchten, dass Erwachsene ihnen mit Techniken helfen, die ihre Bilder genauer und realistischer machen. Doch die beste Anweisung ist immer sanft und flexibel, schenkt dem Kind neue Ideen und die Freiheit, sie zu nutzen, wie es ihm am besten gefällt. Man sollte jedoch stets vermeiden, dass das Kind sich kritisiert und unfähig fühlt.

Ich hoffe schließlich, dass wir Erwachsene dazu aufrufen können, Kunstkurse zu besuchen. Junge Menschen finden Kunst erfüllend und bereichernd. Sie sprechen oft freier, wenn sie an Kunstprojekten arbeiten, und erfahren Entspannung, wie sie in unserer heutigen stressgeplagten Welt generell fehlt. Kunstkurse helfen den meisten Schülern wahrscheinlich nicht, sich für die Aufnahme am Ivy League College zu qualifizieren, doch das momentane Leben der Kinder ist von ebenso großer Bedeutung.

Kapitel 5

Kinder dichten

Wenn ich einen Mond finde,
werde ich ein Mondlied singen.

Hilda Conkling
(Vier Jahre alt)

Im Vergleich zu Zeichnungen von Kindern ist über ihre Gedichte weniger bekannt. Doch es ist ebenso lohnend, sich näher mit dieser beachtlichen Fähigkeit der frühen Kindheitsjahre zu beschäftigen.

Einer der ersten Gelehrten, der Gedichten von Kindern Aufmerksamkeit geschenkt hat, war der russische Dichter und Autor Kornej Tschukowskij. In seinem Klassiker von 1925 „From Two to Five" schrieb er, dass kleine Kinder von Natur aus „Versedichter" sind und dass jedes Kind im Vorschulalter durch eine Phase geht, wenn es „begeistert Wortrhythmen und Reime" schafft.

Tschukowsky berichtete, dass er sich zum ersten Mal der natürlichen poetischen Neigung der jungen Kinder bewusst wurde, als er seinen vierjährigen Sohn im Garten auf einem Besenstiel umherlaufen sah, während dieser seiner Schwester zurief:

I am a big, big rider,	Ich bin ein großer, großer Reiter,
You're smaller than a spider.	Du bist kleiner als eine Spinne.

Der Junge liebte sein Gedicht so sehr, dass er es beim Umhergaloppieren immer und immer wieder wiederholte – sogar nachdem seine Schwester, die weniger begeistert davon war, den Garten verlassen hatte. Nach einer Weile wurde er zum Essen gerufen und setzte sich an den Tisch. Doch „sein poetisches Blut hatte sich noch nicht beruhigt". Er ließ seinen Blick über den Tisch schweifen und rief mit dem Löffel in der Hand:

> Give me, give me, before I die,   Gib mir, gib mir,
> Lots and lots of potato pie   bevor ich sterbe,
>   ganz, ganz viel Kartoffelpüree.

Tschukowsky sagte, dass Kinder üblicherweise gerne dichten, besonders wenn sie aktiv sind – laufen, hüpfen oder springen. „Wenn sie Seifenblasen machen und sie aufsteigen sehen, ist es nur natürlich für sie, hinterherzuspringen und hinauszurufen, und das nicht nur einmal, sondern mehrmals:

> How high, ai, ai, ai,   Wie hoch, och, och, och
> up in the sky, ai, ai, ai.   In der Luft, uft uft, uft.

Solche überschwänglichen Gedichte, meinte Tschukowskij, sind vor allem im Frühling üblich. Wenn Kinder über frisches Gras laufen, sprudeln „Verse aus ihnen heraus und drücken ihr Hochgefühl aus".

Kinder zeigen erste Anzeichen für das Dichten in der frühen Kindheit. Tschukowskij beobachtete, dass sich Kleinkinder, die noch nicht einmal ein Jahr alt waren, die noch sehr viele Stunden am Tag in ihrem Bettchen verbrachten, bereits mit sich selbst unterhielten mit „rhythmischem Plappern, indem sie immer wieder ein paar Lieblingslaute wiederholen". Er bemerkte, dass nach dem Alter von ungefähr einem Jahr Kleinkinder für sich selbst oft gereimte Silben wie „alia, walia, dalia, malia" wiederholen.

Andere haben ähnliche Beobachtungen gemacht. 1928 bemerkte Harriet M. Johnson eine Pionierin in der Entwicklung von Kinderkrippen, dass ein bedeutender Aspekt der Sprache zwischen ungefähr 14 und

42 Monaten in seinen „merklichen rhythmischen Formen" liegt; kleine Kinder lieben es, Lautmuster zu schaffen, die einen Takt, regelmäßige Betonung oder Melodie haben. Wenn die Kinder der Kinderkrippe von Johnson spielten oder umherliefen, sangen sie z.B.:

> Up a lup a dup,   Munna, munna, mo,
> Up a dup I go.   Munna, munna, mo.

Sehr kleine Kinder, meinte Johnson, sprechen häufig einfach nur für sich selbst und verwenden Laute, um ihre Aktivitäten zu begleiten. In diesem Alter machen sie sich weniger Gedanken über die Bedeutung als über Rhythmus, Laute, Wiederholung und Form. Auf die Arbeit von Johnson haben andere Forscher ihre Erkenntnisse gestützt.[1]

Obwohl Babys und Kleinkinder viel mit sich selbst sprechen, kommunizieren sie auch mit anderen. Heute besteht von Seiten der Forschung ein großes Interesse an Mutter-Kleinkind-Dialogen. Daniel Stern und andere haben anhand von technologisch fortgeschrittenen Filmtechniken gezeigt, dass sich Mütter, wenn diese Gespräche glücklich und lebendig sind, oft nach dem Rhythmus und der musikalischen Eigenschaft der Vokalisierung und der Handlungen des Babys richten. Z.B. sagt eine Mutter: „Ka bam, ka bam, ka bam", um das rhythmische Rasseln des Babys zu begleiten.

Nachdem Kinder das Alter von ungefähr zwei Jahren erreichen, nehmen ihre Gedichte zunehmend einen klaren Inhalt an, der Geschehnisse und Szenen in der Umwelt beschreiben. Diese Gedichte sind häufig von einfacher Schönheit. Z.B.:

> Bells are ringing,   Die Glocke klingt,
> Frances is singing.   Frances singt.

Frances Kent
(Zwei Jahre und zwei Monate alt)

Das Gedicht schließt nicht nur musikalische Elemente wie Rhythmus, Takt und Wiederholung ein, sondern auch erhöhte visuelle Phantasien und Gefühle. Kleinkinder schaffen auch beeindruckende Bilder, wenn z.B. ein dreijähriges Mädchen ruft:

Open, open the gates –	Öffnet, öffnet die Tore –
The sun is coming up in the sky!	die Sonne steigt am Himmel hoch!

Es gibt viel zu lernen, wie sich das Dichten der Kinder von diesem Punkt aus entwickelt. Gibt es besondere Altersstufen, wo Kinder am begeistertsten dichten? Die Dichterin Georgia Heard, die an öffentlichen Schulen Dichtkunst unterrichtete, merkte an: „Wenn ich Kindergartenkindern oder Erstklässlern Gedichte vorlese, bewegen sie sich hin und her, nicken und schnipsen mit den Fingern." Heard glaubt: „Wir müssen alle diese alten Reaktionen auf Gedichte wieder erlernen und ihnen wieder vertrauen." Ist die Metaphorik kleiner Kinder – vor dem Alter von ungefähr acht Jahren – frischer und ursprünglicher als die von größeren Kindern? Einige Untersuchungen ergaben, dass die Metaphern von jungen Kindern erfinderischer und weniger konventionell sind, doch wir wissen nichts über ihr tatsächliches Dichten. Diese Antworten fordern neue Untersuchungen heraus.

Die Inspiration der Natur

Dennoch weisen die vorhandenen Anthologien deutlich auf folgende Schlussfolgerung hin: Die Dichtung der Kinder ist größtenteils von der Natur inspiriert. Die Anthologie von Timothy Rogers von 1979, Those First Affections, beinhaltet 220 Gedichte, hauptsächlich von britischen Kindern zwischen zwei und acht Jahren. Ich schätze, dass 85% von der Natur handeln. Tschukowskys Buch enthält 32 Gedichte von Kindern zwischen zwei und sechs Jahren und ich nehme an, dass 66% von der Natur handeln. In zwei Büchern mit Gedichten von Kindern aus New York City zwischen fünf und acht Jahren, die in den Jahren 1989 und 1970 veröffentlicht wurden, schätze ich, dass 56% und 74% sich deutlich auf die Natur beziehen.[2]

Ich finde die Gedichtesammlung von Rogers (von denen die meisten von aufmerksamen Eltern niedergeschrieben wurden) besonders beeindruckend. Viele Gedichte beschreiben die Geräusche des Windes. Z.B.:

„Whump!" goes the wind on the window, And the window goes "Whamp!"	„Wumm!" macht der Wind am Fenster, und das Fenster macht „Wumm!"

ein Vierjähriger

Der achtjährige Richard Correll erzählt uns:

Fruit trees whisper To the rustling wind …	Obstbäume flüstern Dem rauschenden Wind zu …

Und der achtjährige John D'Addona erzählt uns über den Sturm:

The thunder is tremendous Shooting across the sky With desperate thoughts in its mind	Der Sturm ist gewaltig, Wenn er über den Himmel schießt Mit verzweifelten Gedanken in seinem Kopf

Andere Gedichte drücken die Faszination über die Geräusche des Wassers aus – Bäche, Flüsse, Brunnen und der Ozean – und auch andere Wunder der Natur. Die vierjährige Hilda Conkling (die als Erwachsene Dichterin wurde) bittet uns, der Stimme eines Baches zuzuhören:

There is going to be the sound of Voices, And the smallest will be the brook: It is the song of water You will hear. A little winding song To dance to …	Nun wird der Klang von Stimmen hörbar, Der leiseste ist der Bach: Es ist die Melodie des Wassers, Die man hört. Ein kleines Tanzlied.

In zahlreichen Gedichten schaffen Kinder die Bilder des Glücklichseins in der Natur. Z.B.:

It was such a lovely day,	Es war ein herrlicher Tag,
they slept in the garden	Man schlief im Garten.
and the children smiled asleep	Die Kinder lächelten im Schlaf
and the birds were laughing up in the sky	Und die Vögel lachten am Himmel oben.

Roberta Nesham
(Dreieinhalb Jahre)

Das oben angeführte Gedicht ist ein Überbleibsel von Blakes Gedichten, in dem Aspekte der Natur (in diesem Fall Vögel) die Gefühle der Kinder teilen. Durch die Anthologie von Rogers hindurch ist man immer wieder beeindruckt, wie die Kinder eine Verbindung oder Verwandtschaft zwischen sich selbst und der Natur fühlen.

In zahlreichen Gedichten sprechen Kinder sogar direkt mit Tieren und Pflanzen. Der zweijährige Thomas Broadbent scheint einer Spinne eine grundlegende Frage der Existenz zu stellen:

Bu'fly, bu'fly	Schmetterling, Schmetterling,
Fell in a pondfiel	Fiel in den Teich
Why spider, why spider, why?	Warum Spinne, warum Spinne, warum?

Das ist ein Gedicht von der vierjährigen Hilda Conkling, die direkt mit einer Blume spricht:

Sparkle up, little tired flower	Leuchte auf, kleine Blume,
Leaning in the grass!	Die du müde den Kopf ins Gras hängen lässt.
Did you find the rain of night Too heavy to hold?	War denn der Nachtregen zu schwer?

Animismus

Viele der Gedichte der Kinder sind animistisch; sie schreiben nichtmenschlichen Gegenständen Stimmen und Gefühle zu. Bäume flüstern, ein Bach singt, der Sturm ist verzweifelt und eine Blume ist müde.

Nach Meinung von Piaget[3] ist Animismus nicht nur charakteristisch für die Gedichte von Kindern. Es ist ein generelles Merkmal des Denkens kleiner Kinder (vor dem Alter von 7 oder 8 Jahren). Einige Forscher haben dies in Frage gestellt, doch ich glaube, dass Piaget Recht hat. Wenn Forscher kleinen Kindern Fragen stellen, so wie es Prüfer tun, dann lassen Kinder möglicherweise den Animismus nicht erkennen; sie geben die Antworten, die Erwachsene für korrekt halten. Doch wenn Untersucher Kinder unter sich selbst sprechen lassen, sprechen sie darüber, wie Bäume unglücklich werden und Schmerzen fühlen, wie Tiere all die Gefühle erleben wie Menschen usw.

Animismus wird in unserer modernen, technologischen Gesellschaft abgewertet. Unsere Gesellschaft unterscheidet klar zwischen dem Menschlichen und dem Nichtmenschlichen, zwischen der belebten und der unbelebten Welt. Tatsächlich hat Piaget die Ansicht vertreten, dass der Animismus die kognitive Unreife kleiner Kindern widerspiegelt – besonders den Egozentrismus des Kindes. Kleine Kinder nehmen egozentrisch an, dass der Wind, die Blumen, die Bäche und Tiere so denken und fühlen wie sie. Piaget meinte, dass Kinder ihren Animismus überwinden, wenn ihr Denken reifer wird. Wenn sie rationaler werden, unterscheiden sie menschliche Erfahrungen vom impersonalen Funktionieren der restlichen Welt.

Doch der Animismus hat eine positive Seite; er trägt zum künstlerischen Ausdruck bei. Dichter, Maler und Musiker versuchen nicht, sich von der Welt zu trennen und sie zu analysieren in objektiven, unpersönlichen Begriffen. Sie versuchen die zugrunde liegende Einheit zwischen sich selbst und der Welt zu spüren und den Gefühlston von Dingen zu erfassen. Sie möchten die trübe Stimmung der Landschaft, die Freude eines sonnigen Tages, die Zärtlichkeit eines Klangmusters, das Aufwärtsstreben einer gotischen Säule und die Erschöpfung einer hängenden Blume spüren.

Ein Psychologe, der über den Animismus Wichtiges zu sagen hatte, war Heinz Werner. Genaugenommen benutzt Werner nicht den Begriff Animismus; er zog es vor, den verwandten Begriff physiognomische Wahrnehmung zu verwenden. Physiognomie bedeutet Gesicht. Werner nannte die Wahrnehmung der ausdrucksvollen, dynamischen und emotionalen Aspekte der Stimuli physiognomisch, weil es so oft das Gesicht ist, das für uns Gefühle erkenntlich macht. Er machte einen Unterschied zwischen physiognomischer Wahrnehmung[4] und „geometrisch-technischer Wahrnehmung", die sich auf objektive, messbare Dimensionen von Stimuli bezieht wie Höhe, Fläche, Farbe und Dezibelniveau.

Werner war mit Piaget einer Meinung, dass Kinder dazu neigen, die gesamte Welt physiognomisch oder animistisch zu sehen. Für ein kleines Kind ist eine Tasse, die auf der Seite liegt, müde; wenn man einen Stock zerbricht, tut ihm das weh. Deswegen kommt die physiognomische Wahrnehmung ziemlich natürlich in den Gedichten der Kinder vor (und manchmal auch in ihren Zeichnungen, z.B. wenn sie ein Gesicht auf die Sonne malen).

Werner stimmte mit Piaget ebenso darin überein, dass Kinder, wenn sie älter werden, dazu neigen, die physiognomische Wahrnehmung durch ein wissenschaftlicheres Denken und eine geometrisch-technische Wahrnehmung zu ersetzen. Das, so fügte Werner hinzu, trifft besonders in modernen, technologischen Gesellschaften zu. Wir als moderne, rationale Erwachsene neigen dazu, das meiste der physiognomischen Wahrnehmung als dumm zu erachten. Wir anerkennen möglicherweise, dass Künstler sie verwenden, doch wir betrachten Künstler generell als exzentrisch.

Doch im starken Gegensatz zu Piaget glaubte Werner nicht, dass die animistische oder physiognomische Wahrnehmung nach der Kindheit ausstirbt. Sie wächst weiter, wenn auch langsam und kaum wahrnehmbar. Wir können als Erwachsene die Welt noch immer auf physiognomische Weise sehen, besonders wenn wir eine entspannte oder spielerische Geistesverfassung einnehmen können.

Um dies zu demonstrieren, haben Werner und andere Erwachsene Linien vorgelegt wie in Fig. 5.1. (S.115) und gefragt: „Welche Linie ist glücklich und welche ist traurig?" Von einer rationalen, wissenschaftlichen Perspektive aus ist diese Frage unsinnig; Linien sind nur abstrakte

Formen. Sie können nichts fühlen. Doch die meisten Erwachsenen wählen zu ihrem Erstaunen die Linie auf der linken Seite und meinen, dass sie glücklich emporsteigt, während sie die Linie auf der rechten Seite als fallend und traurig empfinden.

Auch Klänge drücken für uns Stimmungen aus. Ein Klang hebt sich fröhlich, ein anderer fällt in eine schwere, dunkle Stimmung. Ein Klang gleitet sanft entlang; ein anderer explodiert gewalttätig. Auch Farben vermitteln Stimmungen, wenn wir z.B. von Fröhlichkeit oder von einem Schatten der Traurigkeit angesteckt werden. Die meisten von uns verbringen nicht viel Zeit mit dem Nachdenken über solche Angelegenheiten, doch Dichter, Musiker, Maler und andere Künstler versuchen uns zu helfen, sie schätzen zu lernen. Sie möchten, dass wir die ausdrucksvollen Eigenschaften von Linien, Klängen, Farben und anderen Sinneseindrücken fühlen – dieselben ausdrucksvollen Eigenschaften, die in Bächen, im Himmel, im Wind und in der gesamten Welt sind.

Die meisten modernen Erwachsenen glauben, dass wir, wenn wir ausdrucksvolle Eigenschaften in der physikalischen Welt wahrnehmen, unsere eigenen Gefühle in sie hineinprojizieren. Doch Werner und andere Gestaltpsychologen bestreiten dies. Ihre Ansicht wurde überzeugend kommentiert von Rudolf Arnheim, der sagte, dass obwohl physikalische Gegenstände möglicherweise nicht exakt menschliche Gefühle besitzen, die gesamte Welt doch dieselben dynamischen, ausdrucksvollen Kräfte besitzt.

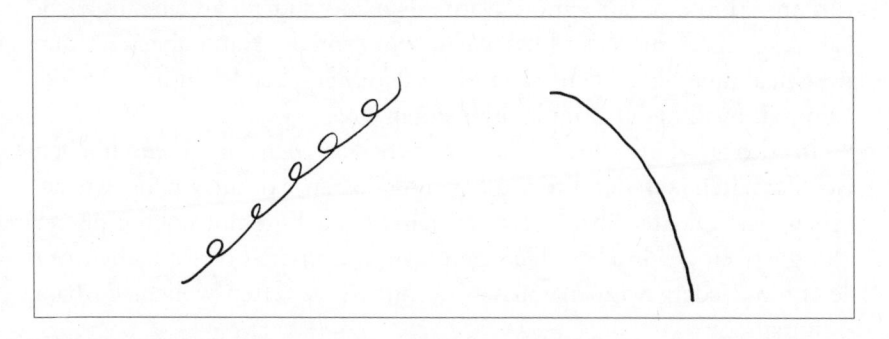

Fig. 5.1. Linien drücken Gefühle aus. Welche Linie ist glücklich und welche ist traurig?
Von Crain 2000, 97.

Muster aus aufsteigenden Linien im Gegensatz zu fallenden und sanften im Unterschied zu explosiven treten vorrangig auf. Deswegen projiziert die vierjährige Hilda Conkling nicht einfach ihre eigenen Gefühle auf die Blume, wenn sie eine hängende Blume drängt, „aufzublinken". Genau wie die Energie von Menschen steigt und fällt, ist dies auch bei der Energie einer Pflanze so. Da besteht eine Ähnlichkeit zwischen den Haltungen, die das ausdrücken.

Ähnlich ist es, wenn der achtjährige John D'Adonna sagt, dass der Sturm mit „verzweifelten Gedanken in seinem Kopf" über den Himmel schießt: Seine Beschreibung ist nicht nur eine bloße Projektion von menschlichen Eigenschaften auf den Sturm. Natürlich kann ein Sturm nicht Verzweiflung erleben, genauso wie es Menschen können, doch gibt es da eine grundlegende Ähnlichkeit, wie die Spannung zunimmt und sich nicht entladen kann, außer durch eine Explosion.

Arnheim sagte, dass die Wahrnehmung „ihre spirituelle Mission nur erfüllt, wenn wir ... erkennen, dass die Kräfte, die in uns selbst herrschen nur individuelle Beispiele derselben Kräfte sind, die durch das Universum hindurch wirken. So werden wir fähig, unseren Platz im Ganzen und in der inneren Einheit dieses Ganzen zu fühlen."[5]

Unsere Einheit mit der Natur – und die Bedrohung dieser – hat viele Dichter als Erwachsene beschäftigt. Die frühen romantischen Dichter wie Wordsworth und Goethe warnten davor, dass die moderne, wissenschaftliche Haltung uns von der Natur distanzieren würde, indem sie von uns erfordert, dass wir die Natur als nichts anderes als eine impersonale Angelegenheit sehen. Diese Sichtweise, von der Natur abgeschnitten zu sein, ahnten diese Dichter, würde es den Menschen leicht machen, die Natur zu missbrauchen und auszubeuten.

In den letzten Jahren, da der Schaden, den die menschlichen Gesellschaften auf der Erde angerichtet haben, so augenfällig wurde, haben viele Dichter über unsere Beziehung zur Erde mit noch größerer Dringlichkeit geschrieben. Sie sagen, dass wir unsere Verbundenheit mit der Erde wiedergewinnen müssen, wenn wir sie retten wollen. Barbara Deming sagt:

Kinder dichten 115

„Teach us to listen …	Lehre uns, hinzuhören …
We are earth of this earth, and	Wir sind Erde von dieser Erde,
we are bone of its bone	und
This is a prayer I sing, for we have	Wir sind Bein von ihrem
forgotten this	Gebein.
and so	Das ist ein Gebet. Ich singe es,
The earth is perishing.	Denn wir vergessen es,
	Und daher stirbt die Erde.

Die Dichtungen der Kinder, die ich vorgestellt habe, drückt dieses Gefühl der Nähe und der Verbundenheit mit der Natur aus. Kinder hören dem, was der Wind und das Wasser zu sagen haben, zu und sprechen sogar mit Pflanzen und Tieren.

Doch jene Kinder, die die Gedichte verfasst haben, die ich gelesen habe, schienen intensiven Kontakt zur Natur gehabt zu haben. Das ist nicht immer der Fall. Den meisten Stadtkindern fehlt es an Erfahrung mit der Natur und ich habe den Eindruck, dass sich dieses Fehlen in ihren Gedichten widergespiegelt. Während Stadtkinder sehr wohl Gefühle über die Natur ausdrücken, sind ihre Naturgedichte nicht so voll und fließend. Darüber hinaus scheinen, wie ich bereits in Kapitel 3 angemerkt habe, Vorstadt- und Landkinder ebenso schnell den Kontakt mit der Natur zu verlieren. Sie leben zunehmend in Innenräumen, die von Fernsehgeräten, Computern und Videospielen dominiert werden. Deswegen müssen wir uns fragen, wie lange Kinder noch Gedichte über die Natur schreiben werden.

Im Moment ist es wichtig, zu bemerken, dass einige der Gedichte von Kindern, wie auch die von Erwachsenen, ausdrücklich zum Schutz der Natur aufrufen. Die sechsjährige Tochter von Howard Gardner schrieb (mit Hilfe ihrer Eltern bezüglich der Rechtschreibung) nach einem Ausflug auf einen Bauernhof:

A horse is a wild animal	Ein Pferd ist ein wildes Tier.
A horse should be free	Es sollte in freier Natur leben.
A horse should be left like it was	Es sollte sein, wie es erschaffen
built to be.[6]	wurde.

Das folgende Gedicht stammt von einem Jungen der vierten Schulstufe, der so viel Glück hatte, die Grundschule in Berkeley, Kalifornien, zu besuchen, als die Gemeinde den Asphalt abtrug und einen natürlichen Bereich schuf. In diesem Gedicht drückt der Junge seine sich entwickelnde Verbundenheit mit der Natur aus wie auch sein Gefühl des Bedrohtseins, das die moderne Gesellschaft darstellt.

I am setting in between three green trees and a rock, with grass surrounding me and my friends the trees. When I listen to the cars zoom by I feel in my body a faint cry.	Ich lasse mich nieder zwischen drei Grünen Bäumen und einem Felsblock Im Gras, das um mich und Meine Freunde die Bäume wächst. Wenn ich lausche, höre ich die Autos vorbeisausen. In meinem Körper spüre ich einen leisen Schrei.

Brendan

Wie man das Dichten der Kinder unterstützen kann

Dichtung kann nicht erzwungen werden. Der achtjährige Gillian Hughes (in der Anthologie von Rogers) drückt es folgendermaßen aus:

A poem has got to be born. It cannot come out when you want it to; It must be born. When you want to make a poem you cannot make it,	Ein Gedicht muss allmählich werden. Es entsteht nicht, wenn man es gerade will. Es muss werden. Wenn man sich vornimmt, ein Gedicht zu machen,

But when you do not want to make it, it comes.⁷	gelingt es nicht. Aber wenn man es gar nicht will, entsteht es.

Deswegen helfen wir Kindern, nicht indem wir sie im üblichen Sinne lehren, indem wir sie z.b. auffordern, ein Gedicht zu schreiben, und dann Anweisungen geben und kritisieren. Unsere Hilfe muss indirekter sein, und zwar indem wir eine Umgebung schaffen – sozusagen den Boden bereiten –, in dem Gedichte entstehen können und Kinder ihre Dichtkunst zur vollen Entfaltung bringen können. Hier sind vier Tipps für Eltern:

1. **Sorgen Sie dafür, dass ihr Kind viel Kontakt zur Natur hat**
   Da die Natur für Kinder sehr inspirierend ist, ist es besonders wichtig, dass wir dafür sorgen, dass Kinder intensiven Kontakt zur Natur haben. Besuchen Sie Parks und lassen Sie Kinder auf Sommercamps gehen. Machen Sie hin und wieder ein Picknick im Grünen. Fahren Sie mit ihnen ans Meer, an Seen oder im Winter in die Berge, damit die Kinder erleben können, wie sich die Natur anfühlt, wenn sie naturbelassen ist ohne Menschen. Lassen Sie Kinder in Naturerkundungskurse gehen. Und vor allem schützen Sie die Natur in ihrem eigenen Ort. Wenn Kinder einmal Erfahrungen mit der Natur gesammelt haben, scheint es ganz natürlich zu sein, dass sie Gedichte darüber schreiben.

2. **Erfreuen Sie sich an den Gesprächen in der Babysprache im ersten Lebensjahr**
   Die Studie von Daniel Stern hat ergeben, dass unsere frühe „Babysprache-Unterhaltung" das Gefühl des Babys für Rhythmus, Takt und andere musikalische Elemente fördert. Z.B. bereitet das ungezwungene Wiederholen der Mutter von Hallo („Hallo, haalloo, haalloooo") dem Baby wegen des Rhythmus' Freude. Die Babysprache ist sehr umstritten; einige Autoritäten empfehlen mit Babys in „Babysprache" zu sprechen, während andere der Meinung sind, dass es zu „kindisch" ist. Doch für Eltern ist es nur natürlich, mit Babys so zu sprechen und es stärkt wahrscheinlich die musikalischen Grundlagen für die späte-

ren dichterischen Fähigkeiten. Zumindest für das erste Jahr oder die ersten einundhalb Jahre finde ich es empfehlenswert, auf diese Weise mit Kindern zu sprechen.

3. Singen Sie mit ihrem Kind Lieder
Schlaflieder sprechen den inneren Rhythmus des Friedens und der Zufriedenheit in Kindern an. Ihre tröstlichen Melodien geben den Kindern das Gefühl, dass die Welt ein mitfühlender und tröstlicher Ort ist. Deswegen scheinen unsere Schlaflieder einige der eigenen frühen Gedichte der Kinder zu inspirieren. Z.B.

| Hushabye, hushabye, it's dark in the morning, | Eia, popeia, es ist dunkel am Morgen, |
| Flowers are up in the sky. | Blumen sind am Himmel. |

Lucinda Broadbent
(Zwei Jahre alt)

4. Lesen Sie Gedichte vor
Manche Gedichte sind ausdrücklich für Kinder gedacht und wir können sie ihnen direkt vorlesen. Als kleiner Junge beeindruckte mich „Twinkle, Twinkle Little Star" besonders. Ich glaube, weil das Gedicht das Gefühl des Wunders stärkte. Die Dichterin Georgia Heard erinnert sich lebhaft an „Peas porridge hot". Doch, wie Heard betont, lieben Kinder auch schwierigere Gedichte, besonders wenn wir sie ihnen mit viel Gefühl vorlesen, weil sie uns etwas bedeuten.

Wir müssen nicht alle Gedichte den Kindern direkt vorlesen. Es ist oft hilfreich, einfach nur uns selbst oder anderen Erwachsenen Gedichte vorzulesen, wenn Kinder anwesend sind. Auf diese Weise haben Kinder mehr Freiheit, auszuwählen, was ihnen gefällt. Manchmal werden sie uns bitten, ein Gedicht nochmals vorzulesen oder aufzusagen, obwohl es nicht ausdrücklich für sie bestimmt war. Unabhängig davon, ob wir Gedichte für Kinder oder Gedichte für Erwachsene vorlesen, ist es wich-

tig, ein Auge darauf zu haben, auf welche Gedichte Kinder reagieren und wir sollten unsere Auswahl nach ihren Reaktionen richten.
Natürlich ist es noch besser, wenn wir selbst Gedichte verfassen. Ohne mit unseren Kindern darüber zu sprechen, geben wir ein Beispiel für ein Verhalten, das auch sie möglicherweise lohnend finden.

Dichter wie Georgia Heard und Kenneth Koch, die in Grundschulen in New York City Dichtkunst unterrichten, befürworten ebenfalls einen unauffälligen Ansatz. Wie Koch sagt:

> „Kinder haben ein natürliches Talent dafür, Gedichte zu schreiben, und jeder, der sie unterrichtet, sollte das wissen. Unterrichten ist wirklich nicht das richtige Wort für das, was stattfinden soll: es ist vielmehr ein Zulassen, dass Kinder etwas entdecken, das sie bereits haben. Ich habe ihnen geholfen, das zu tun, indem ich Hindernisse entfernt habe wie z.B. die Notwendigkeit des Reimes und indem ich sie auf verschiedene Weisen ermutigt habe, sich auf ihre eigenen starken Gefühle, auf ihre Spontaneität, auf ihre Empfindsamkeit und auf ihren unbekümmerten Erfindungsgeist einzulassen."[8]

Bei ihrer Arbeit hilft Koch oft den Kindern zu Beginn und empfiehlt ihnen, ihre Gedichte z.B. mit „Ich möchte" oder „Ich träume" zu beginnen. Heard berät sich mit den Kindern, wenn sie schreiben. Sie fragt z.B. das Kind, ob es zufrieden mit dem Gedicht ist oder was es noch schreiben könnte. Wenn das Gedicht zu konventionell ist, versucht Heard das Kind dazu anzuregen, an Bilder zu denken, die das widerspiegeln, was es selbst intensiv fühlt.

Ich empfehle Eltern jedoch, nicht auf diese Weise einzugreifen. Eltern sind im Vergleich zu einem Gastdichter in der Klasse von tiefer emotionaler Bedeutung für ein Kind. Wenn Eltern die Gedichte der Kinder lenken, ist die Wirkung wesentlich stärker. Es kann viel mehr die Spontaneität des Kindes erdrücken. Das Kind denkt dann weniger über seine eigenen Bilder sondern daran, den Eltern zu gefallen.

Als Eltern ist es besser, wenn wir nur die nötigen Voraussetzungen für die Entfaltung der dichterischen Fähigkeiten der Kinder schaffen – mit

Kindern in die Natur gehen, an ihren „Babygesprächen" teilnehmen und ihnen Gedichte vorlesen. Auf diese Art und Weise schaffen wir eine günstige Umgebung für das Dichten, doch dann sollten wir den Kindern erlauben, dass ihre Gedichte von selbst kommen.

Natürlich sollten wir auf sie eingehen, wenn Kinder uns ihre Gedichte mitteilen. Wir sollten aufmerksam zuhören. Aufmerksames Zuhören ist an sich schon wichtig, was wir manchmal allerdings vernachlässigen. Wir sollten uns auch erlauben, gerührt zu sein – vom Witz, der Fröhlichkeit, der Besorgnis oder was auch immer das Gedicht ausdrückt.

Wie bei den Zeichnungen von Kindern ist es am besten, wertende Kommentare wie „Du bist ein großartiger Dichter" oder „Das ist ein sehr gutes Gedicht" zu vermeiden. Generelle Bewertungen dieser Art schaffen zu viel Befangenheit. Das Kind wird zu sehr um seine persönliche Bewertung besorgt, dass es sich auf die Bilder in seinem Gedicht konzentrieren könnte. Wenn wir das Gefühl haben, dass das Kind ein Feedback von uns hören möchte, können wir auf ein besonderes Merkmal im Gedicht eingehen. Wir können z.B. sagen: „Dieser Vogel flog sicherlich sehr schnell", „Ich kann spüren, wie kalt es war", „Der Wind schien aber wirklich ärgerlich zu sein" oder „Ich kann wirklich den Wind flüstern hören." Auf diese Weise teilen wir die Erfahrung des Kindes – ein Feedback, das jeden Dichter freut.[9]

Kapitel 6

Kinder lernen sprechen

*Das Kind versteht es sehr gut,
eine Theorie aufzustellen.*

Noam Chomsky

Hin und wieder erlebt die Welt das Wirken einer herausragenden Persönlichkeit, die die Art des Denkens revolutioniert – wie Einstein, Darwin, Marx und Freud. Gibt es auch heute solche Persönlichkeiten unter uns? Es ist zweifellos zu früh, um darüber etwas zu sagen, doch es gibt einen, der von vielen für eine solche Persönlichkeit gehalten wird – Noam Chomsky.

Vor Chomsky war das Studium der Sprache der Kinder eine ziemlich fade Angelegenheit. Man hat angenommen, dass Kinder durch Nachahmung und durch die Unterweisung der Eltern sprechen lernen und nur wenige Menschen hatten das Gefühl, dass das Sprechen der Kinder etwas Besonderes wäre. Die Forschung bestand grundlegend darin, Nomen und Verben zu zählen.

Dann, zu Beginn der 60er Jahre, wurde Chomskys[1] Werk in akademischen Kreisen bekannt. Chomskys Schwerpunkt lag auf der Grammatik – genauer gesagt auf der Syntax oder den Regeln, die wir verwenden, um Sätze zu bilden – und er zeigte, wie wir alle diese Regeln auf eine sehr kreative Weise nutzen. Wir nutzen sie beständig, um Sätze zu formulieren und Sätze zu verstehen, die wir niemals zuvor gehört haben. Diese

Regeln sind äußerst komplex und abstrakt, doch Chomsky begann, ihre generellen Wesenszüge aufzudecken. Darüber hinaus fand Chomsky heraus, dass das durchschnittliche Kind die meisten dieser Regeln im Alter von fünf bis sechs Jahren anwenden kann. Falls Chomsky Recht hatte, beweist das durchschnittliche Kind – zu dem Zeitpunkt, zu dem die Erwachsenen ihm das Alphabet beizubringen versuchen – die Beherrschung der Sprache, die so abstrakt und kompliziert ist, dass wir den Kindern zugestehen müssen, dass sie Sprachgenies sind.

Chomsky öffnete den Menschen die Augen. Bald erkannten die Forscher, dass die beständige Erweiterung des Wortschatzes selbst beachtlich ist. Zwischen dem achtzehnten Lebensmonat bis zum Alter von sechs Jahren lernen Kinder durchschnittlich neun neue Wörter pro Tag.[2] Es versteht sich von selbst, dass dies ohne jeglichen gründlichen Unterricht geschieht – dafür besteht keine Zeit. Kinder scheinen sehr sensibel für Wörter zu sein. Doch wenn Chomsky Recht hat, ist die beständige Erweiterung des Wortschatzes tatsächlich nur eine geringe Leistung. Was wirklich beachtlich ist, ist die rasche Entwicklung von Syntax oder von Grammatik – die ausgeklügelten, abstrakten, oft verborgenen Regeln zum Bilden und Verstehen von korrekten Sätzen.

Chomsky selbst hatte die Sprache der Kinder nicht auf formelle Art und Weise untersucht. Er beobachtete zwar Kinder, doch arbeitete er hauptsächlich an fachlichen Artikeln und Büchern über die Grammatik der Erwachsenen. Doch eine wachsende Anzahl von Psychologen erkannte die Bedeutung seiner Arbeit und begann zu untersuchen, wie sich die Grammatik bei Kindern entwickelt. Einer der Pioniere auf diesem Forschungsgebiet war Roger Brown[3], der auf diskrete Art und Weise das freie Sprechen von drei kleinen Kinder mehrere Jahre hindurch auf Tonband aufnahm. Unter anderem hat Brown aufgenommen, wie Kinder beginnen, „Bestätigungsfragen" (sind ein wichtiger und üblicher Bestandteil der englischen Idiomatik, Anm. d. Übers. Im Sinne von „nicht wahr?") zu verwenden. Ein kurzer Blick auf die „Bestätigungsfrage" von einem von Browns jungen Befragten, Adam, verdeutlicht die beachtliche Sprachleistung von Kindern.

Eines Tages, als Adam viereinhalb Jahre alt war, äußerte er die folgenden Bestätigungsfragen:

Ursula's my sister, isn't she?	Ursula ist meine Schwester, nicht wahr?
I made a mistake, didn't I?	Ich machte einen Fehler, nicht wahr?
Diandros and me are working, aren't we?	Diandros und ich sind bei der Arbeit, nicht wahr?
He can't beat me, can he?	Er kann mich doch nicht schlagen, oder?
He doesn't know what to do, does he?	Er weiß doch nicht, was er machen soll, oder?

Diese Bestätigungsfragen sind Fragen, die ans Ende des Satzes gestellt werden. Adams Bestätigungsfragen zeigen die unfehlbare Beherrschung zahlreicher Regeln. Lassen Sie uns nur einige wenige betrachten. Zunächst muss Adam, um diese Bestätigungsfragen zu kreieren, die verneinende oder bejahende Aussage im ersten Teil des Satzes umkehren. Wenn Adam sagt: „Ich machte einen Fehler", eine bejahende Aussage, muss die Bestätigungsfrage verneint sein: „nicht wahr?" Wenn der Vordersatz verneint ist, wie z.B. „Er kann mich doch nicht schlagen," muss die Bestätigungsfrage bejaht sein: „oder?" Adam macht dies jedes Mal richtig.

Darüber hinaus muss Adam auch das Subjekt des Satzes erkennen und es dann in das korrekte Pronomen in der Bestätigungsfrage umwandeln. In dem Satz: „Diandros und ich sind bei der Arbeit, nicht wahr?" sieht Adam korrekt, dass das Subjekt der Satzteil „Diandros und ich" ist und wandelt es in „wir" um.

Noch eindrucksvoller ist, dass Adam erkennt, dass man das Hilfsverb an den Anfang der Bestätigungsfrage stellen muss, obwohl das Verb im Hauptsatz keine Form von sein oder haben ist. Beachten Sie jedoch, dass in dem Satz: „Ich machte einen Fehler" kein Hilfsverb vorhanden ist – zumindest oberflächlich betrachtet. Um die Bestätigungsfrage „nicht wahr?" zu bilden, muss Adam das englische Hilfsverb „did" (tat) bilden.

Diese Regel ist im Englischen so selbstverständlich, dass sich niemand ihrer bewusst war, bis Chomsky darauf hinwies. Doch Adam wendet sie jedes Mal richtig an.

Adam wendet also zahlreiche Regeln zugleich an – ich habe hier nur einige angeführt. Es ist wirklich beachtlich, dass er diese Bestätigungsfrage schon mit viereinhalb Jahren anwenden kann, er ist jedoch in dieser Hinsicht keine Ausnahme.

Ein interessanter Aspekt der Bestätigungsfragen von Adam ist, wie und wann sie zeitlich auftauchen. Adam bildete keine Bestätigungsfragen bis er viereinhalb Jahre alt war und dann waren sie plötzlich da. In einer Stunde schuf er 32 solcher Fragen, wohingegen der Durchschnitt der Häufigkeit bei Erwachsenen bei drei bis sechs pro Stunde liegt. Er schien seine neu erworbene Fähigkeit zu üben.

Die Entwicklung von Bestätigungsfragen zeigt Chomskys wichtigste Erkenntnis: Kinder beherrschen komplexe sprachliche Regeln und Abläufe bereits in sehr frühem Alter. Sie scheinen die meisten Feinheiten der Grammatik bis zum Alter von ungefähr sechs Jahren zu beherrschen und den Rest bis zur Pubertät. Das bedeutet nicht, dass sie sich dieser grammatikalischen Regeln bewusst sind, doch sie entwickeln ein intuitives, funktionierendes Wissen über die komplexen und verborgenen Regeln ihrer Muttersprache. Und das ist noch nicht alles. Wenn Kinder sich in einem fremden Land befinden, wo eine andere Sprache gesprochen wird, beherrscht das Kind auch die zweite Sprache. Man kann laut Chomsky allgemein beobachten, dass ein Kind von Immigranteneltern eine zweite Sprache mit erstaunlicher Geschwindigkeit von anderen Kindern sozusagen auf der Straße lernt und bald diese neue Sprache so fließend wie die anderen Kinder spricht, während sich die Eltern des Kindes abmühen und das Erlernen der Sprache schwer und langwierig finden.

Wie ist es den Kindern möglich, so viel in so kurzer Zeit zu lernen? Chomsky glaubt, dass es sinnlos ist, zu versuchen, den Spracherwerb mit Umweltfaktoren, wie z.b. Beibringen durch die Eltern oder Beispiele, zu erklären. Chomsky ist der Meinung, dass Kinder nur einen fragmentarischen Teil der Sprache hören und dann jedoch Regeln bilden, die weit über das, was sie als Beispiel hören, hinausgehen. Chomsky glaubt, dass man die Erklärung darin suchen muss, wie Kinder biologisch für diese Aufgabe programmiert sind – wie das Gehirn des Kindes gestaltet ist, um Grammatik und Sprache aufzunehmen.[4]

Aus Chomskys Sicht verhält es sich beim Spracherwerb ähnlich wie bei den spezifischen Verhaltensmustern verschiedener Spezies. Vögel fliegen, Spinnen weben Netze, Biber bauen Dämme, Monarch-Schmetterlinge und Meeresschildkröten überwinden enorme Entfernungen – und Menschen sprechen. Man würde nicht versuchen, erklären zu wollen, warum Vögel fliegen – während Menschen das nicht können –, indem man beobachtet, was Vogeleltern besser machen, wenn sie ihre Jungen das Flugverhalten lehren oder es ihnen vormachen. Man würde wissen wollen, wie der Vogel für diese Aufgabe vorbereitet oder konzipiert ist. Ähnlich muss man laut Chomsky herausfinden, wie das Gehirn des Kindes konzipiert ist, um die Sprache zu erlernen.

Chomsky hat herausgefunden, dass das Kind instinktiv auf die Aufgabe, wie die Grammatik korrekt angewandt werden sollte, stößt. Deswegen wird das Kind bis zu dem Ausmaß, wie es Regeln vom Gehörten ableitet, von einem angeborenen Sprachverständnis – einem inneren Ohr – geleitet, das ihm sagt, dass gewisse Regeln richtig sind und andere falsch. Dieses angeborene Wissen macht natürlich noch nicht alles aus. Denn das Kind lernt jeweils eine andere Sprache, je nachdem wo es aufwächst. Das Kind, das in China aufwächst, lernt üblicherweise Chinesisch, nicht Englisch oder Spanisch, deswegen kann das Wissen um eine bestimmte Sprache nicht im Gehirn festgelegt sein. Es muss erworben werden. Doch Chomsky glaubt, dass jedes Kind über ein angeborenes Sprachvermögen überhaupt – die universelle Grammatik – verfügt und automatisch weiß, dass eine gewisse Sprechweise grammatikalisch erlaubt und eine andere Sprechweise einfach falsch ist. Deswegen ist die Hauptaufgabe der Linguisten, so meint Chomsky, die Regeln der universalen Grammatik herauszuarbeiten.

Über die Jahre hinweg hat Chomsky jedoch seine Meinung ein wenig geändert.[5] Er hat zwar nie seine Theorie der universalen Grammatik verworfen, doch hat er seine Ansicht darüber geändert, wie viel kreative Entdeckungsfähigkeit das Kind einsetzt. In seinen frühen Werken nahm er noch an, dass das Kind Hypothesen aufstellt, nach Regelmäßigkeiten sucht und Regeln bildet – während es immer von einem inneren Sprachsinn dafür geleitet wird, welche Arten von Regeln zulässig sind. Doch als Chomskys Arbeit voranschritt, entwickelte er die Theorie, dass die Anzahl der Beispiele, die ein Kind hören muss, begrenzt ist. In späteren Jahren vertrat er die Meinung, das Kind müsse nur eine geringe Anzahl von Schlüsselmerkmalen der Grammatik, die seine Muttersprache verwendet, herausfinden. Sobald es diese Information erhält, entwickelt es von selbst einen Großteil der Grammatik der Erwachsenen so leicht, wie sich spontan eine Kristallstruktur bildet durch einen einzigen Tropfen Flüssigkeit.

Ich glaube, dass die früheren Gedanken Chomskys näher an der Tatsache lagen – dass das Kind nämlich sehr oft die Regeln der Grammatik bis zur perfekten Beherrschung immer wieder neu für sich formulieren muss. Lassen Sie uns kurz einen Blick darauf werfen, was die Forschung uns über Kleinkinder und Kinder sagt.

Die Entwicklung der Grammatik

Die Sprache der Babys

Schon bei der Geburt scheinen Babys auf Sprache eingestellt zu sein. Sorgfältige Filmanalysen haben ergeben, dass Kleinkinder auf Sprache mit sehr feinen Körperbewegungen reagieren und ihre Bewegungen mit den Klängen und Worten variieren. Sie scheinen zur Sprache zu tanzen. Solche Bewegungen entstehen aber nicht als Reaktion auf andere Klänge wie z.B. Klopfen.

Wenn Babys ungefähr einen Monat alt sind, beginnen sie zu glucksen und zu gurren. Mit ungefähr sechs Monaten machen sie üblicherweise brabbelnde Geräusche wie z.B. „ba ba" und „da da". Die frühen Vokalisierungen der Babys scheinen in der ganzen Welt sehr ähnlich zu sein.[6] Wie wir in Kapitel 5 angemerkt haben, erreicht ihr frühes Brabbeln bald rhythmische, musikalische Qualität.

Einwortäußerungen

Wenn Kinder ungefähr ein Jahr alt sind, beginnen sie, einzelne Wörter zu bilden. Einige Forscher sind der Meinung, dass sie versuchen, ein einzelnes Wort zu gebrauchen, um einen ganzen Satz auszudrücken. Z.B. „Keks" kann bedeuten „Ich möchte ein Keks" oder „Da ist ein Keks", je nach Kontext. Wenn Kinder ungefähr 15 Monate alt sind, beginnen sie, unterschiedliche Intonationen zu verwenden, wenn sie Fragen stellen oder Kommentare abgeben.

Zweiwortäußerungen

Wenn Kinder ungefähr 18 Monate alt sind, bilden sie Zweiwortäußerungen. Einige typische Äußerungen sind in der Tabelle 6.1 aufgelistet:

Tabelle 6.1.
Einige typische Zweitwortäußerungen

Art	Beispiel
1. Benennen	dieser Hund
2. Wiederholung	noch einmal springen
3. Verneinung	Ball weg
4. Besitz	mein Auto
5. Attribution	großer Junge
6. Täter – Handlung	Johnny geschlagen
7. Handlung – Objekt	Ball geschossen
8. Täter – Objekt	Mama Brot (bedeutet: „Mama schneidet Brot".[7])

Forscher waren fasziniert von der Möglichkeit, dass es den Zweiwortäußerungen zugrunde liegende Strukturen gibt. Z.B. hat Martin Braine herausgefunden, dass das Kind eine „Drehpunktgrammatik" bildet, indem es ein Wort wie z.B. „weg" als Drehpunkt verwendet und viele andere Wörter in einer offenen Kategorie um diesen Drehpunkt herum verwendet – „Junge weg, Socken weg, Boot weg, Milch weg …" Später hat die Forschung gezeigt, dass nicht alle Englisch sprechenden Kinder eine „Drehpunktgrammatik" verwendeten, doch es scheint, dass einige Kinder eine „Grammatik" dieser Art bilden. Die „Drehpunktgrammatik" zeigt, wie kreativ Kinder Regeln formen.

Wie Kinder Grammatik entwickeln

Im Alter zwischen zwei und drei Jahren setzen Kinder drei oder mehr Wörter zusammen und ihre Sprache läßt die Regeln, die sie bilden, deutlicher werden. In manchen Fällen beweisen Englisch sprechende Kinder, dass sie sehr sensibel für die Allgemeinbegriffe der menschlichen Sprache sind. Es ist höchst beachtenswert, dass ihre Pausen (ihr Schweigen) anzeigen, dass sie wissen, dass Sprache nicht aus einer Aneinanderreihung von Wörtern besteht, sondern aus Satzteilen. Z.B. sagen Kinder Dinge wie: „Setz … den roten Hut … auf." Die Pausen beweisen die Sensibilität für die Tatsache, dass der Satzteil „den roten Hut" zusammenbleibt. Das Kind würde die Pause nicht an einer anderen Stelle machen, z.B. „Setz den … roten Hut … auf."

Kinder formen auch Regeln für Wortendungen – Regeln, die konsequenter sind als jene der Erwachsenengrammatik. Sie sagen z.B. „Ich laufte", „er tute das" und „sie gehte". Kinder erkennen, dass die Regel für die Bildung des Präteritums in der 3. Person Sg. darin besteht, „te" anzuhängen. Sie halten sich dann sehr streng an die Regel, indem sie sie konstant anwenden, ohne die Ausnahmen der Erwachsenengrammatik zu beachten. Sie halten auch zu strikt die Pluralbildung ein und sagen „Hünde", „Mutters" und „Luftballöne". Sie erkennen, dass die Regel für den Plural heißt, ein s anzuhängen, und wenden diese durchgehend an. Sie nehmen an, dass die Erwachsenensprache konsequenter ist, als dies tatsächlich der Fall ist.

Die überkorrekte Anwendung der Sprachregeln durch Kinder kann in vielen Sprachen beobachtet werden und sie dauert oft weit in die

Grundschuljahre hinein an. Hier ist ein Beispiel, wie ein Kind unbeirrt an seiner überkorrekten Bildung festhält, trotz des Versuchs der Mutter, die „korrekte" Wortendung zu modellieren.

Kind: Meine Lehrerin haltete die Babykaninchen und wir streichelten sie.
Mutter: Hast Du gemeint, dass deine Lehrerin die Babykaninchen hielt?
Kind: Ja.
Mutter: Was hast du gemeint, was sie gemacht hat?
Kind: Sie haltete die Babykaninchen und wir streichelten sie.
Mutter: Hast du gemeint, sie hielt sie fest?
Kind: Nein, sie haltete sie ganz locker.

Warum ignoriert das Kind die Formulierung der Erwachsenen? Glaubt das Kind etwa, dass der Erwachsene unrecht hat – dass der Erwachsene die Regel missachtet? Das kann gut möglich sein. Auf jeden Fall halten sich die Kinder klar an die generellen Regeln. Sie schätzen Regeln und nicht deren Ausnahmen.

Die überkorrekte Formulierung verleiht der Sprache der Kinder ihre Einzigartigkeit. Doch Kinder wenden die Regeln der Erwachsenen zu strikt an. In anderen Fällen formen Kinder Regeln, die sehr unterschiedlich zu jenen der Erwachsenen sind, die sie hören.

Edward Klima und Ursula Bellugi haben herausgefunden, dass Kinder konsequent nichterwachsene Regeln entwickeln, was z.B. Verneinungen anbelangt. Anfangs sprechen Kinder, als ob die Regel wäre: stell die Verneinung an den Satzanfang (oder das Satzende). Z.B.:

Nicht das spielen.
Nicht hinfallen!
Nicht ich will das!
Auto fährt nicht!

Ein wenig später bilden sie eine neue Regel: Stell die Verneinung hinter das Subjekt und vor alles andere.

Er nicht beißt dich.
Ich nicht will einen Umschlag.

Die Erforschung der Verneinung bei Kindern und andere Sprachformen führten Klima und Bellugi zu dem Schluss: „Es schien uns, dass die Sprache der Kinder ihre eigene Systematik hat und die Sätze der Kinder nicht nur eine unvollständige Kopie jener der Erwachsenen sind."[8]

Transformationen

Zwischen drei und sechs Jahren gehen einige Veränderungen bei den Kindern vor sich. Eine Transformation geschieht z.B., wenn ein Sprecher die Form des Satzes verändert, wenn man z.B. eine Aussage in eine Frage umwandelt oder ins Passiv setzt. Z.B. kann man „Susan fuhr Rad" in „Ist Susan Rad gefahren?" oder „Das Fahrrad wurde von Susan gefahren". umwandeln. Die Bestätigungsfragen, die wir zuvor besprochen haben, sind ein Beispiel für eine solche Umwandlung. Dieses gesamte Thema ist von zentraler Bedeutung in Chomskys Theorie. Deswegen wird sie manchmal „Theorie der Transformationsgrammatik" genannt.

Kinder entwickeln diese Transformationen der Erwachsenen nicht sofort, außerdem scheinen sie durch verschiedene Phasen zu gehen, ähnlich denen der Verneinung. Z.B. ist eine Phase, wenn sie Sätze sagen wie: „Wo ich kann es hingeben?" und „Was er will?". Sie stellen „wo" und „was" an den Anfang eines Satzes. Doch anstatt dass sie das Hilfsverb und das Subjekt umkehren („Wo kann ich es hingeben?"), behalten sie die Subjekt-Verb-Objekt-Wortfolge bei („Wo ich kann es hingeben?").

Manchmal bitten Eltern ihre Kinder, die korrekte (erwachsene) Grammatik zu wiederholen, doch die Kinder scheinen an ihrer eigenen Sprechweise festzuhalten. Z.B.

Erwachsener: Adam, sage nach, was ich sage: Wo kann ich es hingeben?
Adam: Wo ich kann es hingeben?

Kinder gehen dann durch Phasen, in denen sie ihre eigenen, spontanen Regeln aufstellen. Diese Regeln scheinen bei jedem Kind die gleichen zu sein. Es ist möglich, dass angeborene Tendenzen die Sprache der Kinder leiten. Dies wird sich erst erhärten, wie der Linguist Dan Slobin als Hypothese aufstellt, wenn die interkulturelle Forschung universale Ähnlichkeiten in der Sprache der Kinder findet.

Pidgin- und Kreolsprachen

Eine der interessantesten linguistischen Forschungen wurde von Derek Bickerton über Pidgin- und Kreolsprachen durchgeführt.

Eine Pidginsprache entsteht, wenn Erwachsene aus verschiedenen sprachlichen Hintergründen plötzlich zusammenkommen, wie es auf einigen Sklavenplantagen geschah. Um sich zu verständigen, entwarfen die Arbeiter das Pidgin – abgehackte Wortketten, denen die meisten Eigenschaften einer wahren Grammatik fehlten. Z.B. fehlt es dem Pidgin an einer Methode, Transformationen durchzuführen, außer wenn die Sprecher über ein ihnen allen sehr vertrautes Thema reden, ansonsten entsteht Verwirrung. Kreolisch ist eine Pidginsprache, für die sich eine richtige Grammatik entwickelt hat.

Doch nach Bickerton sind Erwachsene unfähig, eine Kreolsprache zu kreieren. Nur Kinder haben diese Fähigkeit!

Die intensivste Studie von Bickerton befasste sich mit Menschen, die an der Wende zum 20. Jhdt. auf eine Plantage auf Hawaii immigrierten. Sie kamen aus Korea, von den Phillipinen und vielen anderen Ländern, um die reiche Zuckerernte einzuholen. Bickerton untersuchte die historischen Aufzeichnungen und interviewte Menschen, die noch lebten. Er fand heraus, dass die erwachsenen Einwanderer ein loses Pidgin schufen, um sich zu verständigen, und ihre Kinder jedoch ein elegantes Kreolisch – und das in einer einzigen Generation.

Bickerton berichtet, dass die kreolische Grammatik in der ganzen Welt sehr ähnlich ist. Er merkt auch an, dass kreolische Sätze manchmal der spontanen Sprache von Kindern ähneln. Diese Ähnlichkeiten sind seiner Ansicht nach kein Zufall. Kreolisch widerspiegelt die angeborenen grammatikalischen Strukturen, die Kinder benutzen, um das lose Pidgin, das sie hören, neu zu gestalten.

Wir müssen die Ideen Bickertons jedoch noch als Versuchshypothesen erachten, doch er weist sicherlich auf die kreative Kraft hin, die auch andere beeindruckt hat. Chomsky lenkte die Aufmerksamkeit auf die Fähigkeit der Kinder, eine zweite Sprache mit erstaunlicher Geschwindigkeit zu lernen, während sie mit anderen Kindern spielen, wohingegen Jugendliche und Erwachsene sich mit dieser Aufgabe abmühen. Die Fähigkeit der Kinder, Kreolisch aus dem entarteten Pidgin zu schaffen, bestätigt ihre beachtliche sprachliche Kraft. Einen weiteren Beweis für diese Kraft liefert die Beobachtung hörgeschädigter Kinder.

Beweise für die Zeichensprache der Kinder

Der Psycholinguist Steven Pinker beschreibt in seinem Buch „The Language Instinct", was man in Nicaragua seit 1979 immer wieder beobachten kann, als das Land versuchte, Schulen für taube Schüler zu schaffen. Die Schulen versuchten, den Jugendlichen ab 10 Jahren das Lippenlesen beizubringen. Diese Bemühungen schlugen allgemein fehl, doch die Jugendlichen schufen untereinander eine Art von Pidgin-Zeichensprache, indem sie Behelfspantomime und -gestik, die sie zu Hause verwendeten, vereinten. Wenn dann neue Kinder im Alter von ungefähr vier Jahren in die Schule kamen, veränderten sie die Pidgin-Zeichensprache und verwandelten sie in eine ausgearbeitetere und elegante Grammatik. Tatsächlich schufen kleine Kinder ein Kreolisch. Mit der neuen Grammatik konnten die Kinder Witze erzählen, dichten und weit entfernte Ereignisse beschreiben – was alles weit über den Fähigkeiten des früheren Pidgins lag. Auch hier wieder schuf eine einzige Generation von Kindern eine Grammatik.

Einige der Nachfolger von Chomsky glauben, dass die spezielle Kraft der Kinder in einer genetisch bedingten kritischen Periode von statten geht, möglicherweise zwischen der Geburt und dem Alter von sechs oder sieben Jahren. Während dieser Zeit ist das Kind besonders fähig, syntaktische Regeln aufzunehmen und zu schaffen – die Regeln der Grammatik für die Satzbildung. Es ist möglich, dass eine Fähigkeit länger andauert – möglicherweise bis zur Jugendzeit – und dann plötzlich verschwindet.

Sollten wir den Kindern die Sprache beibringen?

Nicht jeder ist von der einzigartigen sprachlichen Fähigkeit der Kinder tief beeindruckt. Zahlreiche Psychologen nehmen immer noch an, dass dem Erwachsenen im Sprachunterricht eine Rolle von zentraler Bedeutung zukommt. Einige geben auch Tipps, wie Eltern die Sprachentwicklung ihrer Kinder beschleunigen können.

Z.B. hat William Fowler ein Programm entwickelt, bei dem Eltern ihre Kinder ein wenig früher mit Aufgaben höherer Entwicklungsstufen konfrontieren, als dies normalerweise der Fall ist. Fowler berichtet, dass sein Programm die Sprachentwicklung beschleunigt und auch die Leistungen in den ersten Schulstufen fördert. Doch wie Lise Eliot beobachtet, erfordert die Forschung von Fowler eine sorgfältige Überprüfung und Erwiderung.

Viele Psychologen haben sich auf die Rolle des „Motherese" konzentriert. „Motherese" ist eine spezielle Art des Sprechens, wie es Bezugspersonen machen, wenn sie mit Kindern sprechen. Die Sprache unter den Erwachsenen ist von unvollständigen Sätzen und spiralig gewundenen Satzteilen durchzogen, während das „Motherese" klar, einfach und grammatikalisch korrekt ist. In der Forschung von Roger Brown antwortete Adams Mutter auf Adams Sprechweise ganz klar.

Adam: Schau Auto, Mama. Schau Auto.
Mutter: Hast du das Auto gesehen?
Adam: Nein ich sehe Auto.
Mutter: Nein, du hast es nicht gesehen? Da fährt eines.
Adam: Da fahren eines.
Mutter: Ja, da fährt eines.

Die Sprache der Mutter ist kurz und grammatikalisch perfekt. Sie ist daher für Adam leicht nachzuahmen, was er auch einmal tut (wenn auch nicht ganz richtig). Als die Mutter sagt: „Da fährt eines," sagt Adam : „Da fahren eines."

„Motherese" scheint uns ziemlich natürlich. Sie kommt in vielen Kulturen in der ganzen Welt vor, wenn auch nicht in allen Kulturen. Die Kaluli auf Neuguinea z.B. halten nichts davon. Neueste Beweise zeigen, dass Eltern, die ein besonders großes Ausmaß an „Motherese" gebrauchen, die Sprachentwicklung ein wenig beschleunigen können. Doch „Motherese" ist nicht ausschlaggebend für die normale Sprachentwicklung. Im Durchschnitt lernen die Kalulikinder, die kein „Motherese" hören, eine Sprache ungefähr im selben Tempo wie amerikanische Kinder.

Im Allgemeinen finde ich die Sorge um die Beschleunigung der Sprachentwickelung fehl am Platz. Chomsky und seine Anhänger haben ausreichend belegt, dass ein durchschnittliches Kind die komplexe Grammatik im Normalfall sehr schnell beherrschen lernt. Die Syntaxentwicklung des Kindes ist sogar noch viel schneller als z.B. die Entwicklung des logischen Denkens. Die Verfechter der Beschleunigung, nehmen offensichtlich an, dass Geschwindigkeit von so bedeutendem Wert ist, dass nichts schnell genug ist. Wenn sie auf Kinder stoßen würden, die mit fünf Monaten schon laufen könnten, wäre ihre erste Frage wahrscheinlich: „Wie könnten wir sie dazu bringen, schon früher gehen zu lernen?"

Wie man den Wortschatz der Kinder erweitern kann

Andere Psychologen haben sich darauf konzentriert, wie die Sprache der Eltern den Wortschatz der Kinder erweitern kann. Betty Hart und Todd Risley haben gezeigt, dass der Wortschatz der Kinder größer ist, wenn Mütter viel mit ihren Kindern sprechen. Die Gesprächigkeit der Mutter wird auch mit einem höheren IQ-Wert in Verbindung gebracht (was nicht wirklich überraschend ist, da Wortschatz und IQ-Wert in engem

Zusammenhang stehen). Ein hoher Grad an Gesprächigkeit der Mutter ist auch in den oberen Mittelklasseschichten häufiger als in armen Schichten und in der Arbeiterklasse.

Auf der Basis von solchen Erkenntnissen haben einige Wissenschafter Programme entwickelt, die Eltern helfen, mehr mit ihren Kindern zu sprechen. Einige Psychologen glauben, dass dies eine gute Möglichkeit ist, „einige der potentiell schädlichen Konsequenzen der Armut"[8] zu lindern.

Solche Vorschläge mögen eine Hoffnung sein. Doch wir müssen uns weiter bemühen, um den Wortschatz unter Berücksichtigung einiger Punkte zu erweitern. Ein umfangreicher Wortschatz wird in akademischen Kreisen sehr geschätzt, doch es ist nicht die signifikanteste Eigenschaft der Sprachentwicklung der Kinder. In Wirklichkeit ist die Wortschatzentwicklung ziemlich unbedeutend im Vergleich zu der Fähigkeit der Kinder, komplexe und abstrakte Regeln der Syntax zu erfassen.

Darüber hinaus sehe ich auch, wie die Bemühung der Eltern, den Wortschatz der Kinder erweitern zu helfen, kontraproduktiv sein kann.

Erstens können die Bemühungen der Eltern, den Kinder Wörter beizubringen, sie davon ablenken, ihre Umwelt in Ruhe zu betrachten. Kinder verbringen oft gern und lange Zeit damit, Dinge zu betrachten – andere Kinder beim Spielen, Tiere, Teiche, Stöcke, Blumen – und da kann das Sprechen von Erwachsenen störend wirken. Kürzlich sah ich eine Mutter und ihre zweijährige Tochter am Bürgersteig gehen, als das Kind anhielt und zwei Hunde beobachtete. Das Kind war völlig gebannt. Nach einer Weile sagte das Kind: „Zwei Hunde." Die Mutter hielt diesen Moment für geeignet, dem Kind etwas beizubringen, und forderte es auf, ein „Zwei-Lied" zu singen – „zwei Hunde, zwei Pferde, zwei Enten …" Das Kind ging halbherzig mit der Mutter mit, die es fröhlich weiterführte. Die Mutter hat möglicherweise ihrem Kind geholfen, seinen Wortschatz zu erweitern, doch wir werden niemals wissen, wie sehr sie möglicherweise das Kind davon abgehalten hat, etwas über etwas Faszinierendes herauszufinden.

Sogar wenn kleine Kinder sprechen, ist das Sprechen oft für sie selbst gedacht und ein Gespräch mit Erwachsenen könnte ablenkend sein. Z.B. sprechen kleine Kinder viel, wenn sie zeichnen, und spinnen dabei ihre eigenen Geschichten. Wenn Erwachsene versuchen, sie in ausgedehnte Gespräche zu verwickeln, unterbricht das das Weben der Bilder im Kopf der Kinder.

Zweitens können die Bemühungen, Kinder zu verbessern, Gefühle der Minderwertigkeit hervorrufen, die im Fall der Sprache völlig unangebracht sind. Viele Beweise zeigen, dass die Leistungen des durchschnittlichen Kindes einzigartig sind. Was auch immer das Kind falsch macht, ist dies banal im Vergleich zu der komplexen Syntax, die das Kind gerade zu meistern lernt. Das trifft auf alle Kinder zu, unabhängig vom sozioökonomischen Hintergrund. Selbst wenn ein Kind aus einer Migrantenfamilie kommt und in ärmlicher Umgebung aufwächst, erwirbt es wahrscheinlich dennoch die komplexe Syntax von zumindest zwei Sprachen (und zumindest den doppelten Wortschatz von dem, dessen sich der Englisch sprachige Forscher bewusst ist).

In seltenen Fällen kann das Kind natürlich möglicherweise Sprachprobleme bekommen. Doch wenn es sich um ein durchschnittliches Kind handelt, ist jede Annahme, dass wir einige wichtige Defizite korrigieren müssen, fehl am Platz. Wir sollten auf eine Art und Weise sprechen, die Kindern Vergnügen macht. Das kann die Freude fördern, die sie an Wörtern haben, und für ihren Wortschatz förderlich sein. Doch wir sollten uns als Erwachsene nicht anmaßen, dass wir in einer Position sind, dem Kind die Grundstruktur der Sprache beizubringen. Was die vertiefte und abstrakte Syntax betrifft, verfügt das Kind über die sprachlichen Kraft, die größer als unsere eigene ist und unseren höchsten Respekt verdient. Wenn wir uns ebenso oft im Kontakt mit den einzelnen Kindern in unserem Leben daran erinnern würden, welch „erstaunliche sprachliche Leistung dieses kleine Kind vollbringt", würde unsere Wertschätzung Wunder wirken.

Kapitel 7
Wie hat es die Zukunft nur geschafft, uns dermaßen im Würgegriff zu halten?

Ich höre von fern die Rufe der falschen Weisheit, die die Gegenwart als nichts erachtet und die Zukunft verfolgt, die in dem Maß flieht, wie wir sie verfolgen.

Jean-Jacques Rousseau

Ich stand auf dem Bürgersteig mit unserem drei Monate alten Welpen, als ein Mann mit einem ausgewachsenen Hund vorbeiging. Unser Welpe grüßte den Hund energisch und trippelte, obwohl dieser eher elegant abseits stand, vor und zurück und tat alles, was er konnte, um ein Spiel mit ihm zu beginnen. Nachdem der Mann unseren Welpen eine Weile betrachtet hatte, sagte er: „Ich wünsche mir manchmal, dass sie immer in diesem Alter bleiben könnten."

Da gibt es noch eine weitere Besonderheit bei Menschenkindern. Ich habe einige der besonderen Stärken der Kindheit beschrieben und aufgezeigt, dass in manchen Fällen die Fähigkeiten der Kinder in der Tat jenen der meisten Erwachsenen überlegen zu sein scheinen. Z.B. durchlebt die Zeichenkunst der Kinder eine Phase der lebendigen Harmonie, die große Künstler wieder aufzunehmen versuchen. Die Gefühle der Kinder für die Natur scheinen besonders tief und intensiv zu sein. Ihre Phantasiespiele und die Sprachentwicklung beweisen erstaunliche kreative Kraft.

Doch wenn ich Vorträge und Präsentationen über diese Fähigkeiten halte, wird das Publikum bei einem gewissen Punkt zunehmend unruhig. Eltern z.B. anerkennen den Charme der Kindheit, doch das ist nicht ihr größtes Anliegen. Was sie wirklich wissen wollen, ist, wie sie ihren Kindern helfen können, in ein angesehenes College zu kommen und ein sehr erfolgreicher Erwachsener zu werden. Eltern haben oft unbewusst Angst davor, dass ihnen eines Tages ein Tag des Gerichts bevorsteht: Wenn ihre Kinder 17 oder 18 Jahre alt sind und sie die Schreiben von der Zulassungstelle des College bekommen, wird die Welt wissen, ob ihre Erziehung entweder ein Erfolg oder ein Fehlschlag war.

Um ihren Kindern den Weg zum Erfolg zu ebnen, konzentrieren sich die Erwachsenen auf die akademischen „Grundlagen" – Mathematik, Naturwissenschaft, Lesen und Schreiben. Das sind die Fertigkeiten, die standardisierte Tests in jedem Schuljahr immer wieder überprüfen. Sie sind wesentlich für den Eignungstest für Studenten. Verlangt werden jene Fertigkeiten, die die US-amerikanischen Politiker immer wieder als Grundlage für die zukünftige Wettbewerbsfähigkeit und das Bestehen und den Erfolg in unserer Welt der Schüler hervorgehoben haben. Die meisten der für die Kindheit charakteristischen Fähigkeiten – Phantasiespiel, Erforschung der Natur, die Künste – sind unwesentlich für diese Grundlagen und bleiben deswegen unbeachtet. Schulen finden immer weniger Zeit z.B. für freies Spielen und künstlerische Tätigkeiten.

Natürlich werden aufmerksame Eltern Interesse an solchen „außercurriculären" Aktivitäten zeigen, wenn ihre Kinder dafür besonders talentiert sind. Dann lassen Eltern ihrem Kind speziellen Unterricht angedeihen; und dies deswegen, weil sie wissen, dass Elitecolleges nicht nur am „akademischen Streber" interessiert sind, sondern eher am „Multitalent". Deswegen schreiben Eltern ihre Kinder in Kunstkursen, Musikstunden, Tennistrainings und im Fußballverein ein, in der Hoffnung, die Aussichten des Kindes zu erhöhen.

Doch diese Kurse sind oft so stark strukturiert und von Erwachsenen gelenkt, dass dabei die Begeisterung der Kinder für diese Aktivität verloren geht. Darüber hinaus melden Eltern die Kinder in so vielen Kursen und Sportstunden an, dass die gesamte freie Zeit der Kinder verplant wird: sie haben keine Zeit mehr für ihre eigenen spontanen Aktivitäten. Sie haben zu wenig Zeit, um frei zu spielen, auf ihre eigene Art und Weise zu zeichnen oder um Wälder und Teiche zu erforschen und nach Insekten zu suchen. Sie haben zu wenig Zeit also für jene freien Aktivitäten, durch die sie ungezwungen die besonderen Fähigkeiten der Kindheitsjahre entwickeln.

Ich habe jedoch schon erlebt, dass einige Eltern besorgt sind, dass sich dies nicht besonders günstig auf die Kinder auswirkt. Sie haben gesehen, dass ihre Kinder, wenn sie in die zweite oder dritte Klasse kommen, bereits viel an Begeisterung für das Lernen verloren haben. Über das Thema der freien Zeit hat mir eine Mutter einmal gesagt: „Meine Kinder sind für so viele Kurse angemeldet und manchmal frage ich mich, ob es denn so schlecht ist, wenn Kinder einfach nur spielen? Doch ich muss an ihre Zukunft denken. Wenn jeder sein Kind für dieses Wettrennen um die besten Collegesplätze fit macht, muss ich das auch tun."

Wie hat es die Zukunft geschafft, uns derart im Würgegriff zu halten? Um dies zu verstehen, müssen wir in die Vergangenheit schauen, in das mittelalterliche Europa, in eine Zeit, in der die Zukunft der Kinder noch kein wichtiges Thema war.

Als Kinder kleine Erwachsene waren

Im Mittelalter machten sich die Familien nicht viele Gedanken um die Zukunft der Kinder, teilweise auch deswegen, weil die Aussichten begrenzt waren. Die Tradition bestimmte das Leben und die Eltern gingen davon aus, dass ihre Kinder das Handwerk, Gewerbe oder die Tätigkeit, die ihrer eigenen Zunft entsprach, übernehmen werden.

Darüber hinaus verbrachten die Familien wenig Zeit damit, sich über die Zukunft des Kindes Gedanken zu machen, weil das Kind bereits in sehr frühem Alter in die Welt der Erwachsenen eintrat. Laut dem großen französischen Historiker Philippe Ariès (1914-1984) wurden die Kinder normalerweise bereits im Alter von sechs oder sieben Jahren zu anderen Dorfbewohnern in die Lehre geschickt. Sie lernten das Tischlerhandwerk, Ackerbau und Viehzucht, Hausarbeiten, Weben und andere Handwerke und Gewerbe, indem sie mit dem Lehrherrn zusammenarbeiteten. Das Kind lebte als Gast im Haus des Meisters und arbeitete oft zusammen mit anderen Lehrlingen, die viel älter waren. Niemand beachtete das Alter der Kinder, da es grundsätzlich bereits in die Gesellschaft der Erwachsenen aufgenommen war. Das Kind trug dieselbe Art von Kleidung, spielte dieselben Spiele und nahm an denselben Festlichkeiten wie die Erwachsenen teil. „Wo auch immer Menschen arbeiteten," sagte Ariès, „und auch wo auch immer sie sich unterhielten, sogar in Tavernen von schlechtem Ruf, waren Kinder unter den Erwachsenen zu finden."[2] Das Kind war ein kleiner Erwachsener.

Ariès erkannte, dass jüngere Kinder – unter sechs oder sieben Jahren – anders behandelt wurden. Die Menschen anerkannten ihr Bedürfnis nach Schutz und Pflege. Doch im Ganzen gesehen, sagte Ariès, erachteten die Menschen damals Kinder als kleine Erwachsene sogar bereits vor dem Alter von sechs oder sieben. Das ist der Grund, warum die mittelalterlichen Gemälde und Skulpturen Kinder – sogar Neugeborene – mit erwachsenen Körperproportionen und Gesichtszügen darstellen. Die Kinder wurden nur durch ihre Größe unterschieden. Sie waren Erwachsene in Miniaturform.

Einige Historiker haben die Sichtweise von Ariès in Frage gestellt. Da mittelalterliche Schriftdokumente selten sind, ist es schwierig, all die Ungereimtheiten zu recherchieren, doch Historiker wie Barbara Hanawalt und Shulamith Shahar haben genügend Beweise gesammelt, um zu belegen, dass Ariès manchmal zu Übertreibungen neigte. Es scheint, dass nicht alle Kinder in die Lehre geschickt wurden, obwohl dies recht üblich war. Es stellte sich auch heraus, dass Sechs- und Siebenjährige langsamer in die Arbeit der Erwachsenen eingeführt wurden, als es Ariès darstellte. Z.B. arbeiteten jüngere Kinder manchmal weniger Stunden als ältere. Dennoch glaube ich, dass die Kritik von Ariès eher dazu beigetragen hat, diese Charakterisierung zu bestätigen, als sie zu widerlegen.

Darüber hinaus haben andere Quellen bewiesen, dass jenes Bild von Kindern, das Ariès so betonte – das Bild des Kindes als kleiner Erwachsener –, die Jahrhunderte hindurch vorherrschend war. Dieses Bild wird möglicherweise in der Präformationstheorien der Embryologie am deutlichsten. Jahrhundertelang glaubten viele Wissenschafter, dass ein winziger, völlig ausgeformter Mensch, der Homunculus, bei der Zeugung bereits im Sperma oder im Ei besteht (s. Fig. 7.1). Sie glaubten, dass der Mensch im Moment der Zeugung „vorgebildet" ist und bis zur Geburt nur mehr an Größe und Masse zunimmt.

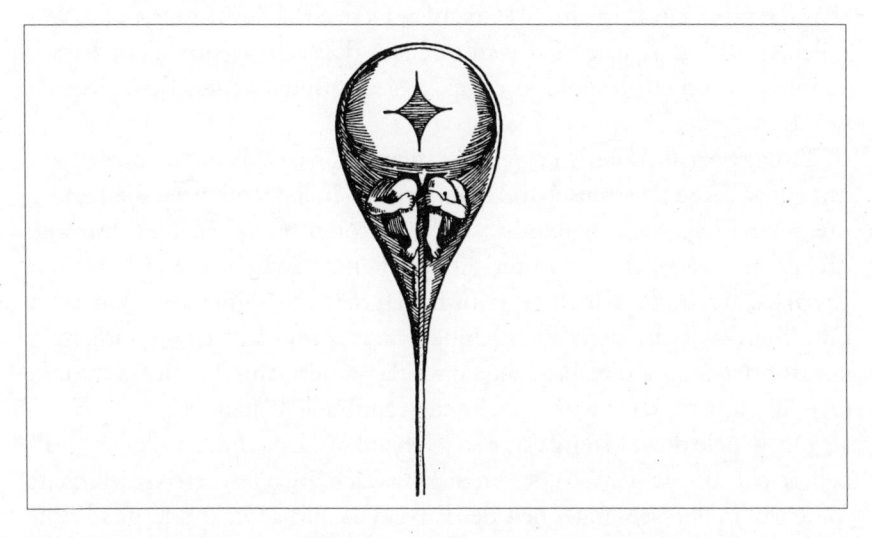

Fig. 7.1. Eine Zeichnung aus dem 17. Jhdt. zeigt einen völlig geformten Menschen in einem Samen. *Von Needham 1959, 206.*

Die Präformationshypothese in der Embryologie geht zumindest bis zum 5. Jhdt. vor Christus zurück und zieht sich Jahrhunderte lang durch das wissenschaftliche Denken. Sogar bis zum 18. Jhdt. waren die meisten Wissenschaftler noch von der präformationistischen Sichtweise geprägt. Sie gaben zu, dass sie keinen direkten Beweis für den völlig geformten Homunculus hatten, doch sie argumentierten damit, dass das nur der

Fall wäre, weil er transparent oder zu klein wäre, um ihn zu sehen. Die Präformationstheorie wurde erst aufgegeben, als Mikroskope zeigten, dass sich der Embryo stufenweise entwickelt. Wenn wir auf den „kleinen Erwachsenen" der früheren Zeiten zurückblicken, erachten wir diese Sichtweise oft als lächerlich und rückständig. Doch auch wir verfallen heute oft in dasselbe Denken, wenn wir z.B. von kleinen Kindern erwarten, wie wir bei Treffen mit anderen still sitzen zu können oder wenn wir annehmen, dass ihr Denken dem unseren entspricht. Während ich mich kürzlich z.B. an der Kasse eines Supermarktes anstellte, fiel mir eine Mutter neben mir auf, deren kleiner Sohn zahlreiche Gegenstände, die er interessant fand, in ihren Einkaufswagen tat. Die Mutter rief: „Was sollen diese Dinge hier? Du weißt genau, dass ich sie mir nicht leisten kann!" – als ob ein Kleinkind etwas über das Budget eines Erwachsenen wüsste.

Einige Sozialkritiker wie Neil Postman und Marie Winn sind der Meinung, dass unsere Gesellschaft allgemein in den letzten Jahren die Kinder mehr wie Erwachsene behandelt. Diese Autoren verweisen auf zahlreiche Trends und Moden, darunter Ähnlichkeiten zwischen Kindern und Erwachsenen in der Kleidung (z.B. tragen beide Designer-Jeans), die Art und Weise, wie das Fernsehen Kinder mit Sex und Erwachsenenthemen konfrontiert, und die Tatsache, dass das amerikanische Rechtssystem jugendliche Straftäter wie erwachsene Kriminelle behandelt.

Doch viele dieser Trends stoßen auch auf Widerstand. Auf keinen Fall beherrscht die Sichtweise „des kleinen Erwachsenen" unsere Gesellschaft so, wie es in der Vergangenheit der Fall gewesen ist. Die moderne Gesellschaft glaubt jedoch nicht, dass Kinder für das Leben als Erwachsener reif sind. Sie glaubt stattdessen, dass Kinder eine ausgedehnte Phase der Vorbereitung für die Zukunft benötigen. Kinder sind für uns nicht kleine Erwachsene, sondern zukünftige Erwachsene.

Kinder als zukünftige Erwachsene

Die moderne Sichtweise der Kindheit war die Folge der drastischen Veränderungen in der europäischen Wirtschaft. Während des Mittelalters erforderten die meisten Arbeiten – wie Viehzucht und Ackerbau, Tischlern, Hausarbeiten, Metallverarbeitung und Weben – das Beherrschen verschiedener Fertigkeiten, doch die Erwachsenen waren der Meinung, dass die Sechs- und Siebenjährigen sie beim Arbeiten erlernen könnten. Doch nach 1500 ungefähr zeigte die Arbeitswelt klare Anzeichen einer Veränderung. Mit der Erfindung des Buchdrucks, der Ausweitung des Handels und der Marktwirtschaft, dem Entstehen von Städten und Nationalstaaten kam das Arbeitsbild des „Schreibtischarbeiters" auf. Neue Möglichkeiten boten sich für Händler, Anwälte, Bankiers, Zeitungsschreiber und Leute im Verwaltungsdienst einer Herrschaft oder Regierung – Tätigkeiten, die Lesen, Schreiben und Mathematik erforderten. Die wachsende Mittelklasse sah, dass sie das Familienvermögen vergrößern konnte, wenn sie ihren Kindern jenes akademische Wissen angedeihen ließen, die diese neuen Beschäftigungen verlangten. Diese neue Nachfrage nach Bildung löste im 16. und 17. Jhdt. eine unglaubliche Zunahme an Schulen aus.

Das Ergebnis war, dass eine zunehmende Zahl an Eltern nicht mehr bereit war, ihre Kinder im Alter von sechs oder sieben Jahren zur Arbeit fortzuschicken. Eltern wollten, dass ihre Kinder zuerst zur Schule gingen. Die Eltern begannen, ihre Kinder in der Schule zu belassen bis sie zumindest zwölf Jahre alt waren und oft bis weit in die Jugendzeit hinein. Eltern hielten ihre Kinder, während sie sie auf die Zukunft vorbereiteten, von der Erwachsenenwelt zurück.

Es war wieder einmal Ariès, der die Forscher veranlasste, über diese Veränderungen nachzudenken. Ariès maß besondere Bedeutung der Zunahme der Schulen zu, da Schulen die Kinder von der Erwachsenenwelt fern hielten. Sobald die Eltern begannen, ihre Kinder zur Schule zu schicken, „war es somit entschieden, dass das Kind noch nicht für das Leben bereit war und dass es einer besonderen Behandlung unterzogen werden musste, einer Art von Quarantäne, bevor ihm erlaubt wurde, in den Kreis der Erwachsenen zu treten."[1] Diese Trennung der Kinder und ihre Unterbringung in eigenen Institutionen – Schulen – gab den Kindheitsjahren ihre eigene soziale Identität.

Ariès' Einblick in die Rolle der Schulen ist wichtig, doch ist sein Einblick auch begrenzt. Wie Martin Holyes beobachtet, erklärte Ariès nicht, was der Hauptgurnd für das Entstehen von Schulen war. Laut Meinung von Ariès ist das rasche Anwachsen der Schulen im 16. und 17. Jhdt. auf eine kleine Gruppe von Klerikern, Anwälten und Moralisten zurückzuführen. Ariès übersah grundsätzlich die grundlegendere, treibende Kraft – die starken Ambitionen der Mittelklasse. Mittelklasseeltern sahen, dass sich die Beschäftigungswelt veränderte und waren entschlossen, die Schulen zur Vorbereitung darauf zu benutzen.

In diesem Prozess löste die wachsende Mittelklasse eine revolutionäre Veränderung aus, was die Sichtweise über die Zeit in der westlichen Gesellschaft betraf. Es läutete die moderne Sicht ein, dass die wichtigste Zeitdimension nicht die Vergangenheit oder die Gegenwart ist, sondern die Zukunft.

Heute ist es für uns selbstverständlich, dass wir uns vorwiegend auf die Zukunft konzentrieren. Welche Eltern machen sich denn keine Gedanken um die zukünftigen Erfolge ihrer Kinder? Auch in unserem eigenen Leben nehmen wir ohne zu hinterfragen an, dass uns die Zukunft am meisten beschäftigen sollte. Wenige würden stolz von sich behaupten, dass es ihr Ziel im Leben ist, von einem Tag zum anderen oder in der Vergangenheit zu leben. Wir sind der Meinung, dass unsere Hauptgedanken und Hauptsorgen sich auf die Zukunft richten sollten. Was zählt, sind unsere Pläne, unsere Visionen und unsere Träume.

Doch wie die Anthropologin Florence Kluckhohn in ihrem wertwollen (wenn auch allgemein ignorierten) Werk über die kulturellen Werte 1961 betonte, ist die starke Konzentration auf die Zukunft nicht auf der ganzen Welt dieselbe. Obwohl alle Kulturen bis zu einem gewissen Ausmaß alle drei Zeitdimensionen berücksichtigen – die Vergangenheit, die Gegenwart und die Zukunft –, legen viele Kulturen ihren Schwerpunkt auf die Vergangenheit oder die Gegenwart. Tatsächlich betonte die feudalistische Gesellschaft des Mittelalters die Vergangenheit – nämlich die Tradition. Die Familien dachten nicht darüber nach, ihr Leben zu verbessern – das hätte der Wertlegung des Feudalismus auf die ehrwürdigen alten Wege widersprochen. Der Feudalismus unterstützte sogar die Idee, dass die Trennung der sozialen Schichten von Gott befohlen sei. Dies drückte eine Frau aus Ulster später in einem Gedicht folgendermaßen aus:

„The rich man in his castle,
 The poor man at his gate,
 God made them, high and lowly,
 And ordered their estate."
	Der Reiche lebt in seinem
	    Schloss,
	 der Arme bettelt an seinem Tor.
	 Gott schuf sie,
	    hoch und niedrig,
	 und setzte sie in ihren Stand.

Deswegen waren die Gedanken der Mittelklassefamilien, die die Bildung als eine Gelegenheit erachteten, das Ansehen ihrer Familie zu heben, neu und gewagt. Es brachte die feudalistischen Werte ins Wanken. Mittelklasseeltern waren der Meinung, dass es nicht mehr die Vergangenheit, sondern die Zukunft sei, die wichtig wäre. Sie sagten, dass das auf ihre Kinder zutraf und es traf später auch schließlich auf die westliche Gesellschaft im Allgemeinen zu.

Um ein detaillierteres Bild davon zu bekommen, wie die Mittelklasse ihren Einfluss ausübte, ist es möglicherweise hilfreich, einen Blick darauf zu werfen, wie es die Veränderungen in den Schulen während der frühen Neuzeit zwischen ungefähr 1500 und 1850 hervorrief.

Die Entwicklung der Schulen

Während des Mittelalters bildeten die Schulen in erster Linie jene aus, die in die Kirche eintraten, was nur ein kleiner Teil der Bevölkerung war. Als dann im 16. und 17. Jhdt. neue Schulen versuchten, der gestiegenen Nachfrage nach Bildung nachzukommen, wussten die Schulen größtenteils nicht mehr weiter, wie sie vorgehen sollten. Die meisten Schulen behandelten die Kinder, als ob sie bereits die Reife eines Erwachsenen hätten (und widerspiegelten somit das Fortbestehen der Sichtweise des

„Kleinen Erwachsenen"). Sie prüften Schüler, sogar bereits Sieben- und Achtjährige, in klassischem Latein und Altgriechisch und erwarteten von ihnen, dass sie die Regeln der lateinischen Grammatik lernten. Dass die Kinder kein Interesse an diesen Lektionen fanden und dass sie den Stoff, den sie meistens auswendig lernen mussten, nicht verstanden, waren Tatsachen, die nur wenige Lehrer störten.

Kinder wurden auch häufig wie Erwachsene gekleidet. Man erwartete von ihnen, dass sie bis zu zehn oder zwölf Stunden mit wenigen Pausen dazwischen ruhig auf ihren Bänken saßen. Wenn die Kinder unruhig wurden, fragten sich die Lehrer nicht, warum dies so war. Stattdessen sahen sie den Bedarf an Disziplin – für Schläge. Tatsächlich wurden Schläge schnell so üblich in den Schulen, dass sie als Poena scholastica[2], die schulische Bestrafung, bekannt wurden.

Hie und da bewiesen Beobachter des 16. und 17. Jhdts. Verständnis für die Not der Kinder. Shakespeare schrieb über den Schuljungen, „der wie eine Schlange kroch und nicht in die Schule wollte". Thomas Moore verewigte den Wunsch eines Kindes, dass „all diese hassenswerten Bücher zu Staub verbrennen mögen". Es gab jedoch auch ein paar wenige Pädagogen – Menschen wie Vives, Comenius und Fénelon – die den Kindern die Bildung erleichtern wollten. Unter diesen wird Comenius weithin als der Gründlichste anerkannt: Seine Erfahrungen und seine Arbeit beschreiben Probleme der Kinder von damals.

John Amos Comenius (1592–1670) wurde in Mähren geboren, einem Teil der heutigen Republik Tschechien. Bis zum Alter von zwölf Jahren bekam er keinen formellen Unterricht. In diesem Alter verstarben seine beiden Eltern und er wurde von nun an zur Schule geschickt – zuerst in eine Dorfschule, dann in eine höhere. Comenius hasste beide Einrichtungen. Da er jedoch älter als die meisten anderen Jungen war, war er wahrscheinlich eher in der Lage, kritischer über die Praktiken nachzudenken. Er erinnerte sich später mit Grauem, wie die Lehrer die Kinder zwangen, sich mit viel zu schwierigen Lektionen abzumühen. Wenn sie dann sahen, dass die Kinder sie nicht verstanden, verloren sie die Geduld und schlugen die Kinder. Comenius verglich ihr Verhalten mit dem eines Kindermädchens, das versucht, einen Säugling zum gehen zu zwingen, bevor das Baby dazu bereit ist, und das Baby schlägt, wenn es hinfällt.

Auch ohne Schläge, so meinte Comenius[3], war der Unterricht so „überladen mit langatmigen Regeln, mit Kommentaren und Anmerkungen zu den Kommentaren," und „verzwickten Fragen", dass „wir armen Teufel so verwirrt waren, dass wir kaum verstanden, um was es da überhaupt ging". Die Schüler wurden gezwungen, bis „zum Umfallen Diktate zu schreiben und Stoff auswendig zu lernen und in einigen Fällen verursachte man damit, dass Kinder wahnsinnig [wurden]". Comenius selbst war ein ausgezeichneter Schüler, doch er bezeichnete sich selbst als „einen von den vielen Tausenden, die den süßesten Frühling ihres ganzen Lebens erbärmlich verloren haben und die frischen Jahre der Jugend an akademischen Nichtigkeiten verschwendeten".

Als Antwort darauf widmete Comenius sein Leben als Erwachsener der Verbesserung der Bildung. Wie er auf der Titelseite seines Buches Didactica Magna (1657) ankündigte, war sein Ziel, zu zeigen, wie all die Gegenstände „schnell, angenehm und sorgfältig" erlernt werden konnten. Comenius argumentierte, dass Schüler viel einfacher lesen und schreiben lernen, wenn sie diese Fertigkeiten zuerst in ihrer Muttersprache und dann erst in Latein lernen würden. Er schlug auch vor, dass alle Lektionen schrittweise erfolgen und so vom Leichten zum Schwierigen führen sollten. Er entwickelte eine Reihe von neuen Büchern. Eines seiner Werke, das Orbis Pictus (1658) war das erste Bilderlesebuch für Kinder der Welt. Comenius wollte, dass Anfänger die Gegenstände sehen konnten, während sie die Namen der Gegenstände lernen. Er forderte schließlich die Schulen auf, auch Mädchen aufzunehmen.

Doch Comenius war seiner Zeit weit voraus. Seine Arbeit gewann die Aufmerksamkeit zahlreicher nationaler Würdenträger, doch er erreichte nicht, dass seine Ideen umgesetzt wurden. Er versuchte, eine Schule in Sarospatak, Ungarn, einzurichten, doch die Lehrer konnten seinem Programm nicht folgen und die Schule löste sich auf. Nur seine Bücher hatten einen unmittelbaren Einfluss. Besonders sein Orbis Pictus war ungemein beliebt. Dennoch stand es als isolierte Einzelleistung da. Mehr als ein Jahrhundert nach seinem Erscheinen gab es nur wenige Bemühungen, ähnliche Bücher zu schreiben und niemand versuchte, dieses Werk für sich als Vorbild zu nehmen. Es war beinahe so, als ob das Orbis

Pictus von einer außerirdischen Intelligenz geschaffen worden und vom Himmel gefallen sei.

Die Hauptveränderungen in der Bildung des 17. und 18. Jhdts. wurden nicht von Menschen ausgelöst, die wie Comenius um die Erfahrung der Kinder besorgt waren, sondern wurden von jenen initiiert, deren Blick fest auf die Beschäftigungswelt gerichtet war. Besonders Mittelklasseeltern konzentrierten sich auf die Veränderung der Gesellschaft und wollten, dass ihre Kinder darauf vorbereitet wären. Wie Ivy Pinchbeck und Margaret Hewitt über England im 17. Jhdt. schrieben, „schickten die klugen, vorausdenkenden Eltern ihre Kinder in Schulen, die zu Recht oder Unrecht Anspruch erhoben, mit der Zeit zu gehen".

Der Lateinunterricht während der ersten Schuljahre z.B. nahm ab, doch nicht weil die Schulen von den Ideen von Comenius oder ähnlich eingestellten Lehrern beeindruckt gewesen wären, sondern weil Eltern und Lehrer sahen, dass Latein in der Gesellschaft der Erwachsenen immer unwichtiger wurde. Als die nationalen Regierungen der Kirche die Macht entzogen, gewannen lebende Fremdsprachen in offiziellen und kommerziellen Transaktionen zunehmend an Bedeutung. Deswegen wollten Eltern, dass ihre Kinder Sprachen lernten, die in der sich verändernden Beschäftigungswelt nützlich wären. So schufen die Mittelklassefamilien den Markt für neue, private Schulen, deren Schwerpunkt die modernen Sprachen waren.

Auch die Aristokratie wollte Schulen, die ihre Kinder auf die sich verändernde Gesellschaft vorbereiteten. Die Aristokratie war nicht besonders begeistert über die sozialen Veränderungen; sie stand kurz davor, viel an Status und Macht an die wachsende Mittelklasse zu verlieren. Doch die Aristokratie versuchte, sich anzupassen. Diese Eltern hatten kein Interesse an einer Bildung, die für einen zukünftigen Mönch gedacht war; sie wollten, dass ihre Kinder für einen Platz am zeitgenössischen Gerichtshof oder im Staat gerüstet wären.

Deswegen entstanden neue Schulen, die die Bedürfnisse der Aristokraten befriedigten. Diese Schulen unterrichteten noch immer Latein, doch sie legten großen Wert auf moderne Sprachen und ersetzten die alten Bibelstudien durch das Studium der Naturwissenschaften und legten besonderes Augenmerk auf die praktische Anwendung. Die Schulen legten auch großen Wert auf Geschichte, Politik, Geographie und Rechtsprechung – Gegenstände, die einer zukünftigen Führungspersönlichkeit im Staatsdienst einer Nation dienlich sein würden.

Nicht alle Erwachsenen des 17. Jhdts. konzentrierten sich ausschließlich auf die Bildung ihrer eigenen Kinder. Zahlreiche europäische religiöse und politische Persönlichkeiten waren der Meinung, dass die Bildung der größeren sozialen Ordnung dienen könnte, besonders in den Städten, wo Armut und die Gesetzlosigkeit verbreitet waren. Die Polizei konnte nur wenig ausrichten. Man erhoffte, dass Schulbildung die Kinder der Armen in fromme und ernsthafte Arbeiter verwandeln würde. Das Ergebnis war die Zunahme von „Wohlfahrtsschulen"[4], wie die Engländer sie nannten, die armen Jungen, und manchmal auch Mädchen, einige wenige Jahre Unterricht boten. Üblicherweise erhielten die Fünf- bis Zwölfjährigen etwas Religionsunterricht sowie Unterweisung in Lesen, Schreiben, Rechnen und manchmal in einem Handwerk. Da niemand von den armen Kindern erwartete, dass sie es im Leben weit brächten, wurde die Bildung bescheiden gehalten. Auf Latein und Altgriechisch, das in den höheren Schulen unterrichtet wurde, wurde hier verzichtet. Die Kinder wurden in ihrer eigenen Sprache unterrichtet.

Doch bald stellte sich heraus, dass diese für die Armen konzipierten Schulen von Mittelklassekindern besucht wurden. Ein Kirchenbeamter, der 1675 eine französische Wohlfahrtsschule besichtigte, fand keine Kinder in Lumpen. Als er die Schulleiterin darauf ansprach, war ihre Antwort, dass „sie nicht wusste, wie arm sie tatsächlich waren". Der Grund für diese hohe Anzahl an Mittelklassekindern war nach dem Geistlichen Claude Joy, dass die Schulen kostenlos waren: „Wenn etwas kostenlos ist, will es jeder." Das mag zwar so gewesen sein, doch es ist erstaunlich, dass die Mittelklassefamilien ihre Kinder in Schulen schickten, die für andere gedacht waren.

Die Zukunft legitimieren: das Versprechen der Technologie

Während der frühen Neuzeit (von ungefähr 1500 bis 1750) war es grundsätzlich die Mittelklasse, die die Zunahme und die Form der Schulen vorantrieb. Die aufstrebende Mittelklasse, die Bourgeoisie, nutzte die Schule sehr energisch zur Verbesserung der Zukunftsaussichten ihrer Kinder. In diesem Prozess begründete die Mittelklasse die Denkweise der westlichen Gesellschaft, dass die Zukunft wirklich von Bedeutung ist.

Doch die Bourgeoisie allein konnte das nicht bewerkstelligen. Sie erhoffte sich eine schönere Zukunft für sich selbst und ihre Kinder, doch sie gab der Zukunftsorientierung keine moralische Legitimität. Schließlich geriet die Bourgeoisie oft in Verruf, dass es ihr an moralischen Werten fehlte. Sie wurde besonders von den Aristokraten als eine unehrenhafte Schar von Familien angegriffen, die nur ihre eigenen Interessen leben und ihren finanziellen Gewinn suchen – als habgierige Menschen, die keinen Respekt für Loyalität, Ehre oder Tradition hatten. Elinor Barber sagt, dass im Frankreich des 18. Jhdts. die Neureichen selbst oft über ihren Status beschämt waren. Viele versuchten, einen Adelstitel zu erwerben, während andere ihre Abstammung erforschten, um zu zeigen, dass auch sie wie der Adel eine lange Ahnenreihe hatten – selbst wenn ihre Vorfahren Kriminelle waren.

Um an Legitimität zu gewinnen, benötigte die Bourgeoisie eine Ideologie, die ihrer eigenen moralischen Stellung eine Zukunftsorientierung geben würde. Diese Ideologie lieferten die Intellektuellen der Aufklärung des 18. Jhdts. Diese Gruppe freidenkender Gelehrter, Volkswirtschaftler, Publizisten und Autoren – bekannt unter dem französischen Begriff *philosophe* – versammelte sich in erster Linie in Paris und griff die traditionelle Autorität der feudalen Kirche und des Staates an. Die Philosophen argumentierten, diese Institutionen sorgten für den Dogmatismus und den Aberglauben in der Welt. Deswegen unterdrückten diese Institutionen nicht nur das freie und rationale Denken, sondern verhinderten auch den Fortschritt. Wenn man dem feudalen Regime die Autorität entziehen könnte, meinten die Philosophen, könnten der Verstand und die Wissenschaft dafür sorgen, eine bessere Welt für alle zuschaffen.

Im Bereich der Wirtschaft z.B. argumentierten François Quesnay (1694 bis 1774) und andere Philosophen, dass die wissenschaftliche Analyse die natürlichen Vorteile des Laisser-faire aufgezeigt hat. Wenn Menschen frei sind, ihren eigenen Interessen nachzugehen, produzieren sie den größten Wohlstand für die gesamte Gesellschaft. Quesnay betonte, dass dies ein wissenschaftliches Gesetz sei. Auf ähnliche Weise glaubten die Philosophen, dass sie die wissenschaftlichen Analysen auf die Gesellschaft anwenden und Kriminalität und soziale Missstände lindern könnten.

Das Hauptmedium des Aufklärungsdenken war die *Encyclopedia*[6], die auch Schriften von Quesnay, Voltaire, Montesquieu und vieler anderer Autoren beinhaltete. Doch die Hauptfunktion der *Encyclopedia* war nicht die Veröffentlichung von theoretischen Schriften, sondern die Verbreitung der neuen technischen Errungenschaften. Unter der unermüdlichen Führung ihres Chefeditors Denis Diderot (1713 bis 1784) veröffentlichte die *Encyclopedia* 22 Textbände und elf Bildbände. Beinahe alle Bilder bildeten technische Innovationen ab. Großartige Tafeln zeigten die neuesten Kanäle, Werkstätten, Labors, Werkzeuge und Maschinen. Die *Encyclopedia* versuchte, den Fortschritt zu kommentieren, den die Technik bereits gemacht hatte, und die Aufmerksamkeit auf das ungeheure Potential der Technik zu lenken.

Es ist erwähnenswert, dass Diderot den ersten Band der Encyclopedia 1751 veröffentlichte, 14 Jahre vor James Watts Erfindung der Dampfmaschine, die viele Historiker als die treibende Kraft der Industriellen Revolution betrachten. Insofern glaubte Diderot schon sehr früh an die Zukunftsaussichten der Technik. Er besuchte Werkstätten und lernte sogar, einige der neuesten Maschinen selbst zu bedienen. Er ließ zahlreiche Artikel von berühmten Autoren auf dem Gebiet der Technik sowie auch von Menschen verfassen, die in den manuellen Künsten und Handwerken tätig waren. Natürlich ging die Begeisterung der *Encyclopedia* manchmal etwas zu weit. Wie D. C. Coleman beobachtet, glorifizierten einige der Illustrationen die neuen Maschinen, bildeten sie größer ab oder brachten sie in den Zusammenhang eines vorteilhaften Arbeitsumfeldes, als es tatsächlich der Fall war. Dennoch war die Sammlung von technischen Informationen in der *Encyclopedia* eine außergewöhnliche Leistung.

Diderot und viele andere Philosophen bewiesen ungewöhnlichen Mut. Ihre Werke wurden häufig verboten und sie verhaftet. Doch sie hielten weiter daran fest, weil sie an ihre Ideen und Ideale glaubten.

Gleichzeitig ist es einfach zu durchschauen, inwiefern ihre Sichtweisen die wirtschaftlichen Interessen der aufstrebenden Bourgeoisie rechtfertigten. Die Philosophen brachten die Profitgier der neuen Kapitalisten, die vielen als selbstsüchtig erschien, in ein neues Licht und meinten, dass genau dann der Wohlstand der gesamten Gesellschaft am stärksten wächst, wenn Menschen die Freiheit haben, ihren eigenen finanziellen Interessen nachzugehen. Wenn irgendjemand die Bourgeoisie wegen ihrer kritischen Haltung gegenüber der Vergangenheit kritisierte, entkräfteten die Philosophen ihre Argumente und meinten, dass gerade die Vergangenheit mit ihrem Dogmatismus und der Intoleranz überwunden werden muss. Stattdessen sollten die Menschen an den Fortschritt glauben – besonders an den technischen Fortschritt. Indem die Bourgeoisie Kapital in neue Erfindungen und Produkte investierte, gelangte man einen Schritt weiter: Es trug zu einer helleren Zukunft bei.

Da war jedoch eine größere Stimme, die von dieser Strömung abwich – nämlich Rousseau. Er steuerte zu Beginn der *Encyclopedia* einige Artikel bei (hauptsächlich über Musik) und teilte die Opposition der anderen Intellektuellen der Aufklärung gegenüber den feudalen Autoritäten. Doch Rousseau hinterfragte den neuen Glauben an den Fortschritt. Seiner Ansicht nach machte das Vorwärtsdrängen der Zivilisationen alles schlimmer, nicht besser. Als die Arbeit spezialisierter wurde, wurden die Menschen voneinander und von der äußeren Meinung abhängiger. Sie verloren ihre Fähigkeit, für sich selbst zu sorgen und zu denken. Rousseau argumentierte, dass es besser wäre, anstatt an den Fortschritt zu glauben, wenn die Menschen irgendwie wieder zu den Aspekten eines einfacheren, bäuerlichen Lebens zurückkehren könnten, wie es in einer Zeit stattfand, als die Menschen noch selbständiger waren.

Wie in der Einleitung erwähnt, hinterfragte Rousseau auch die starke Ausrichtung auf die Zukunft im Hinblick auf Bildung. Wenn wir uns zu intensiv darauf konzentrieren, was die Kinder für die Arbeitswelt von morgen benötigen, übersehen wir, dass sie sich zu starken, unabhängigen Individuen entwickeln. Rousseau forderte uns, den Grundplan der Natur für eine gesunde Entwicklung zu betrachten. Die Natur leitet das Kind im Inneren, verschiedene Fähigkeiten in verschiedenen Phasen zu entwickeln. Wir sollten diese Entwicklung in der derzeitigen Phase unterstützen.

Rousseau lenkte also die Aufmerksamkeit auf den natürlichen Entwicklungsplan des Kindes und lehnte jene zwei Sichtweisen über Kindheit ab, die wir besprochen haben. Er wollte, dass wir damit aufhören, Kinder wie kleine Erwachsene oder wie zukünftige Erwachsene zu betrachten. Kinder sind Menschen mit eigenen Interessen und einer eigenen Art zu lernen, die ihrer Lebensphase angemessen ist. „Die Natur hat es so eingerichtet, dass Menschen zuerst Kinder sind, bevor sie zu Männern werden."[7] Wir sollten sie als solche behandeln.

Die Werke Rousseaus hatten Auswirkungen auf die Gesellschaft. Sie inspirierten die Strömung der Romantik in den Geisteswissenschaften und den kindzentrierten Ansatz in der Pädagogik. Doch es waren die dominanten Themen der Aufklärung – die Aussicht auf eine bessere Zukunft und der Glaube an die Technik, diese zu schaffen –, die das moderne Denken erfassten.

Mit besonderem Eifer

Besonders in den USA ist die Gesellschaft ausgesprochen zukunftsorientiert. Diese Nation wurde von Menschen geschaffen, die auf der Suche nach einer besseren Zukunft waren – Menschen, die einfach nur zusammenpacken und weiter nach Westen ziehen mussten, wenn sie mit dem Land, das sie anfangs besiedelt hatten, unzufrieden waren. Zwei große Erfindungen der Industriellen Revolution, das Dampfschiff und die Eisenbahn sowie andere technische Errungenschaften wie Waffen und Sprengstoffe, ermöglichten den Menschen, zu reisen und befähigten die Pioniere, neue Territorien zu erobern. Großartige neue Erfindungen (wie das Flugzeug, das Telefon und das Auto) überzeugten uns, dass unsere Hoffnungen auf die Zukunft wohl begründet waren.

Die Ausrichtung auf die Zukunft durchdringt unser alltägliches Denken. Wir glauben, dass wir ständig unseren Blick auf das werfen müssen, was vor uns liegt. Wir müssen an jede Aufgabe mit einem Plan, einem Ziel oder einer Vision herangehen. Wir bewundern Trendsetter, die immer eine Nasenlänge voraus sind. Wir rühmen uns als vorausblickende Menschen und begrüßen die technologischen Erneuerungen, die uns nach vorne bringen werden. Tatsächlich betrachten wir nun schon die Zukunft selbst als Synonym für Technologie und sprechen von der „High-Tech-Welt von morgen" und vom „neuen Informationszeitalter", wie es in der Sprache der Computertechnologie heißt.

Die Bilder der Zukunft sind überall. High-Tech-Gesellschaften bewerben ihre Produkte als „die Welt der Zukunft" und „Bindeglieder zur Welt von morgen". Sogar professionelle Werbungen in den Bereichen Psychologie und Bildung versuchen uns mit Titeln wie *Neue Richtungen darin* und *aufkommende Trends dorthin* zu beeindrucken. Diese Titel fesseln unsere Aufmerksamkeit und rufen bei den meisten von uns eine Besorgnis, ein Gefühl hervor, dass wir diese Veröffentlichung lesen müssen oder das Schlimmste, das uns zustoßen kann, wird sonst eintreten: Wir werden zurückbleiben. Durch solche Anzeigen und Werbungen wird uns Tag für Tag in unser Gehirn gehämmert, dass die Zukunft eine Zeitdimension ist, um die wir uns Gedanken machen sollten.

In einer Gesellschaft, die so stark und durchdringend auf die Zukunft orientiert ist, ist es schwierig, sich eine Bildung mit anderen Maßstäben vorzustellen. Es ist schwierig, die Bildung unter dem Gesichtspunkt zu betrachten, welche Interessen und Fähigkeiten in der jezigen Phase förderlich sind. Es ist besonders schwierig, an Alternativen zu denken, wenn die technologische Vorherrschaft der USA in Gefahr ist, und dies geschah in den letzten 50 Jahren zwei Mal.

Zum ersten Mal 1957, als die Sowjetunion den Sputnik, den ersten Erdumkreisenden Satelliten, in das Weltall schoss. Die Russen hatten die Führung im Rennen um das Weltall übernommen. Als Antwort darauf setzten die US-Politiker die Schulen unter Druck, Erwachsene heranzubilden, die die Vorherrschaft der USA wiederherstellen würden. College-Professoren entwarfen die „Neue Mathematik" und die „Neue Naturwissenschaft", um bereits den Grundschulkindern theoretisch hochstehende Konzepte beizubringen. Doch die Kinder verstanden nur wenig von dem neuen Stoff. Tatsächlich war er so abstrakt, dass auch die Eltern ihren Kindern nicht mehr helfen konnten. Deswegen schlugen die neuen Curriculumreformen fehl. Dennoch begannen Bildungsreformen in den frühen 60er Jahren die Kinder bereits in der Grundschule in die akademischen Grundlagen einzuführen.

Die späten 60er und die frühen 70er Jahre, als die USA in den Vietnamkrieg verstrickt waren, stellten eine Zeit radikaler Hinterfragung dar. Im Bildungsbereich bezweifelten einige die traditionellen Ansätze und unternahmen neue Experimente auf dem Gebiet der kindzentrierten Erziehung. Das heißt, Schulen versuchten, die Bildung auf die spontanen Interessen der Kinder und auf die natürlichen Weisen des Lernens abzustimmen. Diese Experimente dominierten jedoch nie die Bildungsszene. Mitte der 70er Jahre begann dann die zweite Krise.

Japan und Westdeutschland begannen, die USA in der Automobil- und der High-Tech-Industrie zu überholen. Wieder einmal verdächtigten die amerikanischen Politiker die Schulen (anstatt ihre eigene Politik), die Ursache des Problems zu sein. Sie nahmen an, dass die Schulen nicht ausreichend ausgebildete und gebildete Arbeitskräfte heranzögen, um in der globalen Wirtschaft wettbewerbsfähig sein zu können. „Zurück zur Basis" war der Ruf aller und die Schulen begannen, sich intensiv auf Lesen, Schreiben und Rechnen zu konzentrieren. Der Staat und die lokalen Regierungen ordneten zunehmend standardisierte Tests und Förderunterricht für jene Kinder an, die die entsprechenden Punkte nicht erreichten.

Seitdem nehmen der Druck, die akademischen Maßstäbe anzuheben, und die Testanforderungen ständig zu. Der Bundesbericht *A Nation at Risk* aus dem Jahr 1983 war ein Aufruf „an alle, denen Amerika und seine Zukunft wichtig ist", mehr von den Kindern zu verlangen. Eine Vielzahl ähnlicher Berichte folgte und der Trend, die Standards zu heben, fand starke Unterstützung von Seiten der wichtigsten politischen

Parteien. Während der 90er Jahre entwickelte die erste Bush- und Clinton-Regierung ehrgeizige nationale Ziele, einschließlich des Zieles, die USA zur führenden Nation der Welt auf dem Gebiet der Mathematik und der Wissenschaft zu machen. Die USA erreichten dieses Ziel nicht, doch der Normungstrend entwickelt sich rasant weiter. Die Regierung beinahe jedes Bundesstaates in den USA[8] hat höhere akademische Standards und strengere standardisierte Tests festgelegt, um den Fortschritt der Schüler zu messen. Zunehmend machen Staaten den Highschool-Abschluss und das Aufsteigen in die nächste Schulstufe von bestimmten Prüfungsnoten abhängig. Wenn dieser Normungstrend im Geringsten ins Stocken gerät, rufen die engagierten Befürworter wie Louis V. Gerstner, jr, der ehemalige CEO von IBM, die führenden Politiker zusammen, um sich gegenseitig darin zu bestärken, Schüler auf die technologisch fortgeschrittene Wirtschaft von morgen vorzubereiten.

Einige haben kritisiert, dass der Normungstrend aus zu viel Rhetorik und zu wenig konkreten Anforderungen an Schulen und Kinder besteht. Das standardisierte Prüfen dominiert jedoch den Unterricht und das vorrangige Ziel des Normungstrends – die Kinder auf eine wettbewerbsfähige Zukunft vorzubereiten – hat auch eine ganz reale Auswirkung auf die Kinder. Kinder machen sich in immer jüngerem Alter Sorgen um die Zukunft. Die New York Times hat kürzlich Diskussionen am runden Tisch mit Sechstklässlern in verschiedenen Staaten durchgeführt und festgestellt, dass viele Kinder sich *bereits* in diesem Alter um ihre Aufnahme ins College Sorgen machten. Viele Schüler waren so sehr besorgt um ihre schulischen Leistungen, dass sie unter Kopfschmerzen und Schlaflosigkeit litten. Sie beklagten die Maßlosigkeit der akademischen Ansprüche. Ein Mädchen drückte dies folgendermaßen aus: „Es wird alles in dein Gehirn hineingestopft. Es ist zuviel, um es aufzunehmen." Währenddessen verpassen die Kinder jene Erfahrungen – Spiel, künstlerische Aktivitäten, die Erforschung der Natur –, die für sie so erfüllend sind.

Kapitel 8

Die Technologie hinterfragen

Zu viele Computer

Allen Ginsberg

Wenn wir den Kindern helfen möchten, sich zu entwickeln, müssen wir eine kritischere Einstellung gegenüber der modernen Technologie annehmen. Wir müssen das Profiwerkzeug der Technologie, den Computer, näher betrachten sowie auch die Werte, die die moderne Technologie im Allgemeinen fördert.

Computer

Beinahe alle Pädagogen wünschen sich mehr Computer in den Schulen. Tatsächlich erachten viele Menschen den Computer als so zentral, dass sie die sozialen Ungleichheiten mit den Ungleichheiten im Zugang zu Computern in Zusammenhang bringen – „die digitale Trennung". Es besteht kein Zweifel, dass Computer erstaunliche Leistungen erbringen. Sie können auf Knopfdruck eine Fülle von Informationen und eine Vielzahl an Graphiken liefern. Sie machen auch Spaß. Per Knopfdruck lenken wir attraktive Bilder, Texte und Statistiken, was uns das Gefühl gibt, magische Kräfte zu besitzen.

Doch Computer schaffen auch Probleme – und zwar vor allem das materielle Erscheinungsbild des Computers. Das Kind am Monitor wird in einer künstlichen, sterilen Umgebung festgehalten. Da gibt es nichts außer Plastik und Metall. Da gibt es, wie John Davy es ausdrückte, „keinen Windhauch und kein Vogelgezwitscher … keinen Kontakt mit der Erde, dem Wasser, dem Sonnenlicht, der Wärme, keine wirkliche Ökologie."

Die Sterilität der Computerumgebung ist besonders für Kinder unter ungefähr sieben Jahren besorgniserregend, da ihre Sinne noch in der Entwicklung sind. Am Monitor lernen die Kinder die Welt durch Symbole kennen – Bilder und Worte – auf einem Bildschirm. Die Bilder können attraktiv sein, doch die Kinder bekommen kein Gefühl davon, wie sich die Dinge anfühlen, riechen, wie schwer sie sind, noch können sie auf ihre Bewegungen reagieren. Ein Bild von einem Teich ist kein Ersatz für die Stimulierung der Sinne durch einen echten Teich – die Brise und der Dunst des Wassers, das Gefühl für den Schlamm und Boden am Ufer des Wassers. Das Bild eines Vogels oder sogar ein Video über einen Vogel ist kein Ersatz dafür, einem echten Vogel nah zu sein, seine Bewegungen zu beobachten, zu bemerken, wie er auf Geräusche, Anblicke und Windströmungen reagiert sowie auf unsere eigene Anwesenheit und unsere eigenen Bewegungen.

Das Computerwissen bleibt auch nach dem Alter von sieben bis acht Jahren weiterhin problematisch. Schulen verwenden zunehmend Computer, um eine Vielzahl an Fakten und Konzepten zu präsentieren, doch all dies nur auf dem Niveau von Symbolen. Die Computer verschaffen Kindern einen großen Einblick in Biologie, Geographie und andere Wissenschaften, doch welche Art von Wissen ist es, wenn Kindern die wichtige Erfahrung mit Wasser, Wind, Tieren und anderen Elementen der Natur fehlt? Ähnlich ist es in der Physik. Was bedeutet es für Kinder, die physikalischen Prinzipien wie Geschwindigkeit, Kraft und Gleichgewicht zu erlernen, ohne Erfahrung im Werfen, Hämmern, Schaukeln und Klettern zu haben? Das Kind lernt Wörter und Symbole ohne die persönliche, körperliche und sinnliche Erfahrung zu haben, die den Symbolen Bedeutung verleiht. Es besteht die Gefahr, dass das Kind allein auf Denk-Niveau lernt. Es wird zu einem entkörperten Geist.

Wenn ich mit meinen Kollegen über die Probleme mit der Computerumgebung spreche, sagen sie oft: „Ja, aber der Computer muss ja nicht das Einzige sein, womit das Kind seine Zeit verbringt. Warum können Kinder nicht vom Computer lernen und auch viel Zeit damit verbringen, draußen zu spielen, wo sie die Natur erforschen können und ein Gefühl dafür und die körperliche Erfahrung bekommen können?" Theoretisch ist das natürlich möglich, doch in der Praxis ist es heutzutage so, dass Kinder immer mehr Zeit drinnen am Computer verbringen. Selbst wenn sie ihre Hausaufgaben nicht am Computer machen, surfen sie doch im Internet, spielen Videospiele oder „sprechen" mit ihren Freunden via E-Mail. Die restliche Zeit schauen sie fern. Der Computer und die elektronischen Medien verleiten das Kind, in einer relativ sterilen Innenraumumgebung zu bleiben.

Ich glaube das Problem ist so ernst, dass Eltern und Erzieher die Zeiten eingrenzen sollten, die die Kinder in einer künstlichen Umgebung verbringen. Viele amerikanische Waldorfschulen (Schulen, die von Rudolf Steiner gegründet wurden) erlauben in den ersten acht Schuljahren keinen Computer. Wenige andere Schulen würden etwas so restriktiv durchsetzen. Doch wir müssen eine Grenze setzen, wie viel Zeit Kinder in der frühen Kindheit in künstlicher, elektronischer Umgebung verbringen, sodass sie ausreichend Möglichkeiten haben, ihre Sinne zu entwickeln, durch körperliche Aktivitäten zu lernen und eine Bindung zur Natur aufbauen zu können. Eine Gruppe, die sich für Kinder stark macht, ist die Alliance for Childhood. Sie hat sich für ein Moratorium[1] bezüglich der weiteren Einführung von Computern in der Vor- und Grundschulbildung ausgesprochen, bis mehr über die Auswirkungen bekannt ist.

Technologische Werte

Hinter der fortschrittlichen technischen Ausrüstung – hinter den Computern, elektronischen Mikroskopen und Cyclotronen – stehen einige Werte, deren Existenz oft geleugnet wird. Die Befürworter der Technologie erheben oft den Anspruch, dass Technologie wertneutral ist: sie bestehe nur aus Werkzeugen und Techniken, die für gute oder schlechte Zwecke benutzt werden könne, je nachdem, in wessen Hände die Technologie fällt. Doch Gelehrte wie Lewis Mumford und Neil Postman sind nachdrücklich der Meinung, dass die moderne Technologie eine Reihe von Werten vorantreibt. Die Werte sind nicht traditioneller Natur, wie Bescheidenheit und Gerechtigkeit, sondern sie sind die Werte der Zukunft, wie Geschwindigkeit, Effizienz, rationales Denken, objektive Analysen und die Beherrschung der Umwelt.

Ich bin der Meinung, dass die Betrachtung von Werten von immensem praktischen Wert ist. Z.B. sprechen die Verwaltungsbeamten und die Dekane meiner Universität bei Treffen, bei denen die Leitung diskutiert wird, oft über die effizienteste Art zu lehren. Effizienz kann durch Erhöhung der Klassenstärke, Campusangeboten, durch Fernstudien u.a. erreicht werden. Es ist oft hilfreich zu beobachten, dass Effizienz, nur ein Wert von vielen ist, selbst wenn er in dieser technologischen Gesellschaft noch so sehr geschätzt wird. Wir sollten auch andere Werte in Betracht ziehen, wie z.B. den Wert, den wir der Fähigkeit eines Studenten beimessen, kritisch und umfassend zu denken. Die Entwicklung solcher Fähigkeiten erfordert möglicherweise kleine Gruppen, individuelle Fähigkeitsförderung und andere Ansätze, die nicht notwendigerweise die effizientesten sind.

Lassen sie uns drei technologische Werte und ihren Einfluss auf Kinder betrachten.

1. Die Zukunft

Ich habe bereits die Vorrangstellung der Zukunft erläutert und auch wie sie unsere Sicht der Kinder verzerrt. Unser Blick ist so auf die Zukunft der Kinder fixiert, dass wir die Erfahrungen übersehen, die sie in der gegenwärtigen Phase benötigen, wie reichhaltige Erfahrungen in der Natur und künstlerische Tätigkeiten. Was ich hier betonen möchte, ist, dass unsere moderne Lieblingsbeschäftigung, sich über die Zukunft Gedanken zu machen, ein Wert ist, der von der Technologie mit vorangetrieben wird. Die Befürworter der Technologie möchten uns glauben machen, dass unsere wichtigsten Gedanken, unabhängig davon ob es unsere Kinder oder uns selbst betrifft, um die Zukunft kreisen müssen. Wenn wir wirklich größeren Wert auf die Vergangenheit oder die Gegenwart legten, würden wir uns nicht all diese High-Tech-Neuheiten wünschen, die versprechen, uns gut ins neue Jahrtausend zu führen.

Der Wert, den wir der Zukunft beimessen, ist mehr als alle anderen für den herausragenden Status der Computer in unseren Schulen verantwortlich. Die Bildungspolitiker haben bereits Computer in die Schulen eingeführt, lange bevor irgendeine Studie darauf hingewiesen hat, dass Computer wirkungsvolle Bildungswerkzeuge sein können.[2] In den 80er Jahren haben überall die Schulen begonnen, so viele Computer wie möglich zu kaufen, einfach weil man annahm, dass der Computer in der Arbeitswelt von morgen einen wichtigen Platz einnehmen wird. Sogar heute rechtfertigt selbst die Forschung, die den Bildungswert der Computertechnologie unterstützt, nicht die Wertschätzung, die dem Computer zuteil wird. Ich möchte betonen, dass die Zukunft nicht die einzige wichtige Zeitdimension ist, obwohl der Computer möglicherweise in der Zukunft des Kindes eine größere Rolle spielen wird. Die gegenwärtigen Bedürfnisse und die Entwicklung des Kindes sind von ebenso großer Bedeutung. Wir sollten das gesamte Spektrum der Erfahrungen berücksichtigen, die ein Kind in seinem gegenwärtigen Stadium benötigt, und fragen, wie gut der Computer diese Bedürfnisse erfüllt oder ob er sie einschränkt.

2. Rationales, zielgerichtetes Denken

Die Technologie legt auch auf eine besondere Art des rationalen Denkens Wert – jenes, das klare Ziele setzt, irrelevante Informationen ignoriert und den Fortschritt auf jeder Stufe überwacht. Diese Art des zielgerichteten, systematischen Denkens ist in der Psychologie und der Bildung sehr beliebt geworden. Der Psychologe David Wood drückt es folgendermaßen aus: „Der Mensch kann in einem Augenblick nur eine begrenzte Menge Informationen über seine Situation aufnehmen, sodass er seine Aktivitäten über die Zeit hinweg organisieren muss (einen Plan entwickeln) ... Die Aneignung von Wissen und von Fertigkeiten erfordert, dass man herausfindet, worauf man besonders achten muss, um die Informationen am besten (im Gedächtnis) behalten zu können und welche Reihenfolge am geeignetsten ist, sie abzurufen, um optimal darüber verfügen zu können."[2]

Diese Art von zielgerichtetem Denken ist sehr schwierig für Kinder unter sieben oder acht Jahren. Sie werden sehr leicht von der vorliegenden Aufgabe abgelenkt. Sie haben auch Schwierigkeiten, ihren eigenen Fortschritt zu überwachen. Folglich haben Erziehungspsychologen Handbücher und Materialien hergestellt, um kleinen Kindern zielgerichtete Fertigkeiten beizubringen, die sie selbst überwachen können. Angesehene Experten glauben, dass diese Fertigkeiten die Kinder dazu befähigen werden, Lesen, Mathematik und Wissenschaft bereits in sehr frühen Jahren zu beherrschen. Die Befürworter des Computers sind auch der Meinung, dass ihre logischen Schritt-für-Schritt-Programme ebenso ein solches Denken erleichtern können.[3]

Doch diese Bildungsmethoden übersehen die Stärke des Ansatzes bei kleinen Kindern – die aufgeschlossene Aufnahmefähigkeit des Kindes gegenüber der Welt mit all ihrem Reichtum und ihrer Vielfalt. In der Grünzone von Berkeley beobachtete Robin Moore, dass die Kinder es liebten, ohne jedes Ziel herumzustreifen, einfach um zu sehen, was es da gibt und um sich an neuen Erfahrungen zu erfreuen. Ähnliches äußert die Naturforscherin Cathy Johnson, die versucht, die „Scheuklappen des Erwachsenseins" abzunehmen und sich selbst der Erfahrung und den sinnlichen Entdeckungen öffnet. „Wenn ich jedoch zu einseitig und zielgerichtet bin – geradeaus, ein Fuß vor den anderen – könnte ich ja auch genauso gut ein Roboter oder ein Computer sein. Die Menschlichkeit schwindet und die Freude auch."

Der rationale Ansatz erachtet oft das Ziel als Problem – es ist etwas, das fixiert, geändert oder erklärt werden muss. Es ist der Ansatz eines Ingenieurs oder eines Technikers, der herausfinden muss, wie er eine Straße verbreitern, einen Tunnel graben oder einen Fluss stauen kann. Doch in der Natur bewundern Kinder oft einfach die Dinge so, wie sie sind. Beachten Sie in den folgenden Gedichten, wie glücklich die Kinder sind, die Natur, einfach so wie sie sich präsentiert, zu beobachten:

Whistling, whistling	Es pfeift und pfeift,
Blowing, blowing	Es bläst und bläst,
Branches swaying	die Äste biegen sich
Blossom blowing	die Blüten fliegen.
The wind	Das ist der Wind

Rosemary Stinton
(Fünf Jahre)

Busy bee! Busy bee!	Fleißige Biene, fleißige Biene!
I hear your voice of humming.	Ich höre dein Summen.

Gillian Hughes
(Sechs Jahre)

Der humanistische Psychologe Abraham Maslow und der Entwicklungspsychologe Heinz Werner vertreten die Meinung, dass die kreativsten Erwachsenen, einschließlich der Wissenschafter, die kindähnliche Aufnahmefähigkeit gegenüber der Welt nutzen, bevor sie sich in fortgeschrittenere, rationale Arten des Denkens vertiefen. Rationales, zielgerichtetes Denken ist wertvoll, doch ebenso ist dies die kindähnliche Freude an der Welt, wie sie sich vor uns darbietet. Die Erfahrungen der Kindheit abzuwerten bedeutet, das Denken selbst abzuwerten.

3. Geschwindigkeit

Der dritte wichtige Wert der Technologie ist die Geschwindigkeit. Tatsächlich wird aus technologischer Sichtweise so sehr Wert auf Geschwindigkeit gelegt, dass sie ein Hauptkriterium dafür ist, wie die Technologie den Fortschritt misst. Jets werden den propellerbetriebenen Flugzeugen als überlegen betrachtet, weil sie schneller fliegen. Neue Computer sind besser als alte Modelle, weil sie die Daten schneller verarbeiten. Neue Modems sind den alten Modems überlegen, weil sie uns schneller mit der Information verbinden.

Die Vorliebe für Geschwindigkeit erstreckt sich praktisch auf jeden Bereich des Lebens. Nach dem Landwirt und Schriftsteller Wendell Berry kann man die Forderung nach Geschwindigkeit selbst in Situationen wie der folgenden finden: „Heute haben wir Vielreihpflanzmaschinen, die ein Korn rasch in die Erde schießen, Samen, Dünger, Insektizid und Herbizid werden mit einem einzigen schnellen Schlag über das Feld verteilt." Doch Berry glaubt, dass die ordentliche Kultivierung des Bodens ein langsameres Tempo benötigt. Berry zitiert einen englischen Farmer aus alten Zeiten, der beobachtet, dass sich die Landwirte von heute nicht einmal die Zeit nehmen, um ein Gefühl für das Land zu bekommen, bevor sie etwas pflanzen. „Ein erfahrener Mann würde einige Wochen warten und das Land unter seinen Füßen spüren lernen. Er würde darauf umhergehen und es durch seine Stiefel fühlen und nachsehen, ob der Boden aufnahmebereit ist, bevor er irgendetwas pflanzt; er würde erst säen, wenn er wüßte, wofür das Land bereit wäre." Leider, sagt Berry, hat die moderne Technologie die kleinen Landwirte verdrängt, deren geringere Geschwindigkeit eine einfühlsamere, sorgsamere Haltung möglich machte.

Die meisten von uns erkennen wahrscheinlich, dass die Betonung der Geschwindigkeit auch unsere Lebensqualität herabsetzt, und wir beklagen uns manchmal über unser hektisches Leben. Dennoch erwarten und schätzen wir Geschwindigkeit. Wir wollen unsere Mikrowellenherde, Faxgeräte und die Sofortanalyse der Nachrichten haben. Wenn es um das Lernen der Kinder geht, nehmen wir an, dass schneller besser ist. Eltern sind stolz, wenn sie hören, dass ihre Kinder schnelle Lerner sind – dass ihre Kinder in die Begabtengruppe gekommen sind. Wenn man jedoch sagt, dass ein Kind „langsam" ist, ist das nur eine höfliche Art zu sagen, dass das Kind dumm ist. Sogar hoch angesehene Experten sind der Meinung, dass Geschwindigkeit das Wesentliche einer guten Erziehung ist. Mit den Worten des Psychologen Lloyd G. Humphreys „erfordert effizientes Lernen, dass Schüler auf ihrem gegenwärtigen Niveau beginnen und dass man sie unterstützt (sogar drängt), um so schnell wie möglich und so weit wie möglich vorwärts kommen."

Einige wenige Entwicklungspsychologen sind der Meinung, dass die Geschwindigkeit der Entwicklung eine gewisse inhärente Langsamkeit hat und dass sie nicht beschleunigt werden kann. Rousseau und Gesell meinten, dies sei deswegen so, weil die Entwicklung ein organischer Prozess ist – Kinder wachsen so wie Pflanzen nach einem Zeitplan der Natur. Gesell und zeitgenössische Experten glauben, dass die Geschwindigkeit der Entwicklung, die von Kind zu Kind unterschiedlich ist, durch die Gene kontrolliert wird.

Eine weitere wichtige Entwicklungstheorie, jene von Jean Piaget, legt weniger Gewicht auf die genetischen Variablen. Piaget betrachtet die kognitive Entwicklung als einen spontanen Konstruktionsprozess. Kinder konstruieren neue kognitive Strukturen, wenn sie an Aufgaben arbeiten, die sie interessant finden. Wir können, aus der Sicht von Piaget, diesen Prozess manchmal beschleunigen, wenn wir den Kindern interessante Aufgaben stellen, doch besteht da eine Grenze. Wahre kognitive Entwicklung geschieht nur dann, wenn Kinder sich selbst Dinge ausdenken und das braucht Zeit. „Zu lernen, die Wahrheit selbst zu meistern," sagte Piaget, „bedeutet, viel Zeit zu verlieren, weil man alle Umwege geht, die der wirklichen Aktivität inhärent sind." Piaget war tief beeindruckt, wie lang Darwin benötigte, um seine Evolutionstheorie zu entwickeln. Wie gesagt, waren Piaget und seine Nachfolger der Meinung, dass die kognitive Entwicklung eine gewisse Langsamkeit hat, wenn jedes Kind in seiner optimalen Geschwindigkeit arbeitet. Andere Spezies entwickeln sich möglicherweise schneller als Menschen, doch Menschen gehen auf lange Sicht weiter.

Die Sichtweise Piagets hat beachtliches Unbehagen unter den Psychologen hervorgerufen, die nach Wegen gesucht haben, die Entwicklung zu beschleunigen. Diese Bemühungen haben zu unterschiedlichen Ergebnissen geführt, doch die Computerrevolution bot Anlass zu neuen Hoffnungen. Seymore Papert[4] und andere haben gemeint, dass der digitale Hochgeschwindigkeitscomputer das Werkzeug für die Beschleunigung des logischen Denkens sei.

Doch Studien darüber, ob Computer dies auch wirklich leisten können, haben ebenso zu unterschiedlichen Ergebnissen geführt. Darüber hinaus haben informale, jedoch besorgniserregende Forschungen von Craig Brod[5] für Beunruhigung gesorgt. Auf der Basis von Interviews und Beobachtungen hat Brod herausgefunden, dass die Computer möglicherweise häufig eine Geschwindigkeit vorgeben, die für umfassendes und tiefes Denken zu schnell ist. Wenn Kinder von dieser Geschwindigkeit und Intensität des Computers mitgerissen werden, sind sie so damit beschäftigt, Entscheidungen zu treffen und auf die Outputs auf dem Bildschirm zu reagieren, dass sie sich keine Zeit nehmen können, sich die Ideen durch den Kopf gehen zu lassen oder über die Erfahrung nachzudenken.

Brod berichtet auch, dass Jugendliche, die sich in die Computerwelt vertiefen, im sozialen Dialog ungeduldig werden. Sie finden Diskussionen zu langsam. Für Piaget wäre diese Erkenntnis ebenso besorgniserregend, weil er der Meinung war, dass Diskussionen und Gespräche Kindern die Erfahrung bieten können, ihre Ideen auszutauschen, und sie motivieren, umfassender und tiefgehender zu denken.

Als Piaget sagte, dass das Denken Zeit benötigt, um sich zu entwickeln, bezog er sich in erster Linie auf das mathematische und wissenschaftliche Denken. Er bezog sich nicht auf die Aktivitäten, die ich in diesem Buch hervorgehoben habe, wie das Rollenspiel, die künstlerischen Tätigkeiten und die sinnliche Erforschung der Natur. Doch auch die Entwicklung der Kinder in diesen Bereichen kann nur dann stattfinden, wenn das Kind Zeit ohne Druck hat. Kinder brauchen Zeiten ohne Zeitdruck, um Phantasiespiele zu schaffen, zu zeichnen oder zu dichten, um an einem Bach entlangzulaufen, um zu sehen, was sie finden können. Kinder brauchen die Möglichkeit, mit dem Rhythmus der Natur in Kontakt zu kommen, wenn ein Kind z.B. in einem tagträumerischen Zustand bei einem Teich sitzt und die Einheit mit dem Wasser spürt.

In der Schule von Berkeley sagten die Kinder aus, dass der natürliche Bereich sie einlud, ruhig zu sitzen, den Vögeln zuzuhören, auf die Bäume zu schauen und einfach nachzudenken. Über was die Kinder nachdachten, wissen wir nicht. Ich nehme an, dass sie manchmal über ihre eigenen Probleme nachdachten und diese Probleme im Rahmen des schönen und komplizierten Netzes des Lebens um sie herum kleiner erschienen. Auf jeden Fall war es beruhigend und hilfreich für sie, einfach da zu sitzen und nachzudenken und das Nachdenken erforderte Zeit.

Kapitel 9

Auf den Normungstrend reagieren: Die kindzentrierte Alternative

Ich werde die Schule nicht schaffen.

Ellia
(Zehn Jahre)

Im Mai 2000 boykottierten einige Hundert Highschool-Schüler in Massachusetts den neuen standardisierten Test des Staates.[1] Sie hatten den Eindruck, dass die starke Betonung auf Prüfen sie von einer tieferen, persönlicheren Bildung entfernte. Diese Rebellion machte Mut. In den folgenden Jahre gab es neue Boykotts in anderen Regionen der Staaten wie Scarsdale (New York), Marin County (Kalifornien) und New York City. Doch so bemerkenswert die Proteste auch waren, sie zeichneten sich schon lange vorher ab. Während der gesamten 90er Jahre fegte die Standardisierungs- und Testwelle über das ganze Land hinweg und erfuhr nur dürftigen Widerstand. Geführt von den Spitzenpolitikern und Unternehmenschefs des Landes übernahm der Normungstrend die Kontrolle über die Bildung und gewann immer weiter an Stärke.

Bis heute haben 49 der 50 Bundesstaaten neue Curriculumziele und Standards entwickelt. Die meisten Staaten haben neue standardisierte Tests eingeführt, damit man überprüfen kann, ob die Schüler dem Standard entsprechen. Darüber hinaus verhängen die einzelnen Bundesstaaten immer mehr Strafen über Schuldistrikte mit niedrigen Testergebnissen und gestatten das „Aufsteigen aus sozialen Gründen" kaum mehr, das heißt, dass Schüler aus persönlichen Gründen in die nächste Klasse aufsteigen oder in die Highschool aufgenommen werden, obwohl ihre Leistung nicht besonders gut war. Einige wenige Staaten haben die Umsetzung der neuen strengen Bestimmungen hinausgezögert. Doch im Januar 2002 hat die amerikanische Regierung eingegriffen und die standardisierten Tests von der dritten bis zur achten Schulstufe verpflichtend vorgeschrieben. Deswegen ist der Erfolg der Boykotts und der Proteste sehr zweifelhaft.

Jenen, die sich von den Normungstrends unter Druck gesetzt fühlen, ist es jedoch sehr schwer gefallen, überzeugende Kritiken zu schreiben. Dies ist bis zu einem gewissen Ausmaß deswegen so, weil die Standardisierungsbewegung ihre Ziele auf so überzeugende Weise formuliert. Wie kann sich jemand gegen „ein höheres Niveau" und gegen „klarere Ziele" aussprechen? Bezweifelt denn irgendjemand die Notwendigkeit von „Überprüfbarkeit" und „besseren Prüfungsergebnissen" oder die Notwendigkeit, das „Aufsteigen aus sozialen Gründen" abzuschaffen?

Doch die kindzentrierte Philosophie stellt diese Ziele in Frage. Die kindzentrierte Bildung verhielt sich in den letzten Jahren eher ruhig, doch sie bietet eine alternative Sichtweise davon, wie Bildung noch aussehen könnte.

Die kindzentrierte Bildung zeigt sich in vielen verschiedenen Erscheinungsformen, wie Montessorischulen, das lebensbezogene Lernen von John Dewey, offenes Lernen, von Piaget inspirierter Konstruktivismus und die von Rudolf Steiner inspirierten Waldorfschulen. Trotz der Vielfalt teilen die kindzentrierten Pädagogen grundlegende Ansichten – Ansichten, die sich vom Normungstrend radikal unterscheiden.

Sollen wir Ziele und Standards vorgeben?

Die führenden Persönlichkeiten des Normungstrends sind der Meinung, dass sie eine klare Struktur in unser unordentliches Bildungssystem bringen. Sie argumentieren, dass die Bildung klare Ziele haben muss. „Bildung," sagt Diane Ravitch, eine ehemalige Bildungsministerstellvertreterin, „bedeutet, zu führen doch es ist unmöglich, jemanden irgendwohin zu führen, ohne zu wissen, wo man hin will". Deswegen haben Befürworter der Standards, unter der Mitwirkung von lokalen Gruppen, von den Führenden der Bildungpolitik gefordert, sich auf die erwünschten Endergebnisse der Bildung zu konzentrieren – auf jene Ziele, die wichtiger als alles andere sind. Was sollten Kinder wissen und was sollten sie können, wenn sie die Schule beenden? Welches Wissen und welche Fertigkeiten werden nötig sein, um in der Arbeitswelt des 21. Jhdts. Erfolg zu haben? Wenn diese Ziele erst einmal definiert sind, ist es möglich, die detaillierten Ziele für jede Schulstufe zu spezifizieren.

Die Befürworter der Standardisierung sind der Meinung, dass die Betonung von Zielen einleuchtend und logisch ist und in gewisser Weise ist es das auch, wenn man beachtet, dass sie die Zukunftsorientierung widerspiegelt, die das westliche Denken so sehr prägt. Wir nehmen ohne es zu hinterfragen an, dass wir unser Leben nach einem Plan oder einer Vision ausrichten sollen – nach einer Vorstellung darüber, in welche Richtung wir gehen sollen. Darüber hinaus tragen klare Ziele zur rationalen Problemlösung bei; sobald wir unsere Ziele definiert haben, können wir unseren Fortschritt überwachen. Klare Ziele zu haben, ist einfach sinnvoll.

Die kindzentrierten Pädagogen haben sich über diese herkömmliche Überzeugung hinweggesetzt und erklärt, dass unser Blick nicht auf unsere Ziele gerichtet sein sollte, sondern auf das Kind, wie es sich entwickelt. Anstatt uns zu fragen, was wir wollen, dass das Kind es weiß und kann, sollten wir fragen, welche Fähigkeiten das Kind im Moment in seiner jetzigen Phase entwickeln möchte. Anstatt an unsere Ziele zu denken, sollten wir die Interessen und Bedürfnisse des Kindes beachten.

In den vorhergehenden Kapiteln habe ich erwähnt, wie die Ziele der Erwachsenen die Entwicklung des Kindes hemmen können. Nun fordern uns jedoch die Verantwortlichen für Bildungspolitik auf, unsere akademischen Erwartungen an Kinder anzuheben, d.h. in der Praxis, Kindern bereits vor der Grundschule das Lesen, Schreiben und Rechnen beizubringen. Doch Kinder in diesem Alter scheinen ein stärkeres inneres Bedürfnis zu haben, die „nichtakademischen" Seiten ihrer Persönlichkeit zu entwickeln, wie z.B. künstlerische Fähigkeiten, Naturverbundenheit und Phantasie. Der frühe akademische Druck kann Kindern die Chance nehmen, sich in diesen Bereichen zu entwickeln. Einige Menschen versuchen zu zeigen, dass diese nichtakademischen Erfahrungen indirekt auch dem akademischen Lernen förderlich sind. Sie sind der Meinung, dass z.B. Kunst dem Kind beim Rechnen oder Lesen helfen kann. Doch von der kindzentrierten Perspektive aus ist diese Rechtfertigung nicht notwendig. Unsere Aufgabe ist es, das Kind darin zu unterstützen, seine aufkommenden Fähigkeiten zu entwickeln, ob sie nun zu unseren Zielen passen oder nicht.

Wie die Psychologen Herbert Ginsburg und Sylvia Opper[2] meinen, weiß auch der kindzentrierte Pädagoge nicht immer, was das einzelne Kind benötigt, um sich gut zu entwickeln. Obwohl Kinder die allen gemeinsamen Phasen zu durchlaufen scheinen, entwickeln sie sich in unterschiedlichem Tempo und haben einzigartige Veranlagungen, einzigartige Talente und Interessen. Deswegen fordert die kindzentrierte Pädagogik eine Offenheit aufseiten des Erwachsenen. Der Pädagoge ist nicht derjenige, der führt, sondern eher derjenige, der folgt. Der Pädagoge versucht zu erkennen, welche Fähigkeiten das Kind von sich aus zu entwickeln bestrebt ist, und versucht dann, dem Kind Möglichkeiten zu geben, dies zu tun.

Der kindzentrierte Ansatz wird durch die Arbeit von Maria Montessori[3] besonders gut illustriert. Montessori, die die erste Ärztin in Italien war, experimentierte anfangs mit neuen Erziehungsmethoden für entwicklungsverzögerte Kinder und gründete danach eine Schule für normale Kinder in einem Armenviertel in Rom. Beim Entwickeln ihrer Methoden entschied Montessori nicht einfach, was Kinder ihrer Meinung nach wissen sollten, um ihnen dann diese Fertigkeiten beizubringen. Sie versuchte stattdessen, ihre eigenen Ideen zurückzuhalten und offen die spontanen Neigungen und Interessen der Kinder zu beobachten. Dabei erkannte sie, dass die Kinder oft Aufgaben wählten, an denen sie mit erstaunlicher Konzentration arbeiteten.

Montessori berichtete z.B. von einem vierjährigen Mädchen, das an einer Aufgabe arbeitete, bei der es verschieden große Zylinder in passende Löcher in einem Holzrahmen stecken sollte. Als das Mädchen die

Aufgabe beendet hatte, begann es wieder von Neuem und wiederholte die Aufgabe immer wieder. Die gesamte Zeit hindurch war es so von der Aufgabe gefesselt, dass es alles um sich herum vergaß. Nach der 14. Wiederholung beschloss Montessori, ihre Konzentration zu testen. Sie bat den Rest der Gruppe, laut zu singen und umherzugehen. Doch das Mädchen machte einfach an seiner Aufgabe weiter. Montessori hob dann den Sessel des Mädchens mitsamt dem Mädchen auf den Tisch. Doch das Kind sammelte bloß die Zylinder in seinem Schoß zusammen und arbeitete weiter und wurde sich kaum der Störung bewusst. Schließlich nach 42 Wiederholungen hörte das Kind von selbst auf, als ob es aus einem Traum erwacht wäre, und lächelte zufrieden.

Danach beobachtete Montessori dasselbe Phänomen bei vielen anderen Gelegenheiten. Wenn Kinder den Zugang zu gewissen Aufgaben hatten, arbeiteten sie immer wieder und wieder daran, völlig vertieft wie in einer Art von Meditation. Es schien, dass sie die Aufgaben immer wieder wiederholten, um die neuen Fähigkeiten zu festigen. Und wenn sie sie beendeten, waren sie ruhig und fröhlich. Sie schienen einen inneren Frieden zu verspüren, der von dem Wissen stammte, dass sie imstande waren, etwas Lebenswichtiges in ihnen selbst zu entwickeln.

Deswegen machte es sich Montessori zur Aufgabe, eine Schulumgebung zu schaffen, die Aufgaben beinhaltete, auf die sich die Kinder tief konzentrieren konnten. Sie beobachtete, wie die Kinder auf eine Vielzahl von Materialien reagierten, und sah, dass Kinder oft freiwillig jene Aktivitäten wählten, in die sie sich dann am stärksten vertieften. Z.B. stellte sie fest, dass Zweijährige, wenn sie die Möglichkeit haben, sich frei im Raum zu bewegen, immer wieder Dinge in Ordnung brachten. Wenn einem Kind ein Glas Wasser aus der Hand rutschte, liefen die anderen herbei, um die Glassplitter aufzusammeln und den Boden aufzuwischen. Die Kinder schienen ein besonders starkes Bedürfnis nach Ordnung zu haben, deswegen veränderte sie die Betreuungsumgebung so, dass dieses Bedürfnis befriedigt werden konnte. Sie erwarb Tische und Stühle in Kindergröße, damit die Kinder sie richtig benutzen konnten; sie ließ die Waschbecken tiefer legen, damit die Kinder ihre eigenen Bürsten und Hände waschen konnten, und sie ließ die Kästen niedriger machen, damit sie ihre Materialien dorthin wegräumen konnten, wo sie hingehörten. Montessori schuf so eine Umgebung nicht deshalb, weil sie das Ziel im Auge hatte, die Kinder darauf vorzubereiten, Hausmeister oder ordentliche Erwachsene zu werden. Sie schuf diese Umgebung, damit die Kinder ihre spontanen Bedürfnisse befriedigen konnten.

Heute findet man eine solche vorbereitete Umgebung hauptsächlich im Kindergarten oder in der Grundschule. Sie beinhaltet einige Materialien, die Kindern helfen, schreiben zu lernen und andere akademische Fähigkeiten auf eine Weise zu entwickeln, die für Kinder natürlich ist. Einige Montessorikindergärten führen neben dem Standardcurriculum auch neue Aufgaben ein. In jedem Fall jedoch wird den Kindern immer freie Wahl gelassen, da sie ihre Wahl oft zu Aufgaben führt, auf die sie sich intensiv konzentrieren. In einer typischen Gruppe nehmen sich Kinder unterschiedlichen Alters – von drei bis sechs Jahren oder von sechs bis neun Jahren – Materialien und arbeiten alleine oder manchmal in kleinen Gruppen damit.

Manchmal führt ein Betreuer die Kinder in eine neue Aufgabe ein. Der Betreuer verbringt sehr viel Zeit damit, jedes Kind zu beobachten und herauszufinden, zu welcher Beschäftigung das Kind bereit ist, um es dann in diese Aufgabe einzuführen. Doch die Entscheidung liegt beim Kind. Der Montessorilehrer vertraut darauf, dass das Kind eine innere Weisheit besitzt im Hinblick darauf, welche Fähigkeit es entwickeln soll. Nach Meinung von Montessori wird das Kind von der Natur geleitet und der Lehrer sollte der Führung des Kindes folgen.

Müssen wir nicht das „Aufsteigen aus sozialen Gründen" abschaffen?

Die Befürworter der Standards sprechen sich klar gegen das „Aufsteigen aus soziale Gründen" aus. Sie sagen, dass es den Schülern gegenüber unfair ist, sie aufsteigen zu lassen, wenn sie den Stoff der vorigen Stufe noch nicht beherrschen. Die Schulen sollten, wenn es notwendig ist, auf dem Sitzenbleiben, der Wiederholung der Klasse, bestehen. Man könnte dem entgegnen, dass das Sitzenbleiben sie demütigt und die Ausfallquoten erhöht, doch die Befürworter der Standards erachten diese Bedenken als sekundär. Auf lange Sicht, meinen sei, hilft es den Schülern nicht, Jahr für Jahr aufzusteigen, ohne das gelernt zu haben, was sie lang zuvor in den unteren Stufen lernen hätten sollen.

Doch das Thema „Aufsteigen aus sozialen Gründen" ist das Artefakt der traditionellen, fabrikähnlichen Gestaltung unserer Schulen. Es wird von den Kindern erwartet, dass sie jedes Jahr dieselben Standards erfüllen, Jahr für Jahr, als ob sie auf einem Fließband wären. In den Montessorigruppen ist das „Aufsteigen aus sozialen Gründen" kein Thema. In den altersgemischten Gruppen wählt jedes Kind aus einer Vielzahl von Aufgaben eine aus und führt diese in seiner eigenen Geschwindigkeit aus. Es gibt hier keine einheitlichen Jahresendziele.

Nicht alle kindzentrierten Schulen haben altersgemischte Gruppen, doch viele halten es für wichtig, dass Kinder alleine oder in kleinen Gruppen an jenen Aufgaben arbeiten, für die sie bereit sind. Wenn wir also eine Klasse für offenes Lernen oder lebensnahes Lernen besuchen würden, würden wir wahrscheinlich einige Kinder sehen, die an individuellen Mathematikprojekten arbeiten, andere, die Bücher ihrer Wahl lesen und wahrscheinlich eine Gruppe von drei oder vier Kindern, die z.B. damit beschäftigt wären, ein Modellkanalsystem zu bauen. Für den kindzentrierten Pädagogen werden Aufgaben gestellt, um die Entwicklungsbedürfnisse jedes einzelnen Kindes zu befriedigen – nicht um ein einheitlich vorgegebenes Lehrplanziel zu erreichen. Die Schüler arbeiten in ihrer eigenen Geschwindigkeit und das Thema „Aufsteigen aus sozialen Gründen" stellt sich nur in Ausnahmefällen.

Hilft Druck von Außen?

Während der Normungstrend immer weiter vorwärts schreitet, stellt sich immer wieder die Frage um die Motivation der Schüler oder – genauer gesagt – die fehlende Motivation der Schüler. Man ist sich allgemein innerhalb und außerhalb der Standardbewegung einig, dass die Schüler in traditionellen Schulen ihre Aufgaben nicht besonders lieben und sich nicht sehr dafür anstrengen. Doch die Standardbewegung fordert nicht mehr Aufgaben, die an sich interessant sind – Aufgaben, die die Schüler aufregend und bedeutungsvoll finden. Stattdessen fordert sie mehr Druck und Anreize von außen. Eltern sollten ihre Kinder stärker zu ihren Aufgaben drängen –, um ihrer Zukunft willen; die Staaten sollten den Kindern androhen, dass sie die Klasse wiederholen müssen, wenn sie bei den standardisierten Tests keine gute Leistungen erbringen. Arbeitgeber und Colleges sollten den Schülern mitteilen, dass sie abgelehnt werden, wenn sie nicht gute Testnoten und gute Zeugnisse in der Highschool bekommen. Erwachsene müssen imstande sein, die Kinder davon zu überzeugen, dass ihre Leistung in der Schule reale Konsequenzen hat. Sonst, meint der Wirtschaftsexperte und Befürworter des Normungstrends, James Rosenbaum, wären die Erwachsenen wie „Löwenbändiger ohne Peitsche".

Die kindzentrierte Pädagogik lehnt externe Motivationen ab. Die kindzentrierten Pädagogen glauben, dass Kinder von Natur aus neugierig sind und einen inneren Drang verspüren, an Aufgaben zu arbeiten, die sie befähigen, sich selbst zu entwickeln. Wenn wir die richtigen Aufgaben bereit stellen, werden sie mit viel Energie und Begeisterung daran arbeiten.

In der kindzentrierten Sichtweise ist nichts so wichtig wie die ungezwungene Begeisterung für das Lernen, denn sie lenkt die intellektuelle Entwicklung. Wenn Kinder von ihren Aufgaben gefangen genommen werden, denken sie tiefgründig und umfassend und ihr Denken erweitert sich. Es ist deswegen eine Tragödie, dass konventionelle Schulen so wenig tun, um diese Begeisterung für das Lernen zu nähren.

John Dewey und Pädagogen der Progressive Education haben dieses Problem zur Genüge diskutiert. Sie beobachten, dass die meisten Schulen Lernbücher und Arbeitsbücher für ihren Unterricht verwenden, die die Kinder langweilig finden und die nichts mit ihrem Leben zu tun haben. Kinder behalten eine gewisse Menge an Stoff, um ihre Tests zu schaffen, doch sie denken nicht tiefer über den erlernten Stoff nach und vergessen das meiste davon, wenn die Tests vorbei sind.

Die Pädagogen der Progressive Education haben gesehen, dass Schüler mit mehr Energie an Projekten wie z.B. bauen, Experimente durchzuführen, gärtnern und Newsletter schreiben arbeiten. Sie lernen auch viel an akademischem Stoff durch solche Projekte. Z.B. können sie sich durch das Bauen und Gestalten von Modellhäusern viel mathematisches Wissen aneignen. Während Schüler Mathematik in den Lernbüchern und Arbeitsbüchern langweilig und öde finden, arbeiten sie mit Begeisterung an mathematischen Aufgabenstellungen, die sie lösen müssen, um Häuser konstruieren zu können, weil die Mathematik sie befähigt, ihre kreativen Impulse umzusetzen.

Das Thema der Unabhängigkeit

Die Befürworter der Standards sind der Meinung, dass unsere Schulen zu wenig von den Kindern fordern. Ihrer Meinung nach sollten die Schulen „die Latte höher" legen und „herausforderndere" Aufgaben stellen. Die Befürworter der Standards scheinen zu glauben, dass härter besser ist.

Doch viel von dem, was Kindern beigebracht wird, dringt nie tiefer. Wenn Kinder Wörter für einen Vokabeltest oder Formeln für einen Naturkundetest auswendig lernen, ist es ihnen oft egal, ob sie verstehen, was sie da lernen; sie möchten einfach nur die richtige Antwort wissen. Wenn also die Schulen einfach die herkömmlichen Curriculi schwieriger machen, werden die Kinder bloß mehr Stoff, den sie nicht verstehen, auswendig lernen und sie werden die Schule noch unerfreulicher finden, als es jetzt schon der Fall ist. Der Pädagoge und Autor Alfie Kohn ist, nachdem er viele amerikanische Schulen besucht hat, zu dem Schluss gekommen, dass das, was viele Pädagogen eigentlich wollen, ist, dass die Kinder eine bittere Erfahrung machen sollen.

Doch wie Rousseau betont hat, stellt eine Überforderung in der Schule eine weitere Gefahr dar:[4] sie untergräbt die Unabhängigkeit des Kindes. Wenn wir einem Kind – um ein zeitgenössisches Beispiel zu verwenden – eine Mathematikaufgabe stellen, die zu schwierig ist, hat es keine andere Möglichkeit, als sich an eine wissende Person zu wenden oder hinten im Buch nachzusehen und zu prüfen, ob es die richtige Antwort gefunden hat. Da das Kind die Lösung nicht völlig versteht, muss es blind glauben, was immer die „intelligentere" Person oder das Buch für wahr hält. Es lernt, von externen Autoritäten abhängig zu sein, anstatt selbst nachzudenken.

Viele kindzentrierte Pädagogen haben versucht, das unabhängige Lernen zu fördern. Montessori hat nicht nur nach Aufgaben gesucht, auf die sich Kinder intensiv konzentrieren, sondern die die Kinder selbst durchführen können. Sie wollte nicht, dass sich die Kinder an Erwachsene um Hilfe oder Kontrolle wenden mussten.

Ein zeitgenössischer Experte, der sehr viel Wert auf das unabhängige Lernen legt, ist Constance Kamii[5], eine Nachfolgerin Piagets. Sie ist der Meinung, dass Lehrer Fragen stellen sollten, die die Kinder neugierig machen, und dann die Kinder die Fragen selbst lösen lassen sollten. Wenn die Erstklässler Softball spielen, könnte der Lehrer fragen: „Wie viele Punkte benötigt ihr, um elf zu erzielen?" Wenn ein Kind Pudding für die Klasse bringt, kann der Lehrer z.B. fragen: „Sind genügend Schüsseln für alle Kinder da?" Der Lehrer sollte versuchen, Fragen zu stellen, die die Kinder an sich interessant finden und die ihre Gedanken in Bewegung bringen, doch der Lehrer sollte immer die Kinder eigene Fragen stellen lassen. Kamii empfiehlt, dass Lehrer sogar falsche Antworten der Kinder respektieren sollten, da es für Kinder besser ist, Fehler zu machen, als zu glauben, dass sie sich an einen Erwachsenen wenden müssen, um herauszufinden, was richtig ist.

Kamii hat viele Arten aufgezeigt, wie Kinder selbst mathematische Fähigkeiten entwickeln können. Z.B. hat sie gezeigt, wie viele Karten-, Würfel- und Brettspiele das spontane Denken der Kinder stimulieren. Ihre generelle Methode wird Konstruktivismus genannt, weil Kinder ihr eigenes Wissen aufbauen, und sie ist der Meinung, dass es sich auf jeden Aspekt des Schullebens anwenden lässt. Wenn Kinder während eines Spiels zu streiten beginnen, gibt der Lehrer keine Lösung vor, sondern fragt z.B.: „Fällt euch etwas ein, das für alle fair ist?" Auf diese Weise fordert der Lehrer von den Kindern, selbst an der Gerechtigkeitsfrage zu arbeiten.

Der Hauptnachteil der Methode von Kamii scheint zu sein, das sie zulässt, dass das Lernen langsamer geschieht, als es den meisten Pädagogen lieb ist. Kamii berichtet z.B. von einer Lektion über die spezifische

Schwerkraft. Grundschulkinder sind oft überrascht, dass eine Nadel im Wasser untergeht, während ein Stück Holz (das größer ist) schwimmt. Kinder brauchen normalerweise etwas Zeit, um herauszufinden, warum das so ist. Eine kleine Gruppe von Fünftklässlern verbringt möglicherweise zahlreiche Stunden oder Tage damit, mit verschiedenen Gegenständen zu experimentieren, um zu sehen, was schwimmt und was nicht, wenn sie Hypothesen ausprobieren. Lehrer sind deswegen versucht, einzugreifen und die Erklärung zu liefern (besonders wenn der Lehrer noch anderen Stoff durchnehmen muss als Vorbereitung für einen anstehenden Standardtest). Doch Kamii fordert vom Lehrer, soweit er die Wahl hat, zu warten. Es ist viel besser, meint Kamii, wenn die Kinder weiter nachdenken und staunen, als „die Antwort gesagt zu bekommen und nebenbei zu lernen, dass die Antwort immer vom Lehrer kommt".

Kamii hat ihre Methoden, wie man den Kindern in der Grundschule Mathematik beibringt, ausgewertet. Sie hat herausgefunden, dass ihre Kinder bei den standardisierten Tests ebenso gut abschnitten wie Kinder, die auf konventionelle Weise unterrichten wurden. Doch ihre Kinder zeigten ein tieferes Verständnis für ihre Aufgaben und waren viel unabhängiger. Als ein Lehrer versuchte, einer Erstklässlerin mit einem Hinweis zu helfen, sagte das Mädchen: „Warte, ich muss es erst in meinem eigenen Kopf denken." Für Kamii ist diese Antwort wertvoller als jedes Testergebnis.

Die Tyrannei des Prüfens

Der Normungstrend würde ohne standardisierte Tests nicht viel hergeben. Die für die Bildung zuständigen Behörden könnten hohe Ziele setzen und detaillierte Curriculumstandards entwickeln, doch ihre Bemühungen wären ziemlich nutzlos, wenn sie nicht wüssten, ob die Schüler derzeit die Standards erfüllen oder nicht. Standardisierte Tests liefern diese Information. Wie die Befürworter es ausdrücken, machen die Tests Schulen und Schüler „überprüfbar".

Doch bei der Standardbewegung bedeutet „Überprüfbarkeit" mehr, als nur Informationen zu erhalten. Es bedeutet, Kontrolle auszuüben und zu versuchen, sicher zu gehen, dass die Schulen das machen, was die Regierung möchte. Die Behörden nutzen Anreize und Strafen (wie z.b. die Androhung, den Schuldirektor oder den Leiter zu versetzen), um die Schulen unter Druck zu setzen, die Testergebnisse zu verbessern.

Die Befürworter des Normungstrends behaupten oft, dass das Testen den Schulen eigentlich neue Freiheiten gibt. Wenn in Schulen nur die Testergebnisse überprüfbar sein müssen, werden Schulen die Freiheit haben, diese Ergebnisse nach ihren eigenen Vorstellungen zu erzielen. Es wird keine Notwendigkeit für bürokratische Vorgaben von Seiten des Staates bestehen, wie z.b. bezüglich der Stundenzahl für ein Thema.

In Wirklichkeit jedoch bestimmen die Tests das Curriculum, wenn bei den standardisierten Tests so viel auf dem Spiel steht, wie z.b. das Aufsteigen in die nächste Klasse oder der Arbeitsplatz des Leiters. Diese von Tests gelenkte Bildung hat zahlreiche Nachteile.

Zunächst einmal untergräbt sie das professionelle Unterrichten. In der Atmosphäre des Testens, bei dem viel auf dem Spiel steht, machen sich die Lehrer keine Gedanken mehr darüber, welche Aufgaben und Aktivitäten die Schüler benötigen. Stattdessen müssen sie den Schülern jene Aufgaben in den Arbeits- und Übungsbüchern geben, die sie auf die Tests vorbereiten. In Umfragen sagen Lehrer, dass ihnen als professionelle Lehrer „nicht mehr über den Weg getraut wird – dass nun stattdessen die Tests die Rolle der Respektspersonen erhalten" und „dass sie sich als Lehrer veräppelt fühlen. Die Tests geben ihnen nun vor, was sie unterrichten sollen."

Einige Befürworter der Standards werfen ein, dass Lehrer nie viel Spielraum gehabt hätten. Zuvor, meinen die Befürworter der Standards, hätten die Arbeits- und Übungsbücher die Agenda bestimmt. Doch Lehrer erachten den Verlust an Freiheit unter diesen Umständen, bei denen viel auf dem Spiel steht, als viel größer.

Dieser Verlust an Flexibilität wirkt sich besonders schädlich auf die kindzentrierte Pädagogik aus. Die kindzentrierten Lehrer brauchen die Freiheit, die Interessen der Kinder festzustellen und Aufgaben bereit zu stellen, an denen die Kinder mit Energie und Begeisterung arbeiten. Doch mit diesen alles entscheidenden Tests im Hinterkopf müssen Lehrer interessante Aktivitäten beiseite lassen. Die Schüler würden möglicherweise gern lebendige und gedankenreiche Diskussionen in einer simulierten Gerichtsverhandlung führen oder sich in eine Forschungsstudie vertiefen. Doch der Lehrer muss nun sagen: „Es tut mir leid, wir müssen hier aufhören, um uns auf den nächsten Test vorzubereiten." Diese Vorbereitung besteht üblicherweise aus Drillübungen, die die Kinder besonders langweilig finden. Die testgelenkte Bildung untergräbt die Liebe des Kindes zum Lernen.

Standardisiertes Testen ist besonders unangemessen für Kinder in den unteren Schulstufen. Die Tests haben üblicherweise die Form von Multiple-Choice-Fragen, für den man nur Papier und Bleistift verwenden darf – die Aufgaben werden also auf einem rein symbolischen Niveau gestellt. Die Tests stellen den Kindern nur Worte, Graphiken und Nummern zu Verfügung und das in einem Alter, in dem Kinder am besten begreifen können, wenn sie mit konkreten Dingen umgehen und am besten durch beständige, soziale Interaktionen lernen. Während z.B. ein Achtjähriger mit den Symbolen 1/2, 1/3 und 1/8 Schwierigkeiten hat, versteht er bereits Brüche, wenn er einen Kuchen teilt oder Murmeln unter Freunden aufteilt.

Die Erwachsenen, die standardisierte Tests erstellen, nehmen an, dass, weil sie, als Erwachsene, Probleme auf einem rein abstrakten oder symbolischen Niveau lösen können, das auch für Kinder zutrifft. Doch Kinder brauchen Zeit, um dieses Niveau zu erreichen. Ungefähr in der vierten Klasse fällt Kindern das symbolische oder abstrakte Denken *etwas* leichter und sie können sich bei den standardisierten Tests zurechtfinden, doch die Form erachten sie noch immer grundsätzlich als unnatürlich und verwirrend. Es versteht sich von selbst, dass sie auch die Monate der Vorbereitung auf die Tests, die diese Form haben, nicht gerade als inspirierend empfinden. Erst in der Jugendzeit erscheinen vielen Kindern diese Formen handhabbar.

Doch auch in der Jugendzeit fällt den meisten das konzentrierte und produktivste Denken am leichtesten, wenn sie aktiv an Projekten arbeiten – Experimente durchführen, Newsletter schreiben, Modellstädte bauen, Rollenspiele, Theaterstücke schreiben. Die Vorbereitung auf Tests erfordert üblicherweise Arbeitsbuchübungen, die die Jugendlichen von ihrer kognitiven Kraft trennt.

Nun ist es natürlich richtig, dass solch ein interessantes, auf Projekten basierendes Lernen üblicherweise nur einen kleinen Teil des Unterrichts ausmacht – sogar bereits vor dem Normungstrend. Doch diese alles entscheidenden Tests nehmen den Schulen jetzt sogar die Möglichkeit des auf Projekten basierende Lernen.

Je stärker darüber hinaus der Normungstrend immer noch anspruchsvolleren Unterricht fordert, desto verzweifelter kämpfen die Schüler mit dem Stoff, den sie nur halb verstehen. Sie müssen die Antworten im Gedächtnis behalten, die die Autoritäten für korrekt halten, anstatt ihre eigenen Entdeckungen zu machen und selbst Lösungen zu suchen.

Schließlich rufen die Tests selbst oft Gefühle der chronischen Angst und Bedrohung hervor. Für alle, die glauben, dass es Freude und Begeisterung beim Lernen geben sollte, ist die testgelenkte Bildung eine Katastrophe.

Fördert die Standardbewegung die bürgerlichen Rechte?

Die Befürworter der Standards, einschließlich des Präsidenten George W. Bush, behaupten, dass hohe Standards und strenge Prüfungen die bürgerlichen Rechte fördern. Indem wir hohe Erwartungen an alle Kinder stellen und sie regelmäßig auf ihre Leistungen überprüfen, können wir erkennen, wenn wir fehlschlagen, wen wir üblicherweise immer im Stich gelassen haben – arme Kinder und farbige Kinder –, und wir können etwas dagegen unternehmen. Präsident Bushs Programm der standardisierten Tests für die dritte bis achte Stufe wird „No Child Left Behind"-Gesetz (Kein Kind wird zurückgelassen) genannt.

In der Theorie haben die Befürworter der Standards gute Argumente. Doch in der Praxis führt das standardisierte Testen dazu, die farbigen und die wirtschaftlich benachteiligten Kinder noch mehr zu benachteiligen. Meines Wissens bekommen diese Kinder oft unverhältnismäßig schlechtere Noten als weiße Mitschüler der Mittelklasse. Als Ergebnis davon haben sie das Gefühl, minderwertig zu sein, werden von interessanten Programmen für Begabte und Talentierte ausgeschlossen und man verlangt von ihnen zustätzlich, viele Stunden mit den Drillübungen als Vorbereitung auf die langweiligen Tests zu verbringen. In Paterson, New Jersey, einer Stadt, in der hauptsächlich Minderheiten mit niedrigem Einkommen wohnen, hat die lokale Regierung versucht, die Testnoten zu verbessern, indem sie Wahlfächer wie Kunst und Musik abschaffte und nur mehr „Grundlegendes" unterrichteten. Solche harten Einschränkungen der testgelenkten Bildung zerstört die Begeisterung der Schüler für das Lernen. Unzählige Beweise belegen, dass Tests, die alles entscheiden, höhere Ausfallquoten hervorrufen.

Das derzeitige Motto „höhere Standards für alle" mit all seinen Testerfordernissen bietet der Regierung eine billige Gelegenheit so zu tun, als ob sie den farbigen Kindern helfen wollte. Diese Kinder besuchen unverhältnismäßig viel die überfülltesten, unterfinanziertesten Schulen. Wollte die Regierung ihnen wirklich helfen, wäre der erste Schritt, diesen Schulen ein ebenso hohes Budget zur Verfügung zu stellen wie den Schulen für die Mittelklasse in den Vororten. Wie Jonathan Kozol es so stichhaltig ausdrückt, müssen wir beginnen, soziale Gleichheit in den Bereichen Klassengrößen, Bücher und Ausstattung, Lehrergehälter und angenehme Schulräumlichkeiten erreichen. Die Standardbewegung scheitert nicht nur an diesen Punkten, sondern macht die Lage für benachteiligte Kinder noch schlimmer, indem sie ihnen die größte Menge an langweiliger testgelenkter Bildung zuweist.

Authentische Beurteilung

Man hört sehr oft den Kommentar: „Gut, standardisierte Test können einige Probleme hervorrufen, doch es muss doch irgendeine Beurteilung in unseren Schulen geben. Was ist die Alternative?"

Die kindzentrierten Pädagogen bevorzugen das, was Pädagogen „authentische Beurteilung" nennen. Authentische Beurteilung schließt Auszüge der Arbeit des Schülers ein, Vorführungen und Leistungen (wie z.B. der Entwurf einer wissenschaftlichen Studie oder eine Leistung auf musikalischem Gebiet) und Portfolios. Diese Arbeitsmappen sind besonders nützlich, weil sie dem Lehrer ermöglichen, den individuellen Fortschritt des Schülers in der Vielfalt und im Detail über die Zeit hinweg zu erfassen. Auf diese Weise kann ein Lehrer sehen, welchen Fortschritt ein Schüler in den verschiedenen Gebieten macht. Die Befürworter von Portfolios sind der Meinung: „Der beste Indikator für die Arbeit des Kindes ist die Arbeit des Kindes."

Portfolios[6] und andere Arten authentischer Beurteilung erscheinen vielen Menschen als zu subjektiv. Standardisierte Tests, die unpersönliche, quantitative Maßstäbe bieten, erscheinen wissenschaftlicher.

Tatsächlich können Portfolios objektiv und verlässlich beurteilt werden. Unabhängige Beurteiler können Checklisten verwenden und Vereinbarungen über die Beurteilung des Fortschritts der Schüler treffen. Doch das Verfahren ist zeitaufwendig und in großem Ausmaß wird er auch sehr teuer. Um die authentische Beurteilung besser umzusetzen, haben Alfie Kohn und andere vorgeschlagen, dass öffentliche Beamte Evaluierungsteams schicken könnten, um Stichproben von Klassen und Schulen zu machen. Das Evaluierungsteam könnte den Schuldistrikten Vorschläge machen, wie sie ihre Schulen verbessern könnten.

Evaluierungsteams wurden intensiv in Großbritannien eingesetzt. Da die Evaluierungsteams nur einen kleinen Prozentsatz der Arbeit der Schüler durchsehen, haben sie keine Möglichkeit, Entscheidungen über alle Schüler zu treffen, von denen viel abhängt. Diese Entscheidungen werden dann an die Schulen und Lehrer zurück gemeldet, was bedeutet, ihnen das Vertrauen als professionelle Lehrer wieder zurückzugeben.

Kindzentrierte und konventionelle Bildung in Gegenüberstellung

Im Moment scheint die authentische Beurteilung zur Bereitstellung von qualitativer Information für die einzelne Schule am nützlichsten zu sein. Doch viele möchten auch etwas über die Effizienz der kindzentrierten Bildung im Allgemeinen und im Vergleich zur konventionellen Bildung wissen.

Obwohl die kindzentrierte Bildung viele verschiedene Formen hat (von den Montessorischulen bis hin zu den kunstorientierten Waldorfschulen) stimmen die Forschungsergebnisse ziemlich überein. Das Ergebnis ist ziemlich paradox. Da die kindzentrierten Pädagogen nicht daran glauben, den Unterricht an den Tests auszurichten, könnten wir erwarten, dass die kindzentrierten Kinder schlechter dabei abschneiden würden. Doch allgemein gesagt, erzielen kindzentrierte Klassen ungefähr dieselben Testnoten wie konventionelle Schulen.[7]

Für die kindzentrierten Pädagogen sind die wichtigsten Variablen die Gefühle der Kinder und ihre Haltung dem Lernen gegenüber. Die Gefühle der Kinder sind Hauptindikatoren für die natürliche Entwicklung. Wenn eine Schule z.B. im Allgemeinen das Bedürfnis des Kindes, seine inneren Entwicklungskräfte zu entwickeln, befriedigt, wird das Kind der Schule gegenüber positiv eingestellt sein oder sogar gern in die Schule gehen. Wenn das Kind mit Begeisterung lernt, wird es sehr intensiv an seinen Aufgaben arbeiten. Solche Gefühle und Einstellungen sind oft schwierig zu messen und einige der Forschungsmethoden sind nicht sehr genau. Doch im Allgemeinen bekommen Kinder, die kindzentrierte Schulen besuchen, bessere Noten in den Bereichen Selbständigkeit, Kreativität, Neugier und positive Einstellung der Schule gegenüber.

Dieses übergreifende Muster der Ergebnisse in Bezug auf Testnoten und Einstellung scheint sich durch alle Stufen zu ziehen, vom Kindergarten bis zur High School. Es scheint sich auch durch alle sozialen Klassen zu ziehen, obwohl die Forschung nur Kinder in den niedrigeren sozioökonomischen Schichten untersucht hat.

Eine kindzentrierte Checkliste

Das Folgende ist eine Liste der Gefühle und Einstellungen, die kindzentrierte Pädagogen als Ausdruck der natürlichen Entwicklung ansehen. Eltern und Lehrer können diese Liste als Anhaltspunkt verwenden, wenn sie das Lernen und die Entwicklung des einzelnen Kindes beurteilen.

Interessen

Kindzentrierte Autoren sind der Meinung, dass das erste Anzeichen, dass das Kind sich in seinem inneren Wachstum und seiner Entwicklung für eine neue Aktivität bereit macht, sein Interesse daran ist. Wie John Dewey meinte: „Ich glaube, dass Interessen die Anzeichen und die Symptome für eine wachsende Kraft sind. Ich glaube sie widerspiegeln die heraufdämmernden Fähigkeiten."

Das Interesse eines Kindes an einer Aufgabe oder Aktivität ist wahrscheinlich der einzige und stärkste Indikator dafür, dass ein natürlicher Wachstumsprozess vor sich geht. Doch wie Dewey selbst beobachtet, ist dieser Indikator nicht ganz unbeeinflussbar. Wir können manchmal das Interesse eines Kindes an einem Gegenstand wecken, indem wir ihn unterhaltsam gestalten, doch dieses Interesse führt nirgendwohin. Das Kind ist stimuliert, doch arbeitet es nicht an irgendeiner neuen Fähigkeit. Wir sehen viele Beispiele davon in der Welt von heute. Fernsehen, Videos und Filme wecken häufig das Interesse der Kinder, doch sie lassen die Kinder in einem passiven, inaktiven Zustand.

Konzentration[7]

Wenn Aufgaben Kinder befähigen, ihre natürlichen Fähigkeiten zu entwickeln, zeigen Kinder nicht nur anfängliches Interesse an der Aufgabe, sondern arbeiten an ihr mit nachhaltiger Begeisterung und Energie. Montessori sagte, dass Kinder in den Zustand tiefer Konzentration gelangen. Sie beobachtete, dass Kinder möglicherweise ruhelos und sich nicht wohl fühlen, bis sie eine Aufgabe gefunden haben, auf die sie sich konzentrieren können. Dann werden sie eher auf mysteriöse Art und Weise von den Aufgaben angezogen (als ob sie von einer inneren Führung bewegt werden würden) und arbeiten an ihnen mit einer Konzentration, die so tief ist, dass sie einer Art von Meditation ähnelt. Das Kind wiederholt die Aufgabe wieder und wieder und vergisst die Welt rund herum. Wenn es schließlich aufhört, erhebt es sich entspannt und zufrieden, als ob es aus einem angenehmen Schlaf aufgewacht wäre. Es scheint die Welt als einen Ort zu erachten, der voll von neuen Möglichkeiten und jedem gegenüber freundlich gesinnt ist. Montessori sagte, dass das Kind zufrieden und fröhlich ist, weil es imstande war, das innere Bedürfnis, sich selbst zu entwickeln, befriedigt hat.

Ruhe

Die Qualität der Fröhlichkeit und Ruhe verdient besondere Aufmerksamkeit, da sich das Kind, das uns natürlich erscheint, im Allgemeinen in sich selbst wohl zu fühlen scheint – und das nicht nur nach Zeiten intensiver Konzentration. Das Kind scheint entspannt und ruhig zu sein.

Montessori glaubte, dass das Kind ruhig ist und sich wohl fühlt, weil es ein grundlegendes Vertrauen in seine Fähigkeiten hat und weil es der Umgebung vertraut, dass sie ihm Möglichkeiten bietet, neue Fähigkeiten zu entwickeln.

Selbständigkeit

Ein Kind, das natürlich ist und sich wohl fühlt, ist auch unabhängig. Es sucht nicht ängstlich nach der Anerkennung von anderen, um zu wissen, was es fühlen oder tun sollte. Stattdessen hat es ein absolutes Vertrauen in sich selbst, was Beurteilung betrifft. Laut Carl Rogers[8] vertraut es seinem eigenen Organismus – seinen eigenen Sinnen, seiner Intuition, seinen Gefühlen und seinem sechsten Sinn. Es vertraut sich selbst.

Überschwänglichkeit

Einige der bisher aufgezählten Qualitäten haben einen ernsthaften Unterton. Heinrich Pestalozzi, Paul Goodman und andere haben betont, dass das natürliche Verhalten von Kindern häufig fröhlich und temperamentvoll ist. In ihren informellen sportlichen Aktivitäten und Spielen sind Kinder ausgelassen und überschwänglich. Der Dichter William Blake war beeindruckt von der temperamentvollen Art des Spielens der Kinder. Im Nurse's Song überreden die Kinder ihre Betreuer, sie nur noch ein wenig mehr spielen zu lassen, bevor sie nach Hause ins Bett gehen:

Die Kleinen sprangen und riefen und lachten
und alle Hügel hallten dies wider.

Anmut

Wenn Kinder ihre natürlich aufkommenden Fähigkeiten entwickeln, ist ihr Verhalten oft ziemlich stark von Anmut gekennzeichnet: Sie kämpfen nicht, um ihnen auferlegte Aufgaben zu beherrschen. Anmutigkeit ist eine Qualität, die wir mit vielen Aspekten der Natur in Verbindung bringen, wie ein Vogel beim Fliegen oder ein laufendes Reh. Das Kind beim Spielen – oder tanzen, singen oder zeichnen – erscheint uns ebenfalls anmutig. Das Verhalten ist sanft und fließend. Es scheint sich spontan und natürlich zu entfalten, beinahe ohne Mühe.

Mich hat diese Fähigkeit einmal während eines Picknicks am Ende unserer Little League Team Saison beeindruckt. Während der Saison haben wir, die erwachsenen Coaches, dem Team ziemlich viel beigebracht – was sich jedoch nicht in ihrer Fähigkeit, Baseball zu spielen, oder in ihrer Intelligenz, die wir von ihnen erwarteten, widerzuspiegeln schien. Während des Picknicks fragte ich die Jugendlichen (hauptsächlich Jungen zwischen zehn und zwölf Jahren), ob sie Lust hätten, Kickball zu spielen, wobei wir Erwachsene uns ausruhten. Sie bildeten eifrig Teams und begannen zu spielen. Es war ganz klar das Spiel der Kinder – nicht unseres; sie nahmen Positionen ein und begannen zu spielen, bevor ich auch nur ein Wort sagen konnte. Während sie versuchten, sich gegenseitig auszutricksen, beriefen sie sich auf alle möglichen Regeln und Bedingungen, von denen wir als Erwachsene noch niemals etwas gehört hatten. Ich war begeistert, dass diese Kinder, deren Little League Spiel oft steif und zögerlich war, plötzlich frei, überschwänglich und intelligent war. Vor allem waren sie anmutig. Sie rannten, trieksten, warfen und wichen aus, als ob alles Teil eines einzigen fließenden Tanzes wäre.

Kapitel 10

Die Fragen der Eltern

Die zentrale Aussage dieses Buches ist, dass wir aufhören sollten, uns so intensiv auf die Zukunft des Kindes zu konzentrieren und stattdessen das Kind in seinem gegenwärtigen Leben zu schätzen. Natürlich ist die Zukunft wichtig und Eltern müssen ihr Beachtung schenken. Doch es ist eine Frage des Ausmaßes. Heute verschlingt unser Fokus auf die Zukunft alles andere. Wir sollten unseren Fokus mithilfe des kindzentrierten Ansatz ausbalancieren, der die besonderen Stärken der Kindheitsjahre wertschätzt.

Um den Kindern zu helfen, diese Stärken zu entwickeln, müssen wir ihnen Gelegenheiten geben, ihren eigenen tiefsten Interessen nachzugehen und sich mit Tätigkeiten zu beschäftigen, die ihnen am meisten am Herzen liegen. Wir müssen auf jene Aktivitäten achten, an denen sie mit viel Energie und großem Enthusiasmus arbeiten.

Wir sollten auch die Unabhängigkeit der Kinder respektieren. Anstatt Kinder zu dirigieren, zu unterweisen und sie zu korrigieren, ist es hilfreicher, wenn wir die Bühne für das Lernen bereiten. Wir könnten z.B. Kindern die Zeit und die Materialien geben, die sie für künstlerische Aktivitäten benötigen, oder wir könnten sie in Kontakt mit der Natur bringen, doch dann zurücktreten, um sie ihre eigenen Entdeckungen machen zu lassen.

Kindzentrierte Eltern handeln manchmal wie ein erfahrener Gärtner. Ein erfahrener Gärtner weiß, dass er die Pflanzen eigentlich nur wachsen lassen muß. Er versucht, gute Bedingungen für das Wachstum zu schaffen, wie eine fruchtbare Erde und die richtige Menge Wasser und Sonnenlicht, doch darüber hinaus gibt es eine Grenze bei dem, was er tun kann. Die Pflanze wächst von selbst, unter der Leitung der inneren Kräfte. Auf eine ähnliche Weise können wir als Eltern Bedingungen und Möglichkeiten für das Wachstum des Kindes schaffen, doch wir müssen dann dem Kind vertrauen, dass es selbst für sein Wachstum sorgt. Wir müssen ihm erlauben, seine eigenen Entdeckungen zu machen.

Das klingt wie ein „Hände weg"-Ansatz und als solcher ruft er allgemeine Bedenken der Eltern hervor.

Wird mein Kind zurückbleiben?

Eltern machen sich Sorgen, dass ihr Kind, wenn sie ihm zu viel Zeit lassen, um seinen eigenen Interessen nachzugehen und seine eigenen Entdeckungen machen, hinter den Gleichaltrigen zurückbleiben wird. „Andere Kinder bekommen heute viel akademischen Unterricht," äußern Eltern oft besorgt. „Ich möchte nicht, dass meine Kind Nachteile hat."

Vor dem Alter von sieben oder acht Jahren ist der schulische Unterricht der natürlichen Lernweise der Kinder so fremd, dass das Kind ohnehin nicht viel aufnimmt. Kinder behalten Stoff, doch sie verstehen ihn kaum und sie beginnen, lernen nicht mehr zu mögen. Die treibende Kraft hinter der intellektuellen Entwicklung – der Begeisterung des Kindes für das Lernen – wird geschwächt. Deswegen ist es zweifelhaft, ob die akademische Unterricht für Kinder in den ersten sechs Lebensjahren wirklich von Vorteil ist. Wenn wir stattdessen kleinen Kindern Zeit und Möglichkeiten zum Spielen, für Künstlerisches und zum Entdecken der Natur geben, bieten wir ihnen eine Chance, die Stärken ihrer eigenen Lebensphase zu entwickeln.

Kinder benötigen auch nach dem Alter von sieben bis acht Jahren viel Freizeit. Ich habe das Bedürfnis nach Zeit zum Entdecken der Natur von kleineren Kindern betont, doch auch größere Kinder brauchen Zeit, um jenem nachzugehen, was sie besonders gern tun – konstruieren, Comics zeichnen, Baseballkarten sammeln, Scherze und Reime ausdenken, Sport

Die Fragen der Eltern

treiben, neu Spiele erfinden und einfach entspannen und die Gedanken schweifen lassen. In den kindzentrierten Schulen lernen Kinder akademische Konzepte durch sinnvolle und aufregende Projekte, und diese brauchen auch Zeit.

Deswegen riskiert der kindzentrierte Ansatz bei größeren Kindern auch, dass sie bei akademischen Themen langsamer vorwärts kommen als Kinder, die akademischen Unterricht bekommen. Die Erforschung kindzentrierter Schulen hat keine bedeutenden Risiken in der Schule finden können, doch wenn wir unseren Kindern auch viel freie Zeit außerhalb der Schule geben, ist es möglich, dass sie keine sehr guten Testnoten bekommen. Doch wir sollten die Vor- und Nachteile abwägen. Ein erwachsenengelenktes Kind erreicht möglicherweise sehr gute Noten, doch ist es intensivem Druck ausgesetzt und versteht vieles von dem, was es lernt, nur zur Hälfte. Es versteht den Stoff nicht gut genug, um ihn selbst zu beurteilen. Es wird von außen festgelegt, was es zu lernen hat, und es hat nur eine geringe Chance, seinen eigenen Interessen nachzugehen und seine kreativen Fähigkeiten zu üben. Es findet Lernen nicht erfreulich – eine Tatsache, die nicht nur sein momentanes Leben beeinflusst, sondern sich auch negativ auf die Zukunft auswirkt.

Ein Kind hingegen, das seine eigenen Interessen verfolgen kann, lernt gern. Indem es seine eigenen Erfahrungen macht, lernt es, sich selbst zu vertrauen. Es schätzt seine eigene Intuition, seine eigenen Ideen und Urteile. Durch die Erforschung der Natur entwickelt es die Fähigkeit der geduldigen Beobachtung und des innere Friedens, der sich dann einstellt, wenn man sich als Teil des Lebens fühlt. Es fühlt sich zufrieden und erfüllt und ist bestrebt, neue Dinge zu lernen.

Natürlich können Eltern nicht einfach die Anforderungen der Schule ignorieren, doch es ist gut, sich ein wenig Zeit zu nehmen, um die relative Bedeutung der akademischen Errungenschaften mit dem persönlichen Glücklichsein und Wachstum abzuwägen.

Wenn Kinder ihren eigenen Interessen folgen, werden sie dann das lernen, was sie benötigen, um in der Gesellschaft zu funktionieren?

Viele Menschen (Psychologen und auch Eltern) machen sich Sorgen, dass Kinder viele Fertigkeiten und Gegenstände, wie lesen, Geometrie, Geschichte nie aus eigenem inneren Interesse an diesen Themen lernen werden. Sind solche Fächer für Kinder nicht unnatürlich? Müssen wir nicht zu ihrem eigenen Besten von ihnen verlangen, dass sie diese Fächer lernen?

Wenn wir Dinge nicht erzwingen, entwickeln Kinder auf spontane Art und Weise mehr Interesse daran, als wir uns vorstellen können. Betrachten wir einmal das Lesen. Kinder wissen, dass Bücher besondere Geheimnisse und faszinierende Geschichten enthalten. An einem gewissen Punkt versuchen sie selbst, zu lesen, und machen oft beachtliche Fortschritte. Natürlich müssen wir ihren Fortschritt begleiten. Doch wir sollten geduldig sein und ihrem spontanen Interesse die Möglichkeit zu wachsen geben. Wir können indirekt zum Lesen ermutigen, indem wir ihnen Geschichten, die sie mögen, vorlesen, indem wir interessante Bücher zu Hause haben und sie daran teilhaben lassen, wir gern wir selbst lesen. Wenn wir uns jedoch schnell mit unseren Anweisungen und Forderungen einmischen, werden wir Lesen wahrscheinlich zu einer unangenehmen Erfahrung machen. Wir werden dem Kind die gegenwärtige Erfahrung vermiesen und damit auch beeinflussen, wie viel das Kind auch in Zukunft wird lesen wollen.

Kinder erwerben Fertigkeiten und Konzepte ungezwungener, als wir denken. Kinder erkennen intuitiv, dass Geometrie nützlich ist, wenn man Bilder zeichnet, wenn man Grundrisse für das Himmel- und Höllespiel macht oder ein Fußballfeld markiert. Viele kindzentrierte Pädagogen ermutigen Projekte, die Kinder befähigen, Mathematik oder andere akademische Fächer anhand von Aktivitäten zu erlernen, die Kinder natürlich und bedeutend finden. Ich empfehle, dass Eltern den Wert aufgrund von projektgestütztem Lernen in Betracht ziehen, wenn sie eine Schule auswählen oder daran arbeiten, jene zu verbessern, in die ihre Kinder momentan gehen.

Die Fragen der Eltern 193

Wie kann ich mich den Aufgaben der Schule widersetzen?

Viele Eltern würden ihren Kindern gern mehr Freizeit geben, um ihren eigenen Interessen nachzugehen, doch Schulaufgaben nehmen ihre ganze Zeit in Anspruch. Wenn Lehrer einem Erstklässler drei Stunden Hausaufgaben zuweisen, sollten sich dann die Eltern dem Lehrer offen widersetzen und dem Kind sagen, dass es nach einer Stunde aufhören kann?

Das ist wahrscheinlich nicht der beste Ansatz, zumindest nicht am Anfang. Doch Eltern können mit den Lehrern, Direktoren und anderen Eltern sprechen. Sie können ihre Bedenken bei den Treffen der Schulbehörde und der Lehrer-Eltern-Ausschüsse äußern. In Piscataway, New Jersey, einem Vorstadtschulkomplex mit 7000 Schülern, waren die Eltern Teil einer Bewegung, die mit einer Entscheidung der Schulbehörde endete, die Aufgaben unter der Woche stark einzuschränken und sie an Wochenende beinahe ganz abzuschaffen.

Eltern, die dieses Thema aufgreifen, werden sich auf Forschungsdaten über die akademischen Vorteile von Aufgaben beziehen wollen. Ein gutes Buch über dieses Thema, das meint, dass die Vorteile kaum erheblich sind, ist „The End of Homework" von Etta Kralovec und John Buell.[1]

Was ist, wenn mich mein Kind bittet, ihm bei den Aufgaben zu helfen?

Wenn wir wirklich das unabhängige Denken der Kinder schätzen, sollten wir ihnen bei ihren Hausübungen nicht wesentlich helfen. Wir können versuchen, gute Bedingungen für das Lernen zu schaffen – einen ruhigen Platz für das Kind –, doch Unterstützung oder Feedback lenkt von der Eigeninitiative des Kindes ab. Wir machen uns vielleicht Sorgen, dass andere Eltern ihren Kindern helfen und ihren Kinder damit einen Vorteil im schulischen Wettbewerb verschaffen, doch dieser Vorteil ist von flüchtiger Natur. Die anderen Kinder wissen, dass etwas an ihrer Leistung nicht ganz stimmt. Das Kind, das selbständig arbeitet, fühlt sich innerlich stark.

Oft lassen Schulen im Namen der „Beteiligung der Eltern" die Blätter unterschreiben, um sicherzugehen, dass das Kind die aufgegebene Arbeit nach Hause gebracht und sie erledigt hat. Ich glaube, diese Praxis ist unangebracht. Wie Haim Ginott herausgestrichen hat, widersetzt sich das Kind bald dieser Art von Überwachung. Wir sollten Kinder ihr eigenes Verantwortungsbewusstsein ausüben lassen. Wenn Eltern dem zustimmen, sollten sie mit dem Lehrer ihres Kindes über dieses Thema sprechen.

Wie kann ich mein Kind draußen spielen lassen, wenn die Straßen, Spielplätze und Parks unsicher sind?

In städtischen Gebieten ist das natürlich eine berechtigte Sorge. Tatsächlich ist ein Grund, warum Eltern ihre Kinder in strukturierte, erwachsenengelenkte Kurse (wie Tennisstunden, Ballettstunden, zu Fußballvereinen, und Turnstunden) einschreiben, dass die Aktivität des Kindes überwacht ist. Selbst wenn Eltern über diese Erwachsenenlenkung unglücklich sind, bringt diese Aktivität das Kind zumindest vom Fernsehen weg.

Von einem kindzentrierten Standpunkt aus wäre es viel besser, wenn Erwachsene das Spielen der Kinder weniger manipulativ überwachen könnten. Ein Modell dafür ist das, was die Engländer „Parkies" nennen. Das sind Parkwächter oder Spielplatzleiter, die auf die Kinder aufpassen, während sie spielen, um für ihre Sicherheit zu sorgen sind und um zu helfen, wenn ein Problem entsteht. Doch da sie den Wert des freien und unabhängigen Spielens der Kinder schätzen, geben sie nur wenige Anweisungen.

Auf einem amerikanischen Spielplatz könnten Erwachsene Bälle und Schläger austeilen und vielleicht helfen, dass das Spiel in Schwung kommt, doch dann zurücktreten und es den Kindern überlassen. Die Kinder wählen die Mannschaften, diskutieren die speziellen Regeln für das Spiel und werden höchstwahrscheinlich während des Spiels in heftige Debatten verwickelt. Aus Piagets Sicht sind solche Interaktionen für die intellektuelle und moralische Entwicklung der Kinder lebenswichtig.[2] Wenn Kinder diskutieren und Meinungsverschiedenheiten lösen, lernen sie, den Standpunkt des anderen zu verstehen und ein breiteres Verständnis dafür zu entwickeln, was fair und gerecht ist. Piaget glaubte, dass Kinder sich in diese Diskussionen und Debatten untereinander einlassen müssen. Wenn Erwachsene ihnen sagen, was sie tun sollen, entwickeln sie diese Fähigkeit nicht und gehorchen einfach der Autorität.

Ich lege Eltern sehr ans Herz, dass sie die führenden Politiker in ihrer Gemeinde dahingehend beeinflussen, solche hilfreichen und zurückhaltenden „Parkies" in ihrer Nachbarschaft zur Verfügung zu stellen. In New York City fordert eine Bürgerinitiative Geld für solches Personal aus dem jährlichen Stadtbudget.

Wenn ich Zeit für das Spielen einräume,
wird mein Kind nicht einfach nur Fernsehen schauen?

Das Fernsehen ist tatsächlich eine sehr mächtige Attraktion geworden. Marie Winn hat es mit einer Droge verglichen, der man sich entziehen muss. Das ist nicht einfach. Manchmal gehen Kinder von selbst kaum nach draußen, deswegen müssen wir den Kinder zeigen, wie lohnenswert Aktivitäten in der Natur sind. Um mit Kindern z.B. die Natur zu erforschen, könnten wir sie an Orte bringen, die ihre Phantasie anregen, wie sie z.B. des Nachts an den Strand, an Seen oder in den Wald zu bringen. Wir könnten mit ihnen wandern gehen, was ihnen die Chance bieten würde, den Sinn von körperlicher Erfüllung zu erleben. Wenn sie etwas Zeit in einer relativ unberührten, abgelegenen Gegend verbringen können, werden sie oft die tiefe Ruhe und den innern Frieden erleben, den die Natur ausstrahlt. Wir können die Kinder auch in Naturstudienkurse einschreiben, die Kindern auf unaufdringliche Weise helfen, die Wunder in den kleinen Details der Natur zu entdecken. Auf diese Art und Weise führen wir die Kinder in Erfahrungen ein, die viel tiefer gehen als fernsehen.

Kindzentrierte Erwachsene folgen den spontanen Interessen
der Kinder. Ist Fernsehen nicht ein spontanes Interesse?

Ich habe dieses Thema bereits indirekt im letzten Kapitel angesprochen, doch möchte ich noch etwas genauer darüber sprechen. Die spontanen Interessen sind sehr wichtig in der kindzentrierten Theorie, doch man muss auch auf andere Aspekte der Erfahrungen eines Kindes achten. Wie Montessori betont hat, sind Kinder nicht nur an Aktivitäten interessiert, die ihnen helfen, ihre natürlich aufkommenden Stärken zu entwickeln; wenn sie ihre Aktivitäten beendet haben, kommen sie zufrieden und erfrischt daraus hervor. Sie scheinen glücklich und im Frieden mit sich zu sein, weil sie imstande waren, etwas in sich zu entwickeln. Deswegen achten wir auf Ausgeglichenheit und inneren Frieden als Zeichen dafür, dass wir eine Umgebung schaffen, die dem Kind ermöglicht, sich natürlich zu entwickeln. Fernzusehen produziert nichts Derartiges. Nach dem Fernsehen sind Kinder üblicherweise ruhelos und abgelenkt.

Einige Psychologen haben sich auch die Frage gestellt, ob das Interesse des Kindes am Fernsehen völlig spontan ist. Fernsehgesellschaften benutzen plötzliche Änderungen der Geräusche und Bilder, die unwillkürliche Schreckreaktionen hervorrufen. Solche Techniken nehmen künstlich die Aufmerksamkeit des Kindes immer wieder gefangen.

Wenn wir also den Wert von neuen Technologien für Kinder bewerten wollen, müssen wir nicht nur in Erwägung ziehen, bis zu welchem Grad sie das Interesse der Kinder anziehen, sondern auch das Verhalten und die Gefühle des Kindes nach Nutzung der Technologie. Letztlich wird das Kind, das davon wirklich profitiert, einige der folgenden Eigenschaften zeigen: Ausgeglichenheit, Anmutigkeit und Selbstständigkeit, wie bereits am Ende des vorigen Kapitels besprochen.

Wenn ich mein Kind langsam wachsen und seine eigenen
Interessen verfolgen lasse, besteht dann Hoffnung,
dass es an der Harvard Universität zugelassen wird?

Die angesehenen Colleges suchen nach jungen Menschen, die interessant sind, d.h. normalerweise nach jungen Menschen, die starke Interessen haben. Diese Colleges schätzen Bewerber, die ein Stück geschrieben haben, einen Tanz choreographiert, interessante Bilder gemalt, interessante wissenschaftliche Experimente durchgeführt, Lieder und Gedichte geschrieben haben, Mut und Führungstalent im Sport bewiesen oder sich für die soziale Gerechtigkeit eingesetzt haben. Kindzentrierte Erziehung, die die eigenen Leidenschaften und Interessen des Kindes nährt, bringt diese Art von Highschool-Abgängern hervor. Der Bewerber wird nicht jemand sein, der unmotiviert eine extracurriculäre Aktivität betrieben hat, nur zum Zwecke der Bewerbung am College. Stattdessen wird der Bewerber wahrscheinlich eine Person sein, die von Beginn an ihren eigenen inneren Leidenschaften gefolgt ist.

Die besten Colleges sind auch an jungen Menschen interessiert, die selbst denken können und auch hier ist der kindzentrierte Ansatz die angemessenste Vorbereitung darauf.

Natürlich zielt der kindzentrierte Ansatz nicht auf die Zulassung beim Ivy League College ab. Es zielt auf keine zukünftige Rolle ab. Stattdessen versucht er, die Potentiale des Kindes in jeder Entwicklungsstufe voll zur Entfaltung zu bringen. Doch er schafft tatsächlich die solideste Grundlage für das zukünftige Wachstum. Er neigt dazu, kreative junge Menschen heranzuziehen, die sich gerne mit verschiedenen Aktivitäten beschäftigen und es lieben, selbst zu denken – jene Art von Menschen, die sich von anderen unterscheiden.

Zugleich ist es aber durchaus möglich, dass so ein junger Mensch sich entscheiden wird, nicht enorm viel Zeit für die Vorbereitung auf den Eignungstest für Studenten oder das Erreichen von hohen akademischen Graden zu verwenden. Deswegen ist er möglicherweise kein erstrangiger Kandidat für die angesehensten Colleges. Die jungen Menschen werden ihre eigene Entscheidung treffen, welche Art von Opfern sie bringen und welche zukünftigen Zielen sie verfolgen wollen.

Ich bin mir bewusst, dass es für Eltern beunruhigend ist, die Zukunft der Kinder offen zu lassen. Doch wir begehen einen Fehler, wenn wir zu viel planen. Die Eltern und Pädagogen von heute handeln häufig wie ein Bauherr, der so besorgt ist um das endgültige Aussehen des Gebäudes, dass er seine gesamte Aufmerksamkeit auf das Design des Äußeren verwendet und vergißt, für das Haus ein starkes Fundament zu bauen. Als Eltern müssen wir unsere Aufmerksamkeit jenen Fähigkeiten schenken, die Kinder von Natur aus motiviert, sich in ihrer aktuellen Entwicklungsphase zu entwickeln. Wie Maria Montessori einmal sagte: „Wir dienen der Zukunft, indem wir die Gegenwart schützen." Unsere Aufgabe ist es, dem Kind auf jedem Schritt seines Weges zu helfen, sich zu einem starken, glücklichen und selbständigen Menschen zu entwickeln. Wenn das Kind langsam erwachsen wird, müssen wir die Zukunft dem Kind überlassen. Indem wir unser Bestes getan haben, solange sich das Kind in unserer Obhut befand, indem wir nach dem Plan der Natur für gesundes Wachsen gearbeitet haben, müssen wir das Vertrauen in das Kind setzen, dass es mit dem Leben als Erwachsener zurechtkommt.

Ich möchte, dass mein Kind selbständig lernt, doch was soll ich tun, wenn es aufgebracht ist und meine Hilfe sucht?

In diesen Fällen empfehle ich den kindzentrierten Ansatz namens Aktives Zuhören. Es ist von der klientenzentrierten Therapie von Carl Rogers übernommen, die versucht, Bedingungen zu schaffen, unter denen Klienten die Führung bei der Erforschung ihrer Gefühle übernehmen und ihre eigenen Einsichten gewinnen.

Während des aktiven Zuhörens bieten die Eltern keine Ratschläge an und geben auch keine moralischen Beurteilungen ab. Stattdessen tun Eltern zwei Dinge: erstens betrachten sie das Kind bedingunglos positiv und wertschätzen das Kind als Person. Dies geschieht üblicherweise non-verbal, und zwar in der Art, wie die Eltern zuhören und die Kommentare des Kindes aufnehmen. Wenn Eltern denken: „Ich schätze mein Kind, einfach weil es ist, wer es ist," und wenn die Eltern ohne zu urteilen zuhören, wird dem Kind diese Haltung der bedingungslosen positiven Betrachtung vermittelt.

Zweitens spiegeln die Eltern die Gefühle des Kindes. Die Eltern versuchen, mit eigenen Worten wiederzugeben, was das Kind sagt und konzentrieren sich dabei auf die Gefühle, die es in seinem Kommentar zum Ausdruck bringt. Wenn das Kind sagt: „Dieser Junge ist ein Trottel," könnten die Eltern z.B. sagen: „Du klingst, als ob du wütend wärst."

Diese zwei Haltungen – bedingungslose positive Betrachtung und das Spiegeln der Gefühle – an sich helfen dem Kind. Kinder (wie im Übrigen alle Menschen) fühlen sich besser, wenn sie sich geschätzt und verstanden fühlen. Diese zwei Verhaltensweisen können auch eine Atmosphäre schaffen, in der sich das Kind frei fühlt, seine Gefühle zu erforschen und neu darüber nachzudenken. Kinder werden wahrscheinlich nicht sofort auf neue Art denken, doch manchmal tun sie es doch.

Hier ist ein Beispiel von Thomas Gordon. Ein Kind kommt aufgebracht nach Hause und erzählt seiner Mutter: „Tommy spielt heute nicht mit mir. Er tut nie, was ich machen möchte." Die Versuchung für die Mutter ist groß, einen Rat zu geben wie: „Warum spielst du nicht mit jemand anders?" oder „Warum wechselt ihr euch nicht einfach ab?" Oder die Eltern sind möglicherweise versucht, nach mehr Information zu fragen. Gordon ist der Meinung, dass es besser für die Eltern ist, beim aktiven Zuhören zu bleiben und die Gefühle des Kindes in einem Dialog wie dem folgenden zu spiegeln:

Kind: Tommy spielt heute nicht mit mir. Er macht nie, was ich möchte.
Mutter: Du bist also wütend auf Tom.
Kind: Ja, klar. Ich möchte nie mehr mit ihm spielen.
Mutter: Du bist so wütend, dass du das Gefühl hast, dass du ihn nie mehr sehen möchtest.
Kind: Ja, genau. Aber wenn er nicht mein Freund ist, habe ich niemanden zum Spielen.
Mutter: Und allein spielen möchtest du auch nicht.
Kind: Ja. Ich glaube, ich muss mit ihm irgendwie auskommen. Aber es ist schwierig für mich, aufzuhören, mich über ihn zu ärgern.
Mutter: Du möchtest besser mit Tommy auskommen, aber es ist schwierig für dich, nicht mehr auf ihn wütend zu sein.
Kind: Das war früher nicht so – damals wollte er immer das machen, was ich machen wollte. Er mag nicht mehr, dass ich bestimme ...
Mutter: Tommy ist nicht mehr so leicht zu beeinflussen.
Kind: Nein. Er ist kein Baby mehr: Aber es macht doch mehr Spaß mit ihm ...

Der Beitrag der Mutter zu diesem Dialog scheint möglicherweise wenig tiefgründig, doch sie behält eine akzeptierende Haltung bei und spiegelt seine Gefühle auf eine Weise, die ihm das Gefühl gibt, verstanden zu werden. Sie widersteht der Versuchung, das Problem für das Kind zu lösen; stattdessen gibt sie ihm die Freiheit, sich in Richtung seiner eigenen Einsichten und Lösungen zu bewegen. Eltern, die Interesse an solchen Methoden haben, können mit zwei klassischen Büchern, Thomas Gordons[3] *Familienkonferenz* und Haim Ginotts *Eltern und Kind* Elternratgeber für eine Verständnisvolle Erziehung beginnen. Sehr lohnenswert ist es in diesem Zusammenhang auch, sich mit der Gewaltfreien Kommunikation auseinander zu setzen, wie sie von Marshall B. Rosenberg entwickelt wurde.*

Was ist mit dem Ziel, das heutzutage so beliebt ist –
die lebenslange Liebe zum Lernen[4] zu fördern?

Dieses Ziel ist attraktiv, weil es eine Brücke zwischen der Zukunft des Kindes und dem derzeitigen Leben des Kindes schafft. Wir können nicht einen Erwachsenen heranziehen, der das Lernen liebt, ohne dass wir diese Haltung im derzeitigen Leben des Kindes unterstützen. Wenn wir dieses Ziel verfolgen würden, wäre das Leben für Kinder glücklicher.

Doch da ist eine Falle. Sobald unsere Gedanken sich auf die Zukunft richten, besteht die Gefahr, sich auf jene Art des Lernens zu konzentrieren, die wir als Erwachsene wertschätzen. Wir beginnen möglicherweise z.B. über die akademischen Leistungen in Lesen, Mathematik oder Wissenschaft der Kinder nachzudenken und erst in zweiter Linie darüber, wie wir ihnen positive Gefühle diesen Themen gegenüber vermitteln könnten. Ich bin der Meinung, dass wir stattdessen zu Beginn unsere Vorstellungen über das, was das Kind wissen sollte, ausblenden und den Kindern stattdessen die Möglichkeit geben, jenen Aktivitäten nachzugehen, die sie selbst lohnenswert finden. Wenn wir mehr Vertrauen in ihre inneren Impulse haben, dass sie selbst wachsen und auf ihre eigene Art lernen, werden wir sehen, dass die Zukunft oft für sich selbst sorgt.

---

* Siehe: „Gewaltfreie Kommunikation" von Marshall B. Rosenberg, Junfermann Verlag.

Da die Menschen oft von der Zukunft des Planeten sprechen, ist die Zukunft nicht viel wichtiger als hier behauptet?

Mein Hauptanliegen in diesem Buch ist unsere übermäßige Bedeutung für den zukünftigen Erfolg des Kindes als Individuum. Aus meinen Gesprächen mit Eltern habe ich die Überzeugung gewonnen, dass viele mit einem ständigen Albtraum leben. Ein Elternpaar hat dies folgendermaßen ausgedrückt: „Unser Kind wird als Obstzusteller enden." Ich habe versucht, zu argumentieren, dass wir diese Sorgen relativieren müssen. Meine Hoffnung ist, dass wir den wettbewerbsorientierten akademischen Druck auf Kinder verringern und dass wir endlich ihre besonderen Qualitäten als Kinder schätzen und ihnen eine Chance geben, sich voll zu entfalten.

Doch es gibt da noch eine weitere Sorge um die Zukunft: die Sorge um die Gesundheit des Ökosystems unseres Planeten. Das ist meiner Meinung nach ein sehr wichtiges Anliegen. Ironischerweise ist es so, dass wir in dieser Hinsicht viel besser dran wären, wenn wir den Kindern mehr Möglichkeiten geben würden, eine ihrer besonderen Stärken zu entwickeln – ihre Liebe zur Natur. Wenn wir stattdessen weiter auf unserem derzeitigen Kurs weitermachen, indem wir in einer zunehmend künstlichen, technologischen Umgebung leben, ist es zweifelhaft, dass wir uns in Zukunft der Natur nahe genug fühlen werden, um entschieden zu handeln, um sie zu schützen. Der Dichter Gary Lawless machte sich folgende Gedanken:

> Wenn die Tiere zu uns kommen
> und um Hilfe bitten,
> werden wir verstehen, was sie uns sagen?

Die Forschung belegt, dass wir als Kinder imstande sind, ein Einfühlungsvermögen der Natur gegenüber zu entwickeln. Kinder personifizieren Tiere und träumen von ihnen. Sie sprechen in ihren Gedichten mit Tieren sowie mit Pflanzen und anderen Erscheinungen der Natur. Kinder möchten über die Natur etwas erfahren und ihre eigene Bindung zu ihr entwickeln. Wir müssen die Kinder zu diesem Zweck in Kontakt mit der Natur bringen.

Was ist mit den Fragen, die in diesem Kapitel nicht zu Sprache gekommen sind?

Als Eltern werden sie sicherlich viele weitere spezifische Fragen über die Entwicklung ihres Kindes haben – mehr Fragen, als ich hier beantworten kann. Es wird nützlich sein, die allgemeine kindzentrierte Philosophie in Gedanken zu behalten, d.h. das Kind unter diesem Blickpunkt zu betrachten anstatt die externen Leistungen des Kindes, wie Aufnahme in einen angesehenen Kindergarten oder in einen Begabten- und Talentiertenkurs in ihrer öffentlichen Schule. Viel grundlegender sind die Gefühle ihres Kindes dem Lernen gegenüber – Gefühle wie Neugier, Begeisterung, Konzentration, Selbstständigkeit und innerer Frieden. Diese Gefühle sind an sich wichtig und sie zeigen, dass das Kind seine natürlich aufkommenden Stärken aktualisiert. Als Eltern haben wir oft Zweifel, doch wenn wir den Kindern helfen, sich in Übereinstimmung mit dem natürlichen Grundplan zu entwickeln, können wir darauf vertrauen, dass wir auf dem richtigen Weg sind.

Anhang

**Portraits von
natürlichen Kindern**

Anhang A

Ein Kind der Natur:
Huckleberry Finn

Ich werde nicht reich sein und ich werde nicht in einengenden Häusern wohnen. Ich liebe die Wälder und den Fluss ... und ich werde auch an ihnen festhalten.

Huck Finn

Die *Abenteuer des Huckleberry Finn* von Mark Twain[1] ist möglicherweise der bekannteste Roman der amerikanischen Literatur. Seine Verdienste und Fehler sind breit diskutiert worden. Doch er verdient einen weiteren Blick, in Hinblick auf das, was er uns über die Gefühle der Kinder der Natur gegenüber lehren kann.

Huck lebt am Rande der Gesellschaft. Der Junge, der keine Mutter hat und dessen Vater nicht imstande ist, für ihn da zu sein, sorgt für sich selbst. Twain stellt ihn in den *Abenteuern von Tom Sawyer* so vor:

Huckleberry kam und ging, nach seinem eigenen freien Willen. Er schlief bei schönem Wetter auf Eingangsstufen und bei regnerischem Wetter in leeren Fässern; er musste weder zur Schule oder in die Kirche gehen oder noch irgendjemanden Meister nennen oder irgendjemandem gehorchen; er konnte fischen oder schwimmen gehen, wann und wo er wollte ... Er war immer der erste Junge, der im Frühling barfuß ging, und der letzte, der im Herbst wieder Schuhe anzog; er musste sich niemals waschen noch saubere Kleider anziehen; er konnte fantastisch fluchen. Kurz gesagt, alles, was das Leben wertvoller macht, hatte der Junge. So dachte jeder geplagte, eingeschränkte, ehrenhafte Junge in St. Petersburg.

Huck ist zwischen zwölf und vierzehn Jahre alt. Einige Gelehrte glauben, dass Twain Huck dieses Alter zuschrieb, sodass Huck alt genug wäre, um sich frei in der Erwachsenenwelt zu bewegen, während seine relative Ungebildetheit ihm erlauben würde, die Welt mit der Unschuld und der Offenheit eines etwas jüngeren Kindes zu sehen.

Huck ist natürlich nicht völlig von der Gesellschaft isoliert. Er spielt mit anderen Jungen und hat die Sprache und die Tradition seiner ländlichen Subkultur angenommen. Er hat sogar das normalerweise übliche Gewissen des Südens internalisiert, der für die Sklaverei war. In den *Abenteuern des Huckleberry Finn* wird er von der Schuld geplagt, weil er Jim hilft, der Sklaverei zu entkommen, und er verrät Jim beinahe. Doch schließlich folgt Huck seinem Herzen statt den Regeln der Gesellschaft und hilft Jim. Huck ist ein eifriger, freier und offener Junge, ohne jegliche Geziertheit. Wenn er seine Geschichte erzählt, haben wir das Gefühl, dass wir einem echten Kind zuhören, das uns einfach erzählt, was es sieht und denkt – nicht was irgendjemand von ihm erwarten würde. Er ist ein natürliches Kind.

Huckleberry Finn beginnt mit der Beschreibung, wie Huck von der Witwe Douglas „zivilisiert" wird. Eines Nachts, als das Leben im Haus der Witwe schlimmer wird, als er es aushalten kann, gibt er uns dieses schöne Bild der Nacht, das uns nicht mehr loslässt.

> Ich fühlte mich so einsam, dass ich mir am meisten wünschte, ich wäre tot. Die Sterne schienen und die Blätter raschelten so jämmerlich in den Wäldern; und ich hörte eine Eule, weit weg, die über jemanden heulte, der tot war, und eine Schwarzkehl-Nachtschwalbe und einen Hund über jemanden weinen, der im Sterben

liegt. Der Wind versuchte, mir etwas zuzuflüstern, doch ich konnte nicht herausfinden, was es war, und das veranlasste, dass mir kalte Schauer über den Rücken liefen. Dann weit weg im Wald hörte ich eine Art von Geräusch, die ein Geist macht, wenn er über etwas erzählen möchte, was in ihm vorgeht, und er sich nicht verständlich machen kann ...

Hucks Beschreibung ist abergläubisch und noch bemerkenswerter ist es, dass sie animistisch ist. Wenn Huck z.B. sagt, dass die Blätter so „jämmerlich raschelten" und der Wind „versuchte, mir etwas zuzuflüstern", schreibt er den Blättern und dem Wind Gefühle zu. Die meisten von uns, die wir in einer modernen, wissenschaftlichen Gesellschaft leben, erachten Animismus als irrational und kindisch. Der angesehene Entwicklungspsychologe Jean Piaget erachtete den Animismus als einen der üblichen Defekte des Denkens der Kinder an. Er sagte, dass der Animismus[2] die Unfähigkeit des Kindes widerspiegelt, seine eigenen subjektiven Zustände von jenen der restlichen Welt zu unterscheiden.

Doch diese Angelegenheit ist nicht so einfach. Einige Psychologen, besonders jene der Gestalttradition, haben betont, dass das animistische Einfühlungsvermögen besonders von Künstlern geschätzt wird. Dichter und Maler versuchen nicht, sich selbst von der restlichen Welt zu trennen. Vielmehr versuchen sie, die zugrunde liegende Einheit zwischen ihnen selbst und der Welt zu spüren, damit sie die expressiven Qualitäten der Dinge erfassen können. Sie möchten die Freude der Melodie eines Singvogels spüren, die Traurigkeit der weinenden Weide und die klagenden Geräusche des Windes, der in den Bäumen raschelt.

Von dem Standpunkt eines Dichters aus ist Hucks Annahme, dass er in persönlicher Kommunikation mit der Natur steht, zulässig. Wenn Huck sagt, dass „der Wind versuchte, mir etwas zuzuflüstern und ich nicht herausfinden konnte, was es war," erachten wir möglicherweise diese Haltung als irrational und kindisch, doch es ist eine Haltung, nach der sich viele erwachsene Dichter zurückgesehnt haben. Hermann Hesse[3] sagte in einem Gedicht von 1942:

Manchmal, wenn ein Vogel ruft
Oder ein Wind geht in den Zweigen
Oder ein Hund bellt im fernsten Gehöft,
Dann muß ich lange lauschen und schweigen.

Meine Seele flieht zurück,
Bis wo vor tausend vergessenen Jahren
Der Vogel und der wehende Wind
Mir ähnlich und meine Brüder waren.

…

Hucks Einfühlungsvermögen in die Natur ist im gesamten Roman sehr deutlich. Nachdem Hucks alkoholkranker und gewalttätiger Vater wieder zurückkommt, flieht Huck in einem Kanu auf Jackson Island, wo er kurz vor Tagesanbruch an Land geht. Er erzählt uns, dass er vor dem Frühstück ein Schläfchen hielt und von dem, was er sah, als er aufwachte:

> Die Sonne stand schon so hoch, als ich aufwachte, dass ich annahm, dass es nach acht Uhr war. Ich lag dort im Gras im kühlen Schatten und dachte über Dinge nach. Ich fühlte mich ausgeruht und recht wohl und zufrieden. Ich konnte die Sonne durch ein oder zwei Löcher sehen, doch es war hauptsächlich finster zwischen den großen Bäume. Da waren gesprenkelte Flecken auf dem Boden, wo das Licht durch die Blätter schien und die gesprenkelten Flecken wanderten ein wenig und zeigten, dass dort oben in den Bäumen der Wind sanft wehte. Ein paar Eichhörnchen saßen auf einem Ast und plapperten sehr freundlich zu mir herunter.

In Passagen wie diesen bekommen wir ein Gefühl dafür, wie wohl sich Huck in der Natur fühlt und wie aufmerksam er die Zeichen der Natur liest. Er erahnt die Stunde am Stand der Sonne und er folgert die Anwesenheit einer leichte Brise über ihm anhand der Bewegung des Sonnenlichtes am Boden. Der Beobachtung von Huck liegt seine Zuneigung zur Natur zugrunde, die offensichtlich ist, wenn er berichtet, dass zwei

Eichhörnchen auf einem Ast saßen und „sehr freundlich zu mir herunter plapperten". Das war wahrscheinlich ein Missverstehen der Laute der Eichhörnchen, doch es zeigt, wie bereit Huck annimmt, dass die Beziehung zur Natur freundlich ist.

Hucks Gefühle für die Natur vertiefen sich, sobald er Jim auf der Insel trifft. Die beiden machen ein altes Floß fest und beginnen den Mississippi River hinunter nach Cairo, Illinois, zu treiben. Sie reisen in der Nacht (und verstecken sich am Tag) und in der zweiten Nacht übernehmen sie den Rhythmus des Flusses. „Es war irgendwie ehrwürdig, den großen, ruhigen Fluss hinunterzutreiben, auf dem Rücken zu liegen und auf die Sterne hinaufzuschauen, und wir fühlten uns nicht danach, laut zu sprechen, und lachten nicht sehr oft – nur hin und wieder kicherten wir auf dumpfe, leise Weise." Mit dem Fortschreiten des Romans spricht Huck wiederholt darüber, wie die Ruhe des Flusses ihre Laune beeinflusste und auch in ihnen eine Ruhe hervorrief. Sogar wenn sie an Land waren, sagte Huck, dass Jim und er Stunden damit verbrachten „herumzufaulenzen und der Ruhe zu lauschen".

Ich wies auf diese Wirkung der Stille der Natur im vorangehenden Kapitel hin. Menschen spüren sie oft, wenn sie Zeit allein im Wald oder in der Natur verbringen. Vor einigen Jahren inspizierte ich einen kleinen Abschnitt eines Waldes in der Vorstadt von Teaneck, New Jersey, und versuchte herauszufinden, ob er für die Erforschungen von Kindern wertvoll wäre und ob ich eine Kampagne zu seinem Schutz starten könnte. Der Wald war voll von Müll und umgeben von verkehrsreichen Straßen. Doch als ich gerade dabei war, ihn zu verlassen, verweilte ich ein wenig, nahm die völlige Ruhe ganz oben auf den Bäumen wahr und war überrascht, diese Ruhe auch in meiner Brust zu verspüren. Für manche Dichter und Schriftsteller hat eine solche Wirkung eine spirituelle Dimension. Der Friede der Natur wird zu unserem eigenen Frieden.

Als nun Hucks Liebe zum Fluss wächst, gibt er uns bei jeder Gelegenheit eine detaillierte Beschreibung des Sonnenaufgangs am Wasser. Er sagte, dass Jim und er üblicherweise das Floß vor der Morgendämmerung festbanden, ein Bad zum Abkühlen nahmen und sich dann auf den sandigen Grund des knietiefen Wassers setzten, um zu beobachten, wie das Tageslicht kam.

> Nicht ein Geräusch irgendwo – ganz still – ganz so als ob die gesamte Welt schlafen würde, nur manchmal vielleicht das Quaken der Ochsenfrösche. Das erste was man sah, wenn man über das Wasser hinwegsah, war eine Art von matter Linie – das war der Wald auf der anderen Seite; man konnte nichts anderes erkennen; dann ein blasser Fleck am Himmel, der dann mehr Blässe verströmte, dann wurde der Fluss in der Ferne weicher und war nicht mehr schwarz, sondern grau ... und nach und nach konnte man einen Streifen auf dem Wasser sehen, an dessen Aussehen man erkennen konnte, dass dort eine Schlange war ... und man sieht den Dunst sich nach oben vom Wasser wegringeln und den Osten erröten ... dann kommt eine Brise auf und umweht dich so kühl und frisch und mit süßem Duft, der von den Wäldern und Blumen kommt; doch manchmal ist es nicht so, weil sie toten Fisch umherliegen haben lassen, es stinkt ziemlich; und daneben hast du den ganzen Tag und alles lacht in der Sonne und die Singvögel erfreuen sich einfach daran!

Auch hier umfasst Hucks Beschreibung wieder ein wenig Animismus, der ganz am Schluss kommt. Wenn der volle Morgen heranbricht, „hast du den ganzen Tag und alles lacht in der Sonne". Diese Metapher ist so treffend, dass sie beinahe unbemerkt bleibt. Als Huck hinzufügt: „und die Singvögel erfreuen sich einfach daran!" teilen wir die Freude Hucks an der Energie und der Ausstrahlung des Morgens.

Wir verdanken es dem Literaturhistoriker Leo Marx[4], dass er die Aufmerksamkeit auf die frische, unmittelbare und poetische Qualität Hucks Beschreibung gelenkt hat. „All seine Sinne sind lebendig," sagte Marx und „jede winzige Einzelheit bekommt eine besondere Aufmerksamkeit".

Marx vermutet, dass Hucks Darstellung so frisch und lebendig ist, weil Huck Teil der Szene ist und uns exakt beschreibt, was er sieht. Er idealisiert nichts und beschönigt nichts. Er beschreibt sogar den stinkenden Fisch. Marx vermutet auch, dass das Portrait des Morgengrauens sich authentisch anfühlt, weil es im Original in Mundart geschrieben ist. Es wird von einem Jungen erzählt, der der Landschaft „auf die Weise angehört, dass seine Sprache für sie angeboren ist".

Ich würde auch hinzufügen, dass Huck auch der Landschaft in dem Sinne angehört, dass er eine emotionale Identität mit ihr fühlt und sich genau in den richtigen Momenten dem Animismus hingibt. Das heißt, er sieht die Natur aus animistischer Sicht, dass sie mit uns dieselbe Energie und dieselben expressiven Kräfte teilt. So wie wir uns oft bei Tagesanbruch frisch und dynamisch fühlen, wenn wir zuerst von den lebenserhaltenden Strahlen der Sonne gewärmt werden, tun das auch Vögel, Pflanzen und andere Lebewesen. Auch sie werden energetisiert und strahlend. Und es gibt keine bessere Art das zu beschreiben, was vor sich geht, als zu sagen, dass alles „in der Sonne lächelt".

Natürlich ist die Natur nicht immer angenehm und heiter. Doch Huck empfindet auch Freude für den heftigen Sturm.

Eines Nachts erhebt sich ein großer Sturm während die zwei Männer, der König und der Herzog, an Bord des Floßes sind. Sie beeilen sich, um die Betten in den Wigwam des Floßes zu bekommen (das Jim und Huck erbaut hatten). Huck und Jim halten Wache. Doch Huck sagt:

> Ich würde mich auf keinen Fall zurückziehen, wenn ich ein Bett hätte, weil man nicht an jedem Tag der Woche so einen Sturm wie diesen sieht, nicht einmal wenn man genauer hinblickt. Meine Güte, wie schrie der Wind entlang! Und jede zweite Sekunde kam da ein heller Blitz, der die Wellen mit ihren Schaumkronen einen Kilometer rundherum aufleuchten ließ und man sehen konnte, wie die Inseln durch den Regen staubig aussehen und die Bäume, die im Wind umherpeitschen; dann kommt ein uhack – bum! Bum! Bumbl-umbl-umbum-bum-bum-bum – und der Donner grollt und rumpelt weg und aus – und dann plötzlich kommt noch ein Blitz …

Hucks Begeisterung steckt sogar den Leser an. Seine Erzählung beruht in diesem Fall nicht hauptsächlich auf animistischen Metaphern (obwohl der Wind „entlangschreit"). Vielmehr verwendet er ein anderes Mittel, um sich mit der Natur zu identifizieren: die Lautmalerei; er reproduziert die Geräusche des Sturms (wie z.B. „uhack"). Huck erzählt uns weiter, dass die Wellen tatsächlich gegen ihn peitschten, doch es machte ihm nichts aus. Er war völlig versunken in der Erfahrung. Hingegen brachten sich der König und der Herzog, deren Interessen nur eigennütziger Natur waren, vor dem Sturm in Sicherheit und versäumten die gesamte Szene.

Während des Sturms erwähnt Huck, dass er sich keine Sorgen zu machen brauchte, um die ungesehenen Schlangen im Fluss, weil der Blitz immer wieder den Himmel erhellte und man sie so erkennen konnte. Doch die größte Gefahr sind nicht die Schlangen. Es ist eines der großen Erfindungen der Industriellen Revolution – das Dampfschiff.

Wie Leo Marx herausstreicht, war Mark Twains Einstellung sehr ambivalent, was die industrielle Technologie betraf. Twain war selbst Dampfschiffkapitän und sogar sein literarisches Pseudonym stammt von einem Maß für Dampfschiffe. Doch was Twain störte, war, dass das Dampfschiff sich immer weiter in die Ruhe des Flusses drängte.

Manchmal verwendet Huck animistische Metaphern, um das Dampfschiff zu beschreiben, doch die Metaphern sind oft die eines Körpers, der krank ist oder sich unwohl fühlt. Huck und Jim sehen „ein Dampfschiff flussaufwärts *husten*" und sehen, dass es „ein ganzes Büschel Funken aus seinen Schloten *rülpst*".

Nach einem Drittel des Romans findet sich die Beschreibung, als ein Dampfschiff zu schnell auf das Floß zukommt.

> Es war ein großes und kam eilig angefahren und sah aus wie eine schwarze Wolke mit Reihen von Leuchtkäfern herum; doch plötzlich wölbte es sich heraus, groß und furchterregend, mit einer langen Reihe von weit offenen Ofentüren, die wie rotglühende Zähne waren mit ihren monströsen Bögen und dem Schutz, die direkt über uns hingen. Da schrie man uns an und die Schiffsglocke wurden geläutet, um die Maschine zu stoppen, eine Ansammlung von Fluchen und Pfeifen des Dampfes übergoß uns – und als Jim an einer Seite über Board ging und ich auf der anderen Seite, kam es und krachte direkt durch das Floß.

Huck hat Schwierigkeiten, das große, Furcht erregende Dampfboot zu beschreiben. Er versucht auf Metaphern der Natur zurückzugreifen, indem er sagt, es kam und „sah aus wie eine schwarze Wolke mit Reihen von Leuchtkäfern herum" und hatte „Ofentüren, die leuchteten wie rotglühende Zähne," doch die Bilder sind irreal. Huck scheint zu erkennen, dass seine Naturbilder nicht ganz richtig sind. Er sagt, das Dampfschiff sah aus „*wie* eine schwarze Wolke" und schienen „*wie* rot glühende Zähne" [kursive Schrift vom Autor]. In seinen Beschreibungen der Natur erzählt uns Huck einfach, was er sieht, und verwendet nicht das Wort wie. Doch das Dampfschiff ist künstlich und Huck gibt sich alle Mühe, es zu beschreiben. Er ist nicht mehr in seinem Element.

Nachdem Twain schrieb, dass das Dampfschiff in das Floß krachte, hörte er für drei Jahre auf, an dem Roman zu schreiben. Die grundlegende Schwierigkeit, meint Leo Marx, war, dass Twain das Gefühl hatte, dass ein freudvolles und spontanes Leben am Fluss nicht mit der kommenden industriellen Technologie zu vereinbaren war. Twain hatte das Gefühl, dass die Veränderung das idyllische Leben zerstören würde.

Twain setzte sein Buch natürlich fort und beschrieb die Flussumgebung auf liebevolle Art und Weise. Doch mit seiner Vorahnung bezüglich der technischen Entwicklung hatte er Recht. Mit dem Fortschritt der Technik haben wir die Natur auf eine Weise verwandelt, die sich die Denker des 19. Jhdts. nicht vorstellen hätten können. Wir haben Flüsse reguliert, Wälder abgeholzt, Berge abgetragen und das Land mit asphaltierten Straßen zerstückelt. Wir haben beinahe gänzlich künstliche Umgebungen aus Beton, Stahl und Plastik geschaffen. Wo immer wir auch leben, beziehen wir unsere Informationen zunehmend von den elektronischen Medien. Wir haben uns beinahe völlig von der Natur abgeschnitten.

Wir können uns möglicherweise vorstellen, dass Menschen noch immer viel Kontakt zu unberührten Gebieten haben, wenn sie aus den Städten und Vorstädten hinausfahren. Doch das ist kaum der Fall. 1968 hat Edward Abbey beschrieben, wie sogar die amerikanischen Naturparks zum Produkt der Tourismusindustrie werden, „mit Polizei, Verwaltern, asphaltierten Autobahnen, Autonaturwegen, offiziellen Aussichtspunkten, gekennzeichneten Campingzonen, Waschgeräten, Cafeterias, Coca-Cola-Automaten, Wassertoiletten und Eintrittsgebühren". Und wie die Forschung von Gary Nabhan und Sara St. Antoine[5] in der Wüste Sonoran ergeben hat, erliegen andere Naturgebiete ebenfalls den modernen Trends. Im Gebiet dieser Wüste verbringen Kinder nicht mehr viel Zeit damit, in ihrer Umgebung die Natur zu erkunden. Stattdessen lernen sie drinnen mittels Fernsehen, Filmen und Videos über die Tierwelt.

Unsere moderne Gesellschaft scheint entschlossen zu sein, sich von der Natur zu isolieren. Wie der König und der Herzog in *Huckleberry Finn* suchen wir den Komfort in künstlichen Umgebungen. Wir schließen uns ab in temperaturgeregelten Häusern, Bürogebäuden und Autos und erachten die Stürme, Winde und Schneefälle als Störung unserer täglichen Routine.

Wie ich in Kapitel 3 hingewiesen habe, macht es unsere Entfremdung der Natur gegenüber wahrscheinlich für unsere Kinder schwierig, sich gesund zu entwickeln. Die Natur stimuliert die Kreativität der Kinder, ihre Sinne und die Beobachtungsfähigkeit und wir müssen uns fragen, was mit jenen Kindern geschieht, die keinen Kontakt zur Natur haben.

Die Natur scheint den Kindern ein Gefühl der Ruhe und der Zugehörigkeit zur Welt zu geben, ein Thema, das *Huckleberry Finn* gut veranschaulicht. Huck gibt uns ein Gefühl davon, wie Kinder möglicherweise die emotionale Kontinuität mit der Natur verspüren. Er lauscht den Launen und Botschaften des Windes; er fühlt die Freundlichkeit der Eichhörnchen; er spürt die Freude der Vögel und Pflanzen beim Morgenanbruch am Fluss. Die Ruhe des Flusses schafft darüber hinaus eine Ruhe in ihm. Sogar Stürme sind willkommene und aufregende Geschehnisse für Huck und er taucht in sie ein. Kinder, die keine solchen Gefühle für die Natur haben – müssen innerlich sehr leer und einsam sein.

Natürlich kann man heute von Erwachsenen nicht erwarten, dass sie ihre Kinder wie Huckleberry Finn aufwachsen lassen. Wir können Kinder nicht die Schule schwänzen lassen, damit sie Zeit am Fluss oder in den Feldern, Hügeln oder leeren Winkeln verbringen können.

Dennoch ist Huck ein so wunderbar beschriebener Charakter, dass er uns Bilder übermitteln kann, die für uns nützlich sein können, wenn wir die verschiedenen gegenwärtigen Themen durchdenken. Wenn wir denken, dass wir ein wenig von Huck Finns Eigenschaften bei unseren Kindern sehen möchten, werden wir uns möglicherweise mehr einsetzen gegen die Bauentwicklung, die die natürlichen Gegenden in unserer

Region zerstören wird. Wir denken möglicherweise zweimal über den Sinn von längeren Schuljahren und Schultagen nach, wenn der Erfolg davon sein wird, dass weniger Zeit für Sommercamps und geruhsame Naturerfahrungen bleibt. Wir nehmen möglicherweise einen klareren Standpunkt gegen ein Übermaß an Fernsehen ein und bringen unsere Kinder dafür in den Park. Wir fordern dann möglicherweise von den Schulbehörden, ihre enormen Investitionen in die neueste Technologie zurückzuschrauben, um einige Mittel in Naturstudien und Outdoor-Erfahrungen zu investieren.

Anhang B

Wie Kinder die Schule erleben: Sally Brown und Peppermint Patty

*Lernen ist keinen Cent wert, wenn der Mut
und die Freude dabei verloren gehen.*

Pestalozzi

Die führenden Politiker, Unternehmer und Pädagogen von heute fordern höhere akademische Standards und Leistungen der Schüler. Sie sind der Meinung, dass unsere Schulen mehr von den Kindern verlangen müssten, wenn sie auf die globale Wirtschaft vorbereitet sein sollen, die auf Wettbewerb ausgerichtet ist. Beinahe alle sind derselben Meinung. Die Forderung nach strengeren Standards findet laut Meinungsumfragen große Zustimmung – die lokalen Schulbehörden und Elterngruppen machen sich ernsthafte Sorgen um die Testnoten der Kinder.

In diesem Klima wird zu wenig über die Gefühle der Kinder gesprochen, die sie der Schule gegenüber haben. Noch nie in der Geschichte scheinen Kinder die Schule besonders gemocht zu haben.[1] Sie hat immer schon der natürlichen Neugier der Kinder und ihrer Begeisterung am Lernen ihren Zoll abverlangt. Doch heute, während die Standardwelle rollt, wird der Druck auf Kinder ziemlich unerträglich.

Da man heutzutage so selten erlebt, dass sich jemand um die Gefühle der Kinder der Schule gegenüber Gedanken macht, bin ich froh, wenn irgendjemand dieses Thema anspricht. Ich finde es besonders bedeutsam, dass einer der beliebtesten Humoristen, Charles Schulz, viele seiner Comics *Peanuts* dem Thema gewidmet hat, wie Kinder die Schule erleben. Auf eine gewisse Weise mag es den Anschein haben, dass Schulz keine wirklichen Kinder beschreibt, da zum Teil die Pointe der Comics daraus entsteht, dass Kinder philosophische Fragen aufwerfen, die nicht ihrem Alter entsprechen. Die Kinder, die zwischen einigen Monaten und acht Jahre alt sind, fragen einander nach „dem Sinn des Lebens" und was ihrer Meinung nach „das größte Problem, das wir heute in der Welt haben", ist. Sally Brown, vergleicht, nachdem sie eine Tüte mit Eis, das sie mühevoll und sorgfältig ausgesucht hat, fallengelassen hat, das Leben mit einer „Tragödie von Shakespeare".

Dennoch illustrieren die Peanuts-Figuren viele der unverkennbaren Eigenschaften der Kindheit. Einerseits sind die Comics voll von Animismus; die Kinder schreiben beinahe jedem Gegenstand in ihrer Umgebung Gefühle und ein Bewusstsein zu. Sie sprechen über Bäume, fallende Blätter, Ballons, Beachballs und das Schulgebäude und die meisten dieser Gegenstände reagieren, als ob sie verstehen würden, was die Kinder sagen. Snoopy, ein Hund, denkt und handelt wie ein Mensch. Die Kinder von Schulz, wie auch generell alle Kinder, machen nicht dieselben Unterscheidungen wie Erwachsene; sie unterscheiden nicht zwischen Menschen und Nichtmenschen, zwischen Beseeltem und Unbeseeltem. Für Kinder ist alles voller Leben und Gefühle.

Das bekannteste Peanuts-Charakteristikum der Kindheit ist das Bedürfnis von Linus nach seiner Sicherheitsdecke. In der Psychoanalyse ist die Decke als „transitionaler Gegenstand" bekannt – Donald Winnicotts Begriff für Decken, Teddybären und andere Gegenstände, an denen viele Kleinkinder besonders hängen. Winnicott nannte diese Gegenstände „Übergangsgegenstände", weil sie dem Kind helfen, den Übergang von der Einheit mit der Mutter hin zur Unabhängigkeit von ihr zu schaffen. Winnicott begann über Übergangsgegenstände in den frühen 50er Jahren zu schreiben und überzeugte nach und nach die Psychologen und Therapeuten, dass diese Gegenstände Teil einer normalen Kindentwicklung sein können. Schulz begann seine Erzählungen von Linus und seiner Decke zur selben Zeit, hatte jedoch eine viel größere

Leserschaft, die den Bedürfnissen der Kinder nach Übergangsgegenständen gegenüber toleranter war.

Schulz meinte, dass er sehr stolz auf die Linus Comics sei, die den „Rechten der Kinder" sehr dienlich waren. Seine Comics über die Schwierigkeiten der Kinder in der Schule sind ebenso wichtig.

Sally Brown

Das Kind, das wir am umfassendsten bei seinem Schulbeginn beobachten können, ist die Schwester von Charlie Brown, Sally. Als Sally erfährt, dass sie in die Vorschule gehen muss, ist sie schockiert und versucht, irgendwie davonzukommen. In einem Comic gibt sie Charlie Brown einen Bleistift und ein Blatt Papier und bittet ihn, Folgendes zu schreiben: „An die Zuständigen: Bitte, entschuldigen Sie Sally Brown vom Vorschulunterricht … Sie wird zu Hause gebraucht." Als er ihr jedoch sagt, dass er das nicht schreiben kann, ist sie mit den Nerven völlig am Ende.

Doch Sally findet den ersten Tag in der Vorschule sogar erfreulich („und wir sangen Lieder und malten Bilder … und hörten Geschichten…"). Sie mag die Schule so lange, wie sie den natürlichen Neigungen eines Kindes entsprechend an die Aufgaben herangehen kann. Insbesondere liebt sie die Aufgaben, die sie als Zeichnung auffassen kann. Als sie den Buchstaben i übt (und iiiiiiii schreibt), erzählt sie ihrem Bruder, dass sie Ozeanwellen mit winzigen Seemöwen malt, die über jeder Welle fliegen. Bei ihren schriftlichen Aufgaben erlebt sie die einfachsten Zeichen und Linien als Lebewesen. In einem Comic erzählt sie ihrem Bruder: „Das sind Wiederholungszeichen, die die anderen jagen", und in einem anderen versucht sie ihm, „einige Sechser, die gerne Nasen wären" zu zeigen.

In diesen Comics demonstriert Sally die phantasievolle, künstlerische Wahrnehmung von Linien und Nummern, die einige der großen Entwicklungspsychologen wie Heinz Werner so beeindruckte. Diese Comics demonstrieren den Einblick von Schulz in die ungezwungene künstlerische Neigung der Kinder. Doch Sally entdeckt bald, dass sie nicht jede

Schulaufgabe in eine künstlerische Tätigkeit verwandeln kann. In einem Comic zeichnet sie sehr energisch Blumen und schöne Formen um einen Satz herum und erklärt Charlie Brown, dass sie „einen Satz verzieren" soll. Als er ihr sagt, dass es ihre Aufgabe wäre, einen Satz graphisch darzustellen, seufzt sie nur.

Darüber hinaus werden die Schulgegenstände allmählich abstrakter und liegen jenseits ihres Verständnisses. Besonders Mathematik nervt sie und sie beginnt, die Lösungen zu erraten. Als Charlie Brown, während er ihr mit ihren Stundenplänen hilft, sie fragt: „Wie viel ist zwei mal sieben?", meint Sally: „Eine Million?" Als er sie fragt: „Wie viel ist drei mal null?", ratet sie: „Viertausend? Sechs? Zwölfundelfzig? Fünfzig Quillionen? Achtundüppig? Zweiundwendig?"

So erfasst auch sie der Druck der Schule. Am Ende ihrer ersten Sommerferien informiert sie Charlie Brown, dass am Montag die Schule beginnt. Sally sagt: „Nicht für mich. Ich war schon letztes Jahr dort." Am Ende eines anderen Sommers, als sie erfährt, dass die Schule in drei Wochen beginnt, ruft sie: „Panik auf den Straßen!"

Die Schwierigkeiten für Sally bestehen hauptsächlich darin, dass die Schule, wie auch John Dewey meint, im schlimmsten Sinne schulmeisterisch ist. Sie erfordert vom Kind, dass es Stoff erlernt, der in keiner Beziehung zum Leben des Kindes steht. Sally ist ganz eindeutig nicht daran interessiert, wann Charles Dickens geboren wurde oder wie hoch Mount Whitney ist. Sie steht vor der Klasse, um ihren Aufsatz über John Deere vorzutragen, der „1837 den selbstreinigenden Stahlpflug erfand", und gesteht der Lehrerin: „ Nein, ich habe noch nie einen Pflug gesehen. Ich habe noch nicht einmal einen Landwirt gesehen."

Der Erfahrung Sallys nach besteht Schule nur aus Informationen, die man auswendig lernen muss oder die Folgen davon tragen muss. Eines Tages wird sie von ihrem Bruder geweckt und ruft: „Ich kann nicht in die Schule gehen! Ich bin nicht bereit!! Ich weiß nicht, wo Italien ist! Ich kann Kavallerie nicht buchstabieren! Wer war der Vater von Richard V? Ist mein gekochtes Ei fertig? … Ich brauche Antworten!" Charlie Brown versucht, ihr zu versichern, dass sie die Antworten nicht zu wissen braucht, weil „Du deswegen ja zur Schule gehst … die Schule ist zum Lernen da." Doch Sally sagt einfach nur: „HA!" Und wenn Sally einen

Aufsatz über „Was ich heute in der Schule gelernt habe" schreiben muss, bezieht sie sich nicht auf das Buchwissen, sondern auf das wirkliche Leben. „Dieses Jahr habe ich gelernt, auf mein Mittagessen aufzupassen, damit es mir nicht weggeschnappt wird."

Trotz all ihrer Frustration beweist Sally weiterhin Fröhlichkeit, Humor und Phantasie. In zahlreichen Comics bringt sie etwas Farbe in den Schulalltag, indem sie Scherze macht, über die sie herzzerreißend lacht. Doch jedes Mal sagt die Lehrerin etwas, das Sally veranlasst, nur nüchtern zu erwidern: „Ja, Frau Lehrerin" und zu ihren Aufgaben zurückzukehren. Doch es überrascht nicht, wenn sie in einem anderen Comic einen weiteren Scherz versucht.

In einer Episode hebt Sally z.B. ihre Hand und sagt: „Frau Lehrerin, ich habe einen Vorschlag für ein Klassenprojekt. Warum können wir nicht alle zusammen Lärm züchten? Er ist sehr einfach zu züchten ... Alles, was man tun muss, ist schreien und der Lärm wächst! HA HA HA HA HA! Ja, Frau Lehrerin ..."

Sally Brown zeigt den Konflikt zwischen den kreativen Impulsen der Kinder und den Anforderungen in der Schule. Diesem Kampf hält Sally stand. Sie macht weiterhin Scherze und hat weiterhin immer wieder neue Ideen. Und genau das ist es, was sie so liebenswert macht. Wir lieben Sally nicht wegen ihres Erfolges in der Schule – wegen irgendeiner besonderen Auszeichnung, guter Zeugnisse oder guter Noten in den Hochleistungstests. Wir lieben sie, weil sie ein Beispiel für den unbezwungenen Geist der Kindheit ist, der gegen das unterdrückende System kämpft.

Wir mögen uns jedoch fragen, wie lange Sally noch imstande sein wird, diesem Kampf Stand zu halten. Wird sie nach einem oder zwei weiteren Schuljahren noch ebenso voll Leben und Witz sein? Schulz machte nicht den Anschein, als ob er uns die Antwort verraten würde, vielmehr, als ob er Sally immer im ungefähr gleichen Alter lassen wollte. Doch in seinen Comics gibt es auch ein etwas älteres Kind, das mit der Schule kämpft.

Peppermint Patty

Peppermint Patty, die in einem Comic sagt, dass sie sieben Jahre alt ist, ist ein Wildfang, liebt Sport und Spiele, ist sehr gut in Baseball und liebt es, die bunte Sprache der Arbeiter zu verwenden. Als sie in den späten 60er Jahren zu den Peanuts kam, wo die Figuren ziemlich kultiviert und anständig waren, führte sie einen anderen Umgangston ein, indem sie z.B. eines Tages den Telefonhörer nimmt und sich selbst Charlie Brown mit den Worten: „Hi, Mann!" vorstellt.

Peppermint Patty ist keine gewöhnliche Figur. Sie behält viel von der Naivität der Kindheit bei. Sie ist z.B. die einzige Peanuts-Figur, die glaubt, dass Snoopy ein Kind ist, wenn auch eines, das eigenartig aussieht. Sie ist auch sehr offen in ihren Emotionen und zögert z.B. nicht, ihre Begeisterung über die Schönheit eines Sees auszudrücken. Doch kann sie auch kraftvoll im Auftreten in der Welt der Kinder sein – besonders am Spielplatz, im Sandkasten und im Sommercamp. Wenn ein Junge so töricht ist, sie oder einen ihrer Freunde zu necken, äußert sie Drohungen wie: „Sag ihm, dass er die Schnauze halten soll [oder] ich verkürze sein Leben." Wenn sie dann zu sehr bedrängt wird, kann sie einen Jungen mit einem einzigen Schlag zu Fall bringen.

Patty erinnert an eine frühere Zeit, bevor es noch Fernsehen und Videospiele gab, als die Kinder in ihrer Freizeit noch aktiver zu sein schienen. In dieser Hinsicht unterscheidet sie sich von Sally Brown, die bereits in den Bann des Fernsehens gezogen worden ist. In einer Comicserie bleibt Patty einige Tage bei Charlie Brown und ist überrascht, dass er und Sally ihre Abende damit verbringen, fernzusehen. „Du meinst, ihr sprecht nicht? Was wär's damit, Dame oder etwas anderes zu spielen? Oder etwas zu erfinden? Oder Leuchtkäfer zu fangen? ... Wie wär's mit

Farben, Mann? Vielleicht könnten wir mit Wasserfarben malen?" Doch Charlie und Sally Brown setzen sich einfach vor den Fernseher und Patty seufzt.

In der Klasse jedoch kann Patty diese Energie nicht aufbringen. Sie findet die Schule so schwierig und langweilig, dass sie oft einfach an ihrem Tisch einschläft und sie nur eine Vier minus bekommt. Wenn der Lehrer sie aufruft und sie etwas fragt, rät sie oft einfach nur oder versucht, an der Situation zu manipulieren, indem sie z.B. sagt, dass die Antwort „so offensichtlich" ist, dass sie nicht die Gutmütigkeit des Lehrers ausnutzen wolle, und die Frage nicht beantwortet. In anderen Episoden versucht sie, ein Stück Kristall über ihr Testblatt zu halten, um die richtige Antwort herauszubekommen; sie versucht, Schleifen in ihr Haar zu binden, um die Gunst des Lehrers zu gewinnen, und sie schreibt ihren Namen „Betty", „um unerkannt zu bleiben".

Doch natürlich funktioniert keine dieser Taktiken und sie bekommt weiterhin immer nur eine Vier minus.

Nur selten durchbricht die Schule ihre übliche Routine und macht Angebote, die Patty begeistern. Eines Tages geht die Klasse in ein klassisches Konzert von jungen Künstlern und Patty ist überrascht zu erleben, dass sie von der Musik tief bewegt ist. Doch anschließend muss die Klasse einen Aufsatz mit 500 Wörtern über das Konzert schreiben und sie erkennt, dass das ja ohnehin zu erwarten war. Schließlich sagt sie zu Charlie Brown: „Ich glaube, das ist der Zweck der Bildung, hm, Mann? Um uns davon abzuhalten, etwas zu genießen."[2]

Peppermint Patty demonstriert dann, inwieweit viele Kinder nur außerhalb der Schule spontan und glücklich sein können. Kinder scheinen selbst oft zu merken, dass viele der Fähigkeiten, die sie schätzen – wie athletische Fähigkeiten, Humor, Leidenschaft, Tapferkeit und Führungsfähigkeiten – hauptsächlich außer der formalen akademischen Umgebung zur Geltung kommen. Das ist der Grund, warum die meistbewunderten Peers nicht jene sind, die die besten Noten haben. Bei den Peanuts spricht Marcie, die selbst eine Vorzugsschülerin ist, Peppermint Patty mit „Sir" an.

Dennoch misst die Gesellschaft der Erwachsenen den akademischen Leistungen einen ungeheuren Wert bei und durch die kläglichen Leistungen von Peppermint Patty in der Schule wird langsam ihr Selbstwert untergraben. Sie berichtet z.B. ihrer Freundin Marcie: „Ich werde jeden Tag dümmer und es ist einfach alles so peinlich."

In zwei beachtlichen Zeichentrickserien vergisst Schulz auf seinen charakteristischen leichten Humor und lässt uns wissen, wie schmerzlich Pattys Gefühle sind.

Die erste Serie beginnt damit, dass Patty zum Büro des Direktors geschickt wird. Sie weiß nicht warum, doch sie hat das Gefühl, dass eine weitere Erniedrigung auf sie wartet. Als sie die Tür öffnet, sagt sie sich: „Ich glaube, man hat den Türgriff absichtlich so hoch gemacht, damit man sich unterlegen fühlt." Der Grund für ihren Besuch, erfährt sie, ist, dass sie den Schulkleidungskodex verletzt hat, weil sie Sandalen trug. Doch die Sandalen bedeuten Patty viel, weil sie keine Mutter hat und ihr ihr Vater die Sandalen mit folgenden Worten gegeben hat: „Sicher kannst du sie haben, weil du ein seltenes Juwel bist." Da Patty ein wachsendes Gefühl der Minderwertigkeit in der Schule verspürt, kann sie es sich nicht erlauben, die Sandalen zu Hause zu lassen. Normalerweise würde sie gegen den Kleidungskodex ankämpfen, doch dieses Mal bricht sie zusammen und weint.

In der zweiten Serie sagt Patty zu Marcie: „Ich kann es nicht mehr aushalten" und verlässt die Schule. Sie plant, ihre Tage mit Snoopy auf seiner Hundehütte (die sie für Charlie Browns Gästehäuschen hält) zu verbringen. Marcie, die selbst der Schule fern bleibt, spürt, dass Pattys Umzug gefährlich ist und versucht, ihre Freundin zu überreden, zurückzukommen. Schließlich zieht Marcie Patty von der Hundehütte, ändert ihre übliche Taktik und schreit: „Das ist kein Gästehäuschen, Sir, es ist eine Hundehütte! Und Snoopy ist kein komisches Kind mit einer großen Nase!! Er ist ein Hund! *Wann wirst du endlich der Realität ins Auge schauen?!"*

Peppermint Patty hat zweifellos Glück, eine Freundin zu haben, die sich so um sie kümmert und die sie davor bewahrt, aus der Schule auszusteigen. Doch es gibt keinen Grund, warum es so weit kommen muss. Es gibt keinen Grund dafür, warum ein Kind zahlreiche Stunden am Tag damit verbringen muss, mit Aufgaben zu kämpfen, die es zu schwierig und bedeutungslos findet, und dass es so weit kommt, dass es sich als Person minderwertig fühlt, weil es bei diesen Aufgaben keine gute Leistung erbringt. Dennoch erleben unzählige Kinder tagtäglich diese Situation.

Natürlich müssen Schulen den Schülern einen gewissen Stoff beibringen. Sie müssen den Schülern jenes Wissen und jene Fertigkeiten vermitteln, die sie als Erwachsene benötigen werden. Doch die Schulen sollten auch auf die spontanen Interessen und das natürliche Lernen Rücksicht nehmen. Sie sollten auf die Begeisterung des Kindes für körperliche Aktivitäten, kreative Projekte, Künstlerisches und das Spielen Rücksicht nehmen und sie sollten Kindern die Möglichkeit geben, durch diese Aktivitäten zu lernen. Es ist das Ziel von nichtdirektiven Schulen, die Bildung auf die natürlichen Neigungen der Kinder abzustimmen. Wir sollten mehr Schulen dazu ermutigen, dies zu tun.

Anmerkungen

Vorwort

Xi Die Beobachtung von Eltern, dass ihre Kinder bestrebt waren, bereits vor der Schule zu lernen: siehe Kamii und DeVries 1980, 14.
Xii Beispiele von zeitgenössischen Testkritiken, die breitegestreute Ziele für die Zukunft suchen: Miner 1999-2000; Shorofsky 2000. Unter den seltenen Autoren heute, die Wert auf das momentane Leben der Kinder legen: Egan 1997; Kozol 2000, 138-42.
Xii kindzentrierte Autoren, die die Vorbereitung auf die Zukunft hinterfragten: Rousseau 1762/1974; Dewey 1916/1966, 54-56; Montessori 1949/1967; Ames 1971; Elkind 1981, 199.

Kapitel I
Dem Plan der Natur folgen: Die kindzentrierte Erziehung in den ersten Lebensjahren

1. Spock 1945/1968; Erikson 1959, 63, 99.
2. Gesell and Ilg 1943.
3. Über Piagets Theorie: Crain 2000, Kap. 6.
4. Bell and Ainsworth 1972. Andere Studien über das Reagieren auf die Signale des Kindes: Ainsworth u.a. 1978, Kap.8, Mahler, Pine and Bergman 1975; Crain 2000, 57.
5. Baumrind 1971a, 1971b. Zu einer Kritik von Baumrinds Erkenntnissen, siehe Lewis 1981.
6. Über den akademischen Unterricht in der frühen Kindheit: Hirsh-Pasek 1991; Marcon 1994, 27; Weikart und Schweinhart 1991.
7. Über das Scaffolding: Vgotsky 1934/1986; Berk and Winsler 1995.
8. The birth-to-three movement: Bruer 1999; Eliot 1999, 29-32.
9. Die „Liebesgeschichte der Kleinkinder mit der Welt," eine „wertvolle Periode": Mahler, Pine und Bergman 1975, 70; „der Höhepunkt der Perfektion": Kaplan 1978,182.
10. Montessori 1936/1966.
11. Basis, von der aus das Kind erforschen kann: Ainsworth u.a. 1978. Tinbergen and Tinbergen 1972.

Kapitel 2
Kinder erfinden imaginäre Freunde

1. Ames and Leonard 1946.
2. Newson and Newson 1968, 176.
3. Kinder personifizieren Tiere: Taylor 1999, 17; Ames and Leonard 1946, 154.
4. Persönlichkeitseigenschaften von Kindern mit imaginären Freunden: Taylor 1999, Kap. 3; Singer and Singer 1990, 102; Gleason, Sebanc and Hartup 2000.
5. Antonia Mills' Studie in Indien: Taylor 1999, 153.
6. Reinkarnationsannahme: Newson and Newson 1968, 181.
7. Five- to seven-years-shift: Sameroff and Haith 1996; Gehirnwachstum: Eliot 199, 414.
8. Parakosmos: Taylor 1999, 136-41: Singer and Singer 1990, 111–116.
9. Für Beweise dafür siehe Berk and Winsler 1995, 62-70.
10. Kinder beginnen mit dem Phantasiespiel: Haight and Miller 1993; Miller and Garvey 1984.
11. Erwachsene können das Phantasiespiel unterstützen: Haight and Miller 1993; Smilansky and Shefatya 1990. Doch Einmischung kann es stören: Fiese 1990; Levenstein and O'Hara 1993.
12. Reiche Phantasie in natürlichen Verstecken: Kirby 1989. Mehr phantasievolles Spiel in
13. grüner Umgebung in ärmlichen Zonen: Taylor, Wiley, Kuo and Sullivan 1998.
14. „Oh, ich bin nur ein Kunde": Newson and Newson 1968, 168.

Kapitel 3
Kinder erforschen die Natur

1. „Wasser in einer Sternennacht": Wordsworth 1807/1985, 72.
2. Hart 1979, 283-284; 321, 487-488; Hart 1986.
3. Nabhan and St. Antoine 1993; Nabhan and Trimble 1994.
4. Montessori 1948/1967; Cobb 1959; Pearce 1977.
5. Hypothese der Naturliebe: Wilson 1993; Kellert 1993.
6. Orrzitat: Orr 1993, 427-28.
7. Tiere in den Geschichten der Kinder: Abrams 1977, 65.
8. Tierträume: Foulkes 1999; Van de Castle 1983.
9. „Symbolischer Defekt" und „kognitive Unreife": Foulkes 1982, 82, 115. Gary Snyders Sichtweise: Turner 1995, 44.
10. Wenige Jugendliche träumen von Tieren: Foulkes 1982, 186.
11. Die Natur stimuliert die Stärken der Beobachtung. Hart 1979, 318, 321; Moore 1986a; 1989.
12. Asphalt war „langweilig", doch nun „gehen wir auf kleine Ausflüge und schauen uns die Dinge an": Moore 1986b, 57.
13. Hütten bauen: Hart 1979; Kirby 1989; Moore 1986a; Sobel 1993.

14 Die Natur flößt Frieden ein: Hart 1979, 167, 171, 205, 334.
15 Der ruhige Teich „macht mich sprachlos": Moore 1987, 17.
16 Chawla 1990.
17 Thurman 1979.
18 Grüne Umgebung lindert Aufmerksamkeitsstörungen bei armen Kindern: Wells 2000. Bei Kindern der Mittelklasse: Taylor, Kuo and Sullivan 2001.
19 Einsamkeit in der modernen Gesellschaft: Durkheim 1930/ 1951; Fromm 1941.
20 Psychoanalytiker über die frühen Wurzeln der Entfremdung: Mahler, Pine und Bergman 1975; Winnicott 1965. Kohuts Gedanken werden zusammengefasst in: Greenberg and Mitchell 1983.
21 Schachtel 1959.
22 Adam 1990. Über Parks in den USA: Stine 1997.
23 Ruhig dazusitzen, wenn es anscheinend nichts zu sehen gibt: Standing Bear 1933/1079, 69-70.
24 Naturstudienbücher für Kinder: Russell 1990; Evans and Williams 1993.

Kapitel 4
Kinder zeichnen

1 Die Entfaltung der Kunst von jungen Kindern in vielen Reichen: H. Gardner 1980, 94-99; 1982, 341.
2 Gestaltpsychologie in der Kunst: Arnheim 1954/ 1971; Kellogg 1969.
3 Sonnenrad und Mandalas. Kellogg 1969, 109; Kellogg 1979,17.
4 Kopffüsser: Golomb 1974; Golomb 1992, 77-90.
5 Zeichnungen werden „zunehmend zielgetreu, zunehmend ordentliche …": H. Gardner 1980, 148.
6 Five-to seven-shift: White 1965; Sameroff and Haith 1996.
7 Über die Theorie von Piaget: Crain 2000, 145.
8 Gedanken von H. Gardner und seinen Kollegen über die Förderung der künstlerischen Entwicklung: Gardner 1982a, 213; Gardner 1990; Gardner and Winner 1982; Davis and Gardner 1992.
9 „[In] der Vorschule wird Kindern ‚beigebracht', was akzeptabel ist …": Sarason 1990, 127.

Kapitel 5
Kinder dichten

1. Johnson 1928, 108, 256.
2. „Die Glocken klingen ...": Rogers 1979, 19.
3. Piagets Sichtweise bezüglich Animismus: Crain 2000, 127-28; Piaget 1926/ 1963.
4. Physiognomische Wahrnehmung: Werner 1956; Crain 2000, Kapitel 5.
5. Wahrnehmung erfüllt „seine spirituelle Aufgabe": Arnheim 1954/ 1971, 434.
6. „Ein Pferd ist ein wildes Tier": Gardner 1980, 116.
7. „Ein Gedicht muss geboren werden": Gillion Hughes Gedicht in Rogers 1979.
8. Kinder lieben manchmal schwierige Gedichte: Heard 1989, 1, 4-5.
9. Die Technik Heards: Heard 1989, 41.

Kapitel 6
Kinder lernen sprechen

1. Chomsky erstes bahnbrechendes Buch war *Syntactic structures* (1957).
2. Kinder lernen neun Wörter pro Tag: Clarke 1983; 811.
3. Adams Bestätigungsfragen: Brown and Herrnstein 1975, 471.
4. Chomsky über biologisch programmierte, spezienspezifizierte Fähigkeit und Universalgrammatik: Chomsky 1975, 1-44.
5. Mit der Zeit hat Chomsky seine Meinung geändert, wie viel Arbeit das Kind auf wendet, wenn es eine Sprache beherrscht. In Chomsky 1959 erhebt und testet das Kind aktiv seine Hypothesen; in Chomsky 1986 lernt das Kind eine Sprache auf der Basis von minimaler Erfahrung.
6. Frühe Vokalisation ist überall auf der Welt ähnlich: Sachs 1976.
7. Tafel 6.1 ist von Brown and Herrnstein 1975, 478 und Slobin 1979, 86-87 übernommen.
8. Den Wortschatz zu erweitern kann „die schädigenden Auswirkungen der Armut" lindern": Feldman 1998, 266-67.

Kapitel 7
Wie hat es die Zukunft nur geschafft, uns dermaßen im Würgegriff zu halten?

1. Ariès 1960/1962.
2. *Poena scholastica*: Ariès 1960/ 1962, 259, 263.
3. Comenius in Schulen seiner Zeit: Comenius 1657/1967, 139, 122, 136, 79-80.
4. Wohltätigkeitsschulen: Ariès 1960/1962, 306.

5 Die *Philosophes*: Brinton, Christopher and Wolf 1976, Kap. 17.
6 Die *Encyclopedia*: Brinton, Christopher and Wolf 1976, Kap. 17; Coleman 1969; Shakleton 1969.
7 „Die Natur hat es so eingerichtet, dass Menschen zuerst Kinder sind bevor sie Männer werden": Rousseau 1762/1974, 54.

Kapitel 8
Die Technologie hinterfragen

1 Computer-Moratorium: Alliance for Childhood 2000.
2 Wood 1991, 105.
3 Angesehene Gelehrte befürworten das zielgerichtete, selbstüberwachte Denken: Sternberg and Spear-Swerling 1996; Palicsar and Brown 1989.
4 Papert 1980.
5 Brod 1984.

Kapitel 9
Auf den Normungstrend reagieren: Die kindzentrierte Alternative

1 Massachusetts testen den Boykott: King 2000.
2 Ginsburg and Opper 1988, 239.
3 Montessori 1936b/1966, 239. Bezüglich der Diskussion ihrer Theorie und ihrer Methoden, siehe Crain 2000, Kap. 4.
4 Überforderung im Unterricht untergräbt die Eigenständigkeit: Rousseau 1762/1974, 83, 131, 169, 199.
5 Kamii 1985, 1989, 1994.
6 Portfolios und authentische Bewertungen: siehe Sacks 1999, Kap. 11.
7 Die Auswertung von kindzentrierter Bildung: über offenes Lernen; Horwitz 1979; Walberg 1984; Giaconia and Hedges 1982; Rothenberg 1989: über die Montessoripädagogik; Crain 2000, 83. über Progressive Education, Aiken 1942.
8 Unabhängigkeit: Rogers 1961, 169.

Kapitel 10
Die Fragen der Eltern

1   Kralovec and Buell 2000.
2   Piagets Sichtweise über die informellen Diskussionen der Kinder: Crain 2000, 126, 137.
3   Mutter-Kind Dialog in Gordon 1975, 67-68.

Anhang A
Ein Kind der Natur: Huckleberry Finn

1   „Ich werde nicht reich sein": Twain 1876/ 1988, 434.
2   Über den Animismus: Crain 2000, 127-28, 94-98; Werner 1956.
3   „Manchmal, wenn ein Vogel ruft": Hesse 1942/ 1980, 86.
4   „All seine Sinne sind lebendig": Marx 1964, 333.
5   Nabhan and St. Antoine 1993.

Anhang B
Wie Kinder auf die Schule erleben:
Sally Brown und Peppermint Patty

1   Mangelnde Aufmerksamkeit der Gefühle und Interessen der Kinder gegenüber: Siehe Kane 1995.
2   Der Zweck der Bildung ist „uns davon abzuhalten, etwas zu genießen": Schulz 1993b.

Literatur

Abbey, E. 1968. *Desert solitaire.* New York: Ballantine.
Abrams, D. M. 1977. *Conflict resolution in children's storytelling.* Doctoral diss., Teachers College, Columbia University, New York.
Adam, E. 1990. *Final Report.* Learning Through Landscapes, 3d Floor, Southside Offices, The Law Courts, Winchester, Hampshire S023 9DL, England.
Aiken, W. M. 1942. *The story of the Eight-Year-Study.* New York: McGraw-Hill.
Ainsworth, M. D. S., S. M. Bell, and **E. F. Stayton.** 1974. Infant-mother attachment and social development: Socialization as a product of reciprocal responsiveness to signals. In *The integration of the child into the social world.* Edited by M. P. M. Richards. New York: Cambridge University Press.
Ainsworth, M. D. S., M. C. Blehar, E. Waters, and **S. Wall.** 1978. *Patterns of attachment.* Hillsdale, N. J.: Lawrence Erlbaum Associates.
Alliance for Childhood, 2000. *Computers and childhood: A call for action.* P. O. Box 444, College Park, MD 20741. www.allianceforchildhood.net.
Ames, L. B. 1971. Don't push your preschooler. *Family Circle Magazine,* 79: 60.
Ames, L. B., and **J. A. Chase.** 1974. *Don't push your preschooler.* New York: Harper & Row.
Ames, L. B., and **J. Leonard.** 1946. Imaginary companions and related phenomena. *Journal of Genetic Psychology,* 69: 147-67.
Ariès, P. 1960/1962. *Centuries of childhood: A social history of family life.* Translated by R. Baldick. New York: Vintage Books.
Armstrong, A., and **C. Casement.** 2000. *The child and the machine.* Beltsville, Md.: Robins Lane.
Arnheim, R. 1954/1971. *Art and visual perception.* Berkeley: University of California Press.
—, 1992. *To the rescue of art: Twenty-six essays.* Berkeley: University of California Press.
Balinsky, B.I. 1981. *An introduction to embryology.* 5th ed. Philadelphia: Saunders.
Barber, E. G. 1955. *The bourgeoisie in eighteenth century France.* Princeton, N. J.: Princeton University Press.

Baren, M. 1994. ADHD: Do we finally have it right? *Contemporary Pediatrics, 11*: 97-124.
Bastian, S. 2000. Scores, scores, scores: How the drive to measure student achievement and assess school effectiveness is changing education. Presentation to forum, 13 June. Open Society Institute, New York City.
Baumrind, D. 1971a. Current patterns of parental authority. *Developmental Psychology Monograph, 4,* No.1, part 2.
—, 1971b. Harmonious parents and their preschool children. *Developmental Psychology, 4*: 99-102.
Bell, S. M., and M. D. S. Ainsworth. 1972. Infant crying and maternal responsiveness. *Child Development, 43*: 1171-90.
Bellugi-Klima, U. 1968. Linguistic mechanisms underlying child speech. In *Proceedings of the conference on language and language behaviour.* Edited by E. M. Zale. Englewood Cliffs, N. J.: Prentice-Hall.
Berk, L. E., and A. Winsler. 1995. *Scaffolding children's learning: Vygotsky and early childhood education.* Washington, D. C.: National Association for the Education of Young Children.
Berger, P. L. 1986. *The capitalist revolution.* New York: Basic Books.
Berry, W. 1981. *The gift of good land.* San Francisco: North Point Press.
Bickerton, D. 1981. *The roots of language.* Ann Arbor, Mich.: Karoma.
—, 1999. Creole languages, the language biogramm hypothesis, and language acquisition. In *Handbook of child language acquisition.* Edited by W. C. Ritchie and T. K. Bathia. San Diego: Academic Press.
Billow, R. M. 1981. Observing spontaneous metaphors in children. *Journal of Experimental Child Psychology, 31*: 430- 45.
Blake, W. 1794/1988. Songs of Experience. In *William Blake: Selected Poetry.* Edited by W. H. Stevenson. London: Penguin.
—, 1789/1992. Nurse's song. In *Songs of innocence and songs of experience,* 8-9. New York: Dover.
Bowen, J. 1981. *A history of Western education.* Vol. 3, *The Modern West.* New York: St. Martin's Press.
Boyd, W. 1963. *The educational theory of Jean-Jacques Rousseau.* New York: Russell and Russell.
—, 1968. A history of Western education. 9th ed. London: Adam and Charles Black.

Braine; M. D. S. 1963. The ontogeny of English phrase structure: The first phase: *Language, 39*: 1-14.
Brinton, C., J. B. Christopher, and R. L. Wolff: 1976. Chap. 17 in *A history of civilization, 300 to 1815.* 5th ed. Englewood Cliffs, N. J.: Prentice-Hall.
Brod, C. 1984. *Technostress: The human cost of the computer revolution.* Reading, Mass.: Addison-Wesley.
Bronfenbrenner, U. 1986, February. Alienation and the four worlds of childhood. *Phi Delta Kappan, 67*: 430-36.
Brontë, E. J. 1845/1988. Julian M. and A. G. Rochelle. In *The Brontë Sisters: Selected Poems.* Edited by S. Davies. Manchester England: Fyfield Books.
Brown, R. 1973. *A first language.* Cambridge: Harvard University Press.
Brown, R., and U. Bellugi. 1964. Three processes in the child's acquisition of syntax. *Harvard Educational Review, 34*: 133-51.
Brown, R., and R. J. Herrnstein. 1975. *Psychology.* Boston: Little, Brown.
Bruer, H. T. 1999. *The myth of the first three years.* New York: Free Press.
Calkins, L. with L. Bellino. 1997. *Raising lifelong learners.* Cambridge, Mass.: Perseus Books.
Cazden, C. 1972. *Child language and education.* New York: Holt, Rinehart and Winston.
Centers for Disease Control and Prevention (CDC) 2000, 9 June. Youth risk behaviour surveillance – United States, 1999. *Morbidity and Mortality Weekly Report, 49* (No. SS-5). Atlanta: U.S. Department of Health and Human Services.
Chawla, L. 1988. Children's concerns for the natural environment. *Children's Environments Quarterly, 5*: 13-20.
—, 1990. Ecstatic places. *Children's Environments Quarterly, 7*: 18-23.
Chomsky, N. 1957. *Syntactic structures.* The Hague: Moulton.
—, 1959. Review of B. F. Skinner's *Verbal Behavior. Language, 35*: 26-58.
—, 1975. *Reflections on language.* New York: Pantheon.
—, 1986. *Knowledge of language.* New York: Praeger.
Clabby, J. F. and J. J. Elias. 1987. *Teach your child decision-making.* Garden City, N. Y.: Doubleday.
Clarke, E.V. 1983. Meanings and concepts. In *Handbook of child psychology.* Vol. 3. Edited by J. H. Flavell and E. M. Markman. New York: Wiley.
Clemens, S. 1959. *The autobiography of Mark Twain.* New York: Harper.
Cobb, E. 1959. The ecology of imagination in childhood. *Daedalus, 88*: 537-48.

Coleman, D. C. 1969. The economics of an age of change. In *The eighteenth century: Europe in the age of Enlightenment.* Edited by A. Cobban: New York: McGraw-Hill.
Comenius, J. A. 1657/1967. *The great didactic.* Translated by W. M. Keatinge. New York: Russell and Russell.
Condon, W. S., and L. W. Sander. 1974. Neonate movement is synchronized with adult speech: Interactional participation and language acquisition. *Science*, *183*: 99-101.
Conkling, H. 1920. *Poems by a little girl.* New York: Frederick A. Stokes.
Consortium of National Arts Education Associations. 1994. *National standards for arts education.* Reston, Va.: Music Educators National Conference.
Corbett, H. D., and B. L. Wilson. 1991. *Testing, reform, and rebellion.* Norwood, N. J.: Alex Publishing Corporation.
Crain, W. 2000. *Theories of development: Concepts and applications.* 4th ed. Upper Saddle River, N. J.: Prentice-Hall.
Crain, W. C., and E. F. Crain. 1976. Age trends in political thinking: Dissent, voting, and the distribution of wealth. *Journal of Psychology, 92*: 179-90.
Curry, N. E., and S. H. Arnaud. 1984. Play in developmental preschool settings. Chap. 15. *Child's play: Developmental and applied.* Edited by T. D. Yawkey and A. D. Pelligrini. Hillsdale, N. J.: Lawrence Erlbaum.
Davis, J. H. 1997. The what and the whether of the U: Cultural implications of understanding development of graphic symbolization. *Human Development, 40*: 145-54.
Davis, J., and H. Gardner. 1992. The cognitive revolution: Consequences for the understanding and education of the child as an artist. In pt. 2 of *The arts, education, and aesthetic knowing.* Edited by B. Reimer and R. A. Smith. Chicago: University of Chicago Press.
Davy, J. 1984. Mindstorms in the limelight. In *The Computer in education: A critical perspective.* Edited by D. Sloan. New York: Teachers College Press.
de Bono, E. 1994. Teach your child how to think. New York: Penguin.
Deming, B. 1991. Spirit of love. In *Earth prayers.* Edites by E. Roberts and E. Amidon. San Francisco: HarperSan Francisco.
Dewey, H. 1897/1959. My pedagogic creed. In *Dewey on education: Selections.* Edited by M. S. Dworkin. New York: Teachers College Press.
—, 1902/1959. The child and the curriculum. In *Dewey on education: Selections.*

Edited by M. S. Dworkin. New York: Teachers College Press.
—, 1916/1966. *Democracy and education.* New York: Free Press.
Downs, R. B. 1975. Heinrich Pestalozzi: *Father of modern pedagogy.* Boston: Twayne Publishers.
Doyno, V. A. 1991. *Writing Huck Finn: Mark Twain's creative process.* Philadelphia: University of Pennsylvania Press.
Duke, M. P. S. Norwicki, and **E. A. Martin:** 1996. *Teach your child the language of social success.* New York: Peachtree.
Dunn, J., and **N. Dale.** 1984. I a daddy: 2-year-old's collaboration in joint pretend with sibling and with mother. In *Symbolic play.* Edited by I. Bretherton. Orlando, Fla.: Academic Press.
Durkheim, E. 1930/1951. *Suicide.* Translated by J. A. Spaulding and G. Simpson. New York: Free Press.
Education Week. 2001, January 11. Executive Summary. *Quality Counts 2001.*
Egan, K. 1997. The arts as the basis of education. *Childhood Education, 73*: 341-45.
Elderfield, J. 1984. *The drawings of Henri Matisse.* London: Thames and Hudson.
Eliot, L. 1999. *What's going on in there? How the brain and mind develop in the first five years of life.* New York: Bantam.
Elkind, D. 1981. *The hurried child.* Reading, Mass.: Addison-Wesley.
—, 1989. *Miseducation: Preschoolers at risk.* New York: Knopf.
Emerson, R. W. 1876/1966. Education. In *Emerson on Education: Selections,* 216-17. Edited by H. M. Jones. New York: Teachers College Press.
Erikson, E. H. 1959. *Identity and the life cycle.* Psychological Issues, 1. New York: International Universities Press.
Ervin, S. M. 1964. Imitation and structural change in children's language. In *New directions in the study of language.* Edited by E. H. Lenneberg. Cambridge: MIT Press.
Evans, D., and **C. Williams.** 1993. *Living things.* London: Darling Kindersley Education.
Fein, G. 1981. Pretend play in childhood: An integrative review. *Child Development, 52*: 1095-1118.
Feldman, R. S. 1998. *Child development.* Upper Saddle River. N. J.: Prentice-Hall.
Fiese, B. H. 1990. Playful relationships: A contextual analysis of mother-toddler interaction and symbolic play. *Child Development, 61*: 1648-56.
Fishkin, S. F. 1993. *Was Huck black?* New York: Oxford University Press.

Freeman, N. 1977. How young children try to plan drawings. In *The child's representation of the world.* Edited by G. Butterworth. New York: Plenum.
Fromm, E. 1941. *Escape from freedom.* New York: Holt.
Foulkes, D. 1982. *Children's dreams: Longitudinal studies.* New York: Wiley.
—, 1999. *Children's dreaming and the development of consciousness.* Cambridge: Harvard University Press.
Gardner, H. 1973. *The arts and human development.* New York: Wiley.
—, 1980. *Artful scribbles.* New York: Basic Books.
—, 1982a. *Art, mind, and brain.* New York: Basic Books.
—, 1982b. *Psychology: An introduction.* 2nd ed. Boston: Little, Brown.
—, 1990. *Art education and human development.* Los Angeles: J. Paul Getty Trust.
Gardner, H., M. Kincher, E. Winner, and D. Perkins. 1975. Children's metaphoric productions and preferences. *Journal of Child language, 2*: 125-41.
Gardner, H., and E. Winner. 1982. First intimations of artistry. In *U-shaped behavioral growth.* Edited by S. Strauss. New York: Academic Press.
Gardner, R., Jr. 1999, November 15. Failing at four. *New York* magazine, *32.* 28-31, 112.
Gerstner, L.V., Jr. 1995. *Reinventing education.* New York: Dutton.
Gesell, A. 1945. *The embryology of behavior.* New York: Harper & Row.
Gesell, A., and F. L. Ilg. 1943. Infant and child in the culture of today. In A. Gesell & F. I. Ilg, *Child development.* New York: Harper & Row, 1949.
Giaconia, R.M., and L.V. Hedges. 1982. Identifying features of effective open education. *Review of Educational Research, 54*: 579-602.
Ginott, H.G. 1965. *Between parent and child.* New York: Avon.
Ginsberg, A. 1996. Ruhr-Gebiet. In *Selected Poems, 1947-1995.* New York: HarperCollins.
Ginsburg, H., and S. Opper: 1988. *Piaget's theory of intellectual development.* 3rd ed. Englewood Cliffs, N. J.: Prentice-Hall.
Gleason, T. R., A. M. Sebanc, and W. W. Hartup. 2000. Imaginary companions of preschool children. *Developmental Psychology, 36*: 419-28.
Goldwater, R. 1966. *Primitivism and modern art.* New York: Vintage Books.
Golomb, C. 1973. Children's representation of the human figure: The effects of models, media, and instruction. *Genetic Psychology Monographs, 87*: 197-251.
—, 1974. *Young children's sculpture and drawing.* Cambridge: Harvard University Press.

—, 1992. *The child's creation of the pictorial world.* Berkeley: University of California Press.

Goodman, P. 1960. *Growing up absurd.* New York: Vintage.

Goodnough, A. 2001, 14 June. Strain of fourth-grade tests drives off veteran teachers. *The New York Times,* front page.

Gordon, T. 1975. *Parent effectiveness training.* New York: New American Library.

Greenacre, P. 1957. The childhood of the artist. *The Psychoanalytic Study of the Child,* 12: 27-72.

Greenberg, J. R., and S. A. Mitchell. 1983. *Object relations in psychoanalytic theory.* Cambridge: Harvard University Press.

Haight, W. L., and P. J. Miller. 1993. *Pretending at home.* Albany: State University of New York Press.

Hanawalt, B. A. 1986. *The ties that bound: Peasant families in medieval England.* New York: Oxford University Press.

Harris, L. 1993, Spring. *Children and the environment: A survey of 10, 375 children in grades 4 through 12.* Philadelphia: Pew Charitable Trusts.

Hart, B., and T. R. Risley. 1995. *Meaningful differences in the everyday experience of young American children.* Baltimore: Brooks.

Hart, R. A. 1979. *Children's experience of place.* New York: Irvington.

—, 1986. The changing city of childhood. The 1986 Catherine Molony Memorial Lecture, The City College Workshop Center, New York.

Hartocollis, A. 2002, 6 March. Boycotts and a bill protest mandating state tests. *New York Times,* B9.

Harvey, M. R. 1989. Children's experiences with vegetation. *Children's Environments Quarterly,* 6:36-43.

Heafford, M. 1967. *Pestalozzi: His thought and relevance today.* London: Methuen and Co.

Heard, G. 1989. *For the good of the earth and sun.* Portsmouth. N. H. : Heinemann.

Hesse, H. 1979, Die Gedichte. st 381, 2 Bde. Frankfurt: Suhrkamp Verlag

Hirsch, E. D., Jr. 1988. *Cultural literacy.* New York: Vintage Books.

Hirsh-Pasek, K. 1991. Pressure or challenge? How academic environments affect children. In *Academic instruction in early childhood: Challenge or pressure?* Edited by L. Rescorla, M. C. Hyson, and K. Hirsh-Pasek. New Directions for Child Development. No. 53. San Francisco: Jossey-Bass.

Horwitz, R. A. 1979. Winter. Psychological effects of the "open classroom." *Review of Educational Research,* 49: 71-86.

Hoyles, M. H. 1979. History and Politics. In *Changing childhood*. Edited by M. H. Hoyles. London: Writers and Readers Cooperative.

Humphreys, L. G. 1990. A depressing picture of black's future status. *Contemporary Psychology, 35*: 938/40.

Johnson, C. 1990. *On becoming lost: A naturalist's search for meaning.* Salt Lake City: Cobbs-Smith Publishers.

Johnson, H. 1928. Children in the nursery school. New York: Day.

Kahn, P. H. 1999. *The human relationship to nature.* Cambridge: MIT Press.

Kamii, C. 1973. Piaget's interactionism and the process of teaching young children. In *Piaget in the classroom*. Edited by M. Schwebel and J. Raph. New York: Basic Books.

—, 1985. *Young children reinvent arithmetic.* New York: Teachers College Press.

—, 1989. *Young children continue to reinvent arithmetic: 2nd grade.* New York: Teachers College Press.

—, 1994. *Young children continue to reinvent arithmetic: 3rd grade.* New York: Teachers College Press.

Kamii, C., and R. DeVries. 1980. *Group games in early education.* Washington, D. C.: National Association for the Education of Young Children.

Kane, J. 1995. Educational reform and the dangers of triumphant rhetoric. In *Educational reform for a democratic society*. Edited by R. Miller, Brandon, Vt.: Resource Center for Redesigning Education.

Kaplan, L. J. 1978. *Oneness and separateness.* New York: Touchstone.

Keatinge, M. W. 1967. Introduction – Biographical. In *The great didactic of John Amos Comenius*. Edited by M. W. Keatinge. New York: Russell and Russell.

Kellert, S. R. 1993. The biological basis for human values of nature. In *The biophilia hypothesis*. Edited by S. R. Kellert and E. O. Wilson. Washington, D.C.: Island Press.

Kellogg, R. 1969. *Analyzing children's art.* Palo Alto, Kalifornien: Mayfield.

—, 1970. Understanding children's art. In *Readings in psychology today*. Edited by P. Cramer. Del Mar, Calif.: CRM Books.

—, 1979. *Children's drawings/children's minds.* New York: Avon.

Keniston, K. 1971. *Youth and dissent.* New York: Harvest Book.

Kierkegaard, S. 1844/1946. *The concept of dread.* Translated by W. Lowrie. Princeton, N. J.: Princeton University Press.

Kindler, A. M. 2000. From U-curve to dragons. *Visual Arts Research, 26*: 15-28.

King, J. D. 2000. MCAS test draws fire. In *Failing our kids*. Edited by K. Swope and B. Miner. Milwaukee: Rethinking Schools.

Kirby, M. 1989. Nature's refuge in children's environments. *Children's Environments Quarterly*, 6: 7-12.

Klima, E., and U. Bellugi. 1966. Syntactic regularities in the speech of children. In *Psycholinguistics papers*. Edited by J. Lyons and R. J. Wales. Edinburgh: Edinburgh University Press.

Kluckhohn, F. 1961. Dominant and variant value orientations. In *Personality in nature, society, and culture*. 2nd ed. Edited by C. Kluckhohn and H. A. Murray. New York: Knopf.

Koch, K. 1970. *Wishes, lies, and dreams*. New York: Perennial Library.

Koennen, C. 1992, 18 February. How kids are writing the green agenda for parents. *Los Angeles Times*, E1.

Kohler, W. 1947. *Gestalt Psychology*. New York: Mentor.

Kohn, A. 1999. *The schools our children deserve*. Boston: Houghton Mifflin.

Kornhaber, M. L., and G. Orfield. 2001. High stakes testing policies: Examining their assumptions and consequences. In *Raising standards or raising barriers?* Edited by G. Orfield and M. L. Kornhaber. New York: The Century Foundation.

Kozol, J. 1991. *Savage inequalities*. New York: Crown Publishers.

—, 2000. *Ordinary resurrections*. New York: Crown Publishers.

Kralovec, E., and J. Buell. 2000. *The end of homework*. Boston: Beacon Press.

Lawless, G. 1991. When the animals come to us. In *Earth prayers*. Edited by E. Roberts and E. Amidon. San Francisco: HarperCollins.

Levenstein, P., and J. O'Hara. 1993. The necessary lightness of mother-child play. In *Parent-child play*. Edited by K. MacDonald, Albany, N.Y.: State University of New York Press.

Lewis, C. C. 1981. The effects of parental firm control: A reinterpretation of findings. *Psychological Bulletin*, 90: 547-63.

Lipton, L., and P. Yarrow. 1963. "Puff the Magic Dragon." Honabe Melodies and Silver Dawn Music. New York: Cherry Lane Publishers.

Mahler, M. S., F. Pine, and A. Bergman. 1975. *The psychological birth of the human infant*. London: Hutchison & Co.

Macron, R. A. 1994, November. Doing the right thing for children: Linking research and policy reform in the District of Columbia public schools. *Young Children*, 50: 8-20.

Marx, L. 1964. *The machine in the garden.* London: Oxford University Press.
Maslow, A. H. 1969. *The psychology of science: A reconnaissance.* Chicago: Gateway, Henry Regnery.
Mayer, R. E., J. L. Dyck, and W. Vilberg. 1986. Learning to program and learning to think: What's the connection? *Communications of the ACM, 29* (7): 605-10.
Mendelson, L., in association with C. M. Schulz. 1979. *Happy Birthday, Charlie Brown.* New York: Random House.
Miller, Pl, and C. Garvey. 1984. Mother-baby role play: Its origins in social support. In *Symbolic play.* Edited by I. Bretherton. Orlando, Fla.: Academic Press.
Miner, B. 1999-2000. Winter. National summit: What wasn't said. *Rethinking Schools.*
Montessori, M. 1909/1964. *The Montessori Method.* Translated by A. E. George. New York: Schocken.
—, 1936/1966. *The secret of childhood.* Translated by M. J. Costelloe. New York: Ballantine Books.
—, 1948/1967. *The discovery of the child.* Translated by M. J. Costelloe. New York: Ballantine Books.
—, 1949/1967. *The absorbent mind.* Translated by C. A. Claremont. New York: Delta Book.
Moore, R. C. 1986a. *Childhood's domain.* London: Croom Helm.
—, 1986b. The power of nature orientations of girls and boys toward biotic and abiotic play settings on a reconstructed schoolyard. *Children's Environments Quarterly, 3*: 52-69.
—, 1987. "Like diamonds melting": Children's play and learning in aquatic settings. *Children's Environments Quarterly, 4*: 11-18.
—, 1989. Before and after asphalt: Diversity as an ecological measure of quality in children's outdoor environments. In *The ecological context of children's play.* Edited by M. N. Bloch and A. D. Pellegrini. Norwood, N. J.: Ablex.
Mumford, L. 1970. *The myth of the machine.* Vol. 2. San Diego: Harvest/ HJB.
Nabhan, G. P., and S. St. Antoine. 1993. The loss of floral and faunal story: The extinction of experience. In *The biophilia hypothesis.* Edited by S. R. Kellert and E. O. Wilson. Washington, D. C.: Island Press.
Nabhan, G. P., and S. Trimble. 1994. *The geography of childhood.* Boston: Beacon Press.

National Association for the Education of Young Children. 1986a. *Good teaching practices for 4- and 5-year-olds.* Brochure no. 522. Washington, D. C.: National Association for the Education of Young Children (202-232-8777).

—, 1986b. September. Position statement on developmentally appropriate practice in early childhood programs serving children birth through age 8. *Young Children.*

National Commission on Excellence in Education.1983. *A Nation at risk: The imperative for educational reform.* Washington, D. C.: U. S. Government Printing Office.

National education summit briefing book. 1999. Achieve, Inc.: 400 North Capitol Street, NW; Suite 351; Washington, DC 20001.

Needham, J. 1959. *A history of embryology.* 2nd ed. Cambridge: Cambridge University Press.

Nevers, P., V. Gebhard, and E. Billmann-Mahecha. 1997. Patterns of reasoning exhibited by children and adolescents in response to moral dilemmas involving plants, animals, and ecosystems. *Journal of Moral Education, 26*: 169-86.

Newson, J., and E. Newson. 1968. *Four years old in an urban community.* Chicago: Aldine.

—, 1976. *Seven years old in an urban community.* London: George Allen and Unwin.

Oliver, M. 1979. Sleeping in the forest. *Twelve moons.* Boston: Little, Brown.

Orr, D. W. 1993. Love it or lose it: The coming biophilia. In *The biophilia hypothesis.* Edited by S. R. Kellert and E. O. Wilson. Washington, D. C.: Island Press.

Palicsar, A. S., and L. Brown. 1989. Instruction for self-regulated reading. In *Toward the thinking curriculum: Current cognitive research.* Edited by L. B. Resnick and L. E. Klopfer. Alexandria, Va.: Association for Supervision and Curriculum Development.

Papert, S. 1980. *Mind-storms: Children, computers, and powerful ideas.* New York: Basic Books.

Pariser, D., and A. van den Berg. 1997. The mind of the beholder: Some provisional doubts about the U-curved aesthetic development thesis. *Studies in Art Education, 38*: 158-78.

Pearce, J. C. 1977. *Magical child.* New York: Dutton.

Pestalozzi, H. 1780/1912. Evening hours of a hermit. In *Pestalozzi's educational writings.* Edited by J. A. Green. London: Longmans, Green.

—, 1951. *The education of man: Aphorisms.* Translated by H. Norden and R. Norden. New York: Philosophical Library.
Piaget, J. 1926/1963, *The child's conception of the world.* Translated by J. Tomlinson and A. Tomlinson. Savage. Md.: Littlefield, Adams and Co.
—, 1946/1962. *Play, dreams, and imitation in childhood.* New York: Norton.
—, 1970. Piaget's theory. In *Carmichael's manual of child psychology.* 3rd ed. Edited by P. H. Mussen. New York: Wiley.
—, 1973. *To understand is to invent.* New York: Grossman.
Pinchbeck, I., and M. Hewitt. 1969. *Children in English society.* Vol. 1. London: Routledge and Kegan Paul. Pinker, S. 1994. *The language instinct.* New York: William Morrow.
Postman, N. 1982. *The disappearance of childhood.* New York: Laurel.
—, 1992. *Technopoly: The surrender of culture to technology.* New York: Knopf.
Ravitch, D. 1995. *National standards in American education.* Washington, D. C.: Brookings Instituion Press.
—, 2000. *Left back: A century of failed school reforms.* New York: Simon and Schuster.
Rawlings, M. K. 1938. *The yearling.* New York: Collier Macmillian.
Reinecke, I. 1991. Electronic illusions: A skeptic's view of our high tech future. In *Questioning technology.* Edited by J. Zerzan and A. Carnes. Philadelphia: New Society.
Roberts, J. M. 1976. *The pelican history of the world.* New York: Penguin Books.
Rogers, T. 1979. *Those first affections: An anthology of poems composed by children between the ages of two and eight.* London: Routledge and Kegan Paul.
Roszak, T. 1973. *Where the wasteland ends.* Garden City, N.Y.: Anchor Books.
—, 1986. *The cult of information.* New York: Pantheon.
Rothenberg, J. 1989. The open classroom reconsidered. *The Elementary School Journal, 90*: 69-86.
Rousseau, J.-J. 1755/1964. Discourse on the origin and foundations of inequality. In *Jean-Jacques Rousseau: The first and second discourses.* Edited by R. D. Masters. Translated by R. D. Masters and J. R. Masters. New York: St. Martin's Press.
—, 1762/1974. *Emile.* Translated by B. Foxley. London: Dent.
—, 1781/1953. *The Confessions.* Translated by L. M. Cohen. Middlesex, England: Penguin.
Russell, H. R. 1990. *Ten minute field trips.* 2nd ed. Washington, D.C.: National Science Teachers Association.

Sachs, J. S. 1976. Development of speech. In *Handbook of perception*. Vol. 7. Edited by E. C. Carterete and M. P. Friedman. New York: Academic Press.
Sacks, P. 1999. *Standardized minds.* Cambridge, Mass: Perseus.
Sadler, J. 1969. *Comenius.* London: Macmillan.
St. John, K. 2001. May 4. Marin students boycott state test. *San Francisco Chronicle.*
Sameroff, A. J., and **M. M. Haith.** 1996. *The five to seven year shift.* Chicago: University of Chicago Press.
Sarason, S. B. 1990. *The challenge of art to psychology.* New Haven, Conn.: Yale University Press.
Schachtel, E. G. 1959. *Metamorphosis.* New York: Basic Books.
Schaefer-Simmern, H. 1973. The mental foundation of art education in childhood. In *Child art: The beginnings of self-affirmation.* Edited by H. Lewis. Berkeley, Calif.: Diablo Press.
Schiller, P. 1999. *Start smart: Building brain power in the early years.* Beltsville, Md.: Gryphon House.
Schulz, C. M. 1962. *All this and Snoopy, too.* Greenwich, Conn.: Fawcett Publications.
—, 1970a. *Charlie Brown and Snoopy.* New York: Fawcett Crest.
—, 1970b. *Peanuts classics.* New York: Holt, Rinehart and Winston.
—, 1980. *Dr. Beagle and Mr. Hyde.* New York: Holt.
—, 1982. *This is the best time of the day, Charlie Brown.* New York: Ballantine Books, Fawcett Crest.
—, 1983. *You can't win them all, Charlie Brown.* New York: Ballantine Books.
—, 1984. *Take charge, Snoopy.* New York: Fawcett Crest.
—, 1990a. *You're weird, sir.* New York: Henry Holt and Company, Owl Books.
—, 1990b. *Speak softly, and carry a beagle.* New York: Henry Holt and Company, Owl Books.
—, 1990c. *How long, Great Pumpkin, how long?* New York: Henry Holt and Company, Owl Books.
—, 1990d. *It's great to be a superstar.* New York: Henry Holt and Company, Owl Books.
—, 1991a. *Hats off to you, Charlie Brown.* New York: Fawcett Crest.
—, 1991b. *Summers fly, winters walk.* New York: Henry Holt and Company, Owl Books.
—, 1991c. *A smile makes a lousy umbrella.* New York: Henry Holt and Company, Owl Books.

—, 1991d. *Could you be more pacific?* New York: Topper Books.
—, 1992a. *A kiss on the nose turns anger aside.* New York: Henry Holt and Company, Owl Books.
—, 1992b. *It's hard work being bitter.* New York: Henry Holt and Company, Owl Books.
—, 1993a. *Don't hassle me with your sighs, Chuck.* New York: Henry Holt and Company, Owl Books.
—, 1993b. *The way of a fussbudget is not easy.* New York: Henry Holt and Company, Owl Books.
Schwartz, J. I. 1977. Metalinguistic awareness: A study of verbal play in young children. American Education Research Association, ERIC/ EECE ED 149-852.
—, 1981. Children's experiments with language. *Young Children, 36*: 16-26.
Shackleton, R. 1969. Free inquiry and the world of ideas. In *The eighteenth century: Europe in the age of Enlightenment.* Edited by A. Cobban. New York: McGraw-Hill.
Shaffer, D., P. Fisher, M. K. Dulcan, M. Davies, J. Piacentini, M. E. Schwab-Stone, B. B. Lahey, K. Bourden, P. S. Jensen, H. R. Bird, G. Canino, and D. A. Regier. 1996, July. The NIMH Diagnostic Interview Schedule for Children, Version w.3 (DSCI-2.3): Description, acceptability, prevalence rates, and performance in the MECA study. *Journal of the Academy of Child and Adolescent Psychiatry, 35.*
Shahar, S. 1990. *Childhood in the middle ages.* London: Routledge.
Shakespeare, W. 1599/1994. *As you like it.* In *The comedies of William Shakespeare.* New York: Modern Library.
Shelley, P. B. 1920/1994. Ode to the West Wind. *Percy Bysshe Shelley: Selected Poems.* New York: Gramercy Books.
Sherman, A. 1994. *Wasting America's future: The Children's Defense Fund report on the costs of child poverty.* Boston: Beacon Press.
Shorofsky, R. 2000, 2 February. Letter to the editor. *New York Times.*
Singer, D. G., and J. Singer. 1990. *The house of make-believe: Children's play and developing imagination.* Cambridge: Harvard University Press.
Slobin, D. I. 1979. *Psycholinguistics.* 2nd ed. Glenview, Ill.: Scott, Foresman.
—, 1985. Cross-linguistic evidence for the language-making capacity. In *The cross-linguistic study of language acquisition.* Vol. 2. *Theoretical issues.* Edited by D. I. Slobin. Hillsdale, N. J.: Lawrence Erlbaum.

Smilansky, S., and L. Shefatya. 1990. *Facilitating play.* Silver Spring, Md.: Psychosocial and Educational Publications.
Smith, N., and the **Drawing Study Group**. 1998. *Observation drawing with children.* New York: Teachers College Press.
Sobel, D. 1993. *Children's special places.* Tucson, Ariz.: Zephyr Press.
Spock, B. 1945/1968. *Baby and child care.* New York: Pocket Books.
Standing Bear, L. 1933/1979. *Land of the Spotted Eagle.* Lincoln: University of Nebraska Press.
Stern, D. N. 1977. *The first relationship.* Cambridge: Harvard University Press.
—, 1985. *The interpersonal world of the infant.* New York: Basic Books.
Sternberg, R. J., and L. Spear-Swerling. 1996. *Teaching for thinking.* Washington, D. C.: American Psychological Association.
Stine, S. 1997. *Landscapes for Learning.* New York: Wiley.
Stone, L. 1965. *The crisis of the aristocracy.* Oxford: Oxford University Press.
Suh, S. H. 2002. Political thinking of children in Chile. Unpublished manuscript. The City College of New York.
Sutton-Smith, B. 1981. *The folkstories of children.* Philadelphia: University of Pennsylvania Press.
Swadener, B. B., and S. Lubek, eds. 1995. *Children and families "at promise".* New York: State University of New York Press.
Taylor, A. F., F. E. Kuo, and W. C. Sullivan. 2001. s. u. Growing up in the inner city: Green spaces as places to grow. *Environment & Behavior, 30*: 3-28.
Taylor, M. 1999. *Imaginary companions and the children who create them.* New York: Oxford University Press.
Thomas, A., and S. Chess. 1977. *Temperament and development.* New York: Bruner/ Mazel.
Thomas, G. V., and A. M. J. Silk. 1990. *An introduction to the psychology of children's drawings.* New York: New York University Press.
Thoreau, H. D. 1862/1982. Walking. In *Great short works of Henry David Thoreau.* Edited by W. Glick. New York: Harper & Row.
Thurman, H. 1979. *With head and heart.* New York: Harcourt Brace Jovanovich.
Tinbergen, E. A., and N. Tinbergen. 1972. Early childhood autism: an ethological approach. *Advances in Ethology: Supplement to the Journal of Comparative Ethology, 10*:37.

Tschukowsky, K. 1925/1971. *From two to five.* Translated and edited by M. Morton. Berkeley: University of California Press.
Tucker, M. J. 1974. The child as a beginning and end. In *The history of childhood.* Edited by L. de Mause. New York: Psychohistory Press.
Tucker, M. S., and J. B. Codding. 1998. *Standards for our schools.* San Francisco: Jossey-Bass.
Turner, J. 1995. Gary Snyder and the practice of the wild. In *Deep ecology for the 21st century.* Edited by G. Sessions. Boston: Shambhala.
Twain, M. 1876/1988. *The adventures of Tom Sawyer.* In *The Family Mark Twain.* New York: Dorset Press.
—, 18884/1960. *The adventures of Huckleberry Finn.* New York: Dell.
U.S. Department of Education. 1994. *Goals 2000: Educate America Act.* Washington, D.C.
Van de Castle, R. I. 1983. Animal figures in fantasy and dreams. Chap.15 in *New perspectives on our lives with companion animals.* Edited by A. H. Katcher and A. M. Beck. Philadelphia: University of Pennsylvania Press.
Vygotksy, L. S. 1934/1986. *Language and thought.* Translated by A. Kozulin. Cambridge: MIT Press.
Wallace, S. 2000, October 17. Relaxation techniques go a long way in helping stressed out kids. AAP [American Academy of Pediatrics] *News.*
Weikart, D. P., and L. J. Schweinhart. 1991. Disadvantaged children and curriculum effects. In *Academic instruction in early childhood.* Edited by L. Rescorla, M. C. Hyson, and K. Hirsh-Pasek. New Directions for Child Development, No. 53. San Francisco: Josey-Bass.
Weir, R. 1962. *Language in the crib.* The Hague: Mouton.
Wells, N. 2000. At home with nature: Effects of "greenness" on children's cognitive functioning. *Environment & Behavior, 32*: 775-96.
Wenar, C., and P. Kerig. 2000. *Developmental psychopathology.* 4th ed. Boston: McGraw-Hill.
Werner, H. 1948. Comparative psychology of mental development. 2nd ed. New York: Science Editions.
—, 1956. On physiognomic perception. In *The new landscape.* Edited by G. Kepes. Chicago: Theobald.
Werner, H., and B. Kaplan. 1963. *Symbol formation.* New York: Wiley.
White, S. H. 1965. Evidence for a hierarchical arrangement of learning processes.

In *Advances in child development and behavior*. Edited by L. P. Lipsitt and C. Spiker. New York: Academic Press.

Whittier, J. G. 1855/1993. The barefoot boy. In *One hundred and one famous poems*. Edited by R. J. Cook. New York: Barnes and Noble.

Who's Who Among American High School Students. Lake Forest, Ill.: Education Communications, Inc. (708-295-6650).

Wilgoren, J., and **J. Steinberg.** 2000, 3 July. Even for sixth graders, college looms. *New York Times*, sec. 1, A1.

Wilson, E. O. 1993. Biophilia and the conservation ethic. In *The biophilia hypothesis*. Edited by S. R. Kellert and E. O. Wilson. Washington, D.C.: Island Press.

Wilson, J., and **L.W. Jan.** 1993. *Thinking for themselves*. Armidale, Australia: Eleanor Curtain.

Wilson, M., and **B. Wilson.** 1982. *Teaching children to draw*. Englewood Cliffs, N. J.: Prentice-Hall.

Winn, M. 1977. *The plug-in drug*. New York: Viking.

—, 1981. *Children without childhood*. Middlesex, England: Penguin.

Winner, E. 1982. *Invented worlds*. Cambridge, Mass.: Harvard University Press.

Winnicott, D. W. 1951/1958. Transitional objects and transitional phenomena. In *Through pediatrics to psycho-analysis*. London: Hogarth Press.

—, 1965. The maturational process and the facilitating environment. New York: International Universities Press.

Wood, D. 1991. Aspects of teaching and learning. In *Learning to think*. Edited by P. Light, S. Sheldon, and M. Woodhead. London: Routledge.

Wordsworth, W. 1807/1985. Ode: Intimations of immortality from recollections of early childhood. In *Wordsworth: Poems selected by W. E. Williams*. London: Penguin.

Zernike, K. 2001, April 13. Top-scoring suburb set to boycott test. *New York Times*.

Zill, N., and **C.A. Shoenborn.** 1990, November 16. Developmental learning, and emotional problems. *Advance Data*, 190. Washington, D.C.: U.S. Department of Health and Human Services.

Danksagung

Viele Kollegen haben zu diesem Buch beigetragen. Die Diskussionen mit Roger Hart, Robin Moore und Louise Chawla haben mein Wissen darüber erweitert, wie Kinder vom intensiven Kontakt mit der Natur profitieren. Ich bin auch Howard Gardner, Jeffrey Kane, Douglas Sloan, Lillian Weber, Peter Sacks, Hubert Dyasi, Joy Turner and Margaret Loeffler für ihre persönlichen Anregungen und Einblicke in die Kindheit dankbar.

Viele Ideen in diesem Buch haben in den neun Jahren Gestalt angenommen, in denen ich in Teaneck, New Jersey, im Bildungsausschuss tätig war. Während dieser Zeit hatten einige von uns in der Gemeinde intensive Diskussionen darüber, wie wir als Erwachsene die Kinder am besten in ihrer Entwicklung und in ihrem Lernen unterstützen könnten. Ich bin besonders für die Beiträge meiner besten Freunde Beverly und Alan Lefkowitz, Lloyd Houston und meiner Frau Ellen dankbar.

Ich bin auch dem Team von Times Book zu Dank verpflichtet und ich möchte auch meinen besonderen Dank an Erika Goldman zum Ausdruck bringen. Ihr Rat als Lektorin und ihr Engagement am Hauptthema dieses Buches – die Wertschätzung der Kindheit – waren von unschätzbarem Wert.

Ich möchte jenen danken, die mir die Erlaubnis gegeben haben, Unterlagen von meinen früheren Arbeiten zu verwenden:

Montessori Life für die Teile von „The Child's Tie to Nature" (Sommer 1993), „How Nature Helps Children Develop" (Frühling 1993) und „Children Facing School: Sally Brown and Peppermint Patty" (Spring 1999).

Mothering magazine für die Ausschnitte von "Our Unobstrusive Presence" (Winter 1987).

Encounter: Education for Meaning and Social Justice für Teile des „The Importance of Nature to Children" (Sommer 2000).

Pearson Education für Ausschnitte von *Theories of Development: Concepts and Applications*, 4th edition (Upper Saddle River, N.J., 2000).

Darüber hinaus erteilte Gary Lawless die Erlaubnis, Teile aus seinem Gedicht „When the Animals Come to Us," *First Sight of Land* (Blackberry Books, 1990) zu zitierten. Howard Gardner genehmigte, die Kinderzeichnungen auf Seite 5 und Kay's Gedicht auf Seite 116 von *Arful Scribbles* (1980) zu reproduzieren. Die University of California Press erteilte mir die Abdruckerlaubnis für die Teile der Fig. 125 und 128 von Rudolf Arnheim, *Art and Visual Perception* (1954/ 1971) und die Gedichte in Kornei Tschukowskys, *From Two to Five* (1925/1971). Routledge gab die Erlaubnis, die Gedichte von Timothy Rogers, *Those First Affections: An Anthology of Poems Composed Between the Ages of Two and Eight* (1979) zu verwenden. The McGraw-Hill Companies, Inc., erteilten Erlaubnis, die Zeichnungen von Gesichtern auf Seite 94 von Rhoda Kellogg, *Analyzing Children's Art* (1969) abzudrucken. Und Jane Meyerding erlaubte, aus dem Gedicht von Barbara Deming „Spirit of Love" von Jane Meyerding, editor, *We Are All Part of One Another: A Barbara Deming Reader* (New Society Publishers 1984) zu zitieren.

Über den Autor

Dr. William Crain ist Entwicklungspsychologe, Autor und Gesellschaftsaktivist. Als Professor für Psychologie am City College von New York ist er Autor eines Standardlehrbuchs auf diesem Gebiet „Theories of Development: Concepts and Applications" (Prentice-Hall, 4th edition, 2000).

Er ist Herausgeber des Journals *Encounter: Education for Meaning and Social Justice*.

William Crain lebt in New York City.

Weitere Bücher aus dem Arbor Verlag

Daniel Siegel & Mary Hartzell
Gemeinsam leben, gemeinsam wachsen
Wie wir uns selbst besser verstehen und unsere Kinder einfühlsam ins Leben begleiten können.

Wie funktionieren Erinnerungen, Gefühle und Kommunikation im Geflecht unserer alltäglichen Beziehungen? Und wie können sie zu einer liebevollen und sicheren Beziehung zu unseren Kindern beitragen? Unter Bezug auf neueste Forschungsergebnisse aus Hirn- und Beziehungsforschung erläutern Daniel Siegel und Mary Hartzell, wie sich zwischenmenschliche Beziehungen direkt auf die Entwicklung des menschlichen Gehirns auswirken. Feinfühlig skizziert das Autorenduo hierbei den Kern der Beziehung zwischen Eltern und Kind, indem sie den Blick auf die familiäre Interaktion Schicht um Schicht von den oftmals unangemessenen und eingeschliffenen Erziehungspraktiken befreien.

304 Seiten, ISBN 3-936855-06-4

Lienhard Valentin
Mit Kindern neue Wege gehen

Wie können Kinder am sinnvollsten auf eine heute noch völlig unbekannte Zukunft vorbereitet werden?
Wie können sie die Kraft finden, sich den Herausforderungen der Gesellschaft zu stellen?
Und wie können sie gleichzeitig „emotionale und soziale Intelligenz" entwickeln, das heißt die Fähigkeit, echte und tiefe Beziehungen einzugehen?
Dieses Buch macht deutlich, dass Erziehungskonzepte im besten Fall Landkarten sind, die uns bei der Orientierung helfen. Und wir werden

ermutigt, uns Kindern ohne fertige Rezepte zuzuwenden – denn nur so können wir sie in ihrer Einzigartigkeit wahrnehmen und sie einfühlsam ins Leben begleiten.

Der erfahrene Elternberater Lienhard Valentin bietet als Unterstützung konkrete Übungen, Geschichten und Reflexionen. Mit ihrer Hilfe können Eltern, Erzieherinnen und Lehrer Kinder und ihre Bedürfnisse besser verstehen und sie dabei unterstützen ihr Potential so weitgehend wir möglich zu entfalten.

„Dieses Buch weist uns einen wirkungsvollen, überzeugenden und im wahrsten Sinne des Wortes praktischen Weg, den wir als Eltern beschreiten können, um Kinder auf achtsame Weise ins Leben zu begleiten."
Myla & Jon Kabat-Zinn

240 Seiten, ISBN 3-936855-23-4

Donaldson, Fred O.
Von Herzen spielen
Die Grundlagen des ursprünglichen Spiels

Kinder spielen. Sie müssen es nicht „lernen", sie „nehmen es sich nicht vor". Doch schon in frühester Kindheit wird das ursprüngliche Spiel von den kulturellen Praktiken vereinnahmt und ersetzt. Der Wettbewerb wird zur Leitschnur, und Praktiken, die der Erwachsenenwelt entstammen, verdrängen mehr und mehr die ursprüngliche Verbindung der Herzen zweier Spielender. Im ursprünglichen Spiel gibt es, fern jedem Wettbewerb, weder Gewinner noch Verlierer – Spiel ist eine Interaktion, die aus dem jeweiligen Moment heraus entsteht, aus der Beziehung. Donaldsons Grundlagenwerk über die Sprache des Spiels skizziert das Spiel als einen einzigartigen und praktischen Weg, Zugehörigkeit und Verbundenheit zu erfahren – eine Verbundenheit, die die meisten von uns seit frühester Kindheit vergessen haben.

304 Seiten, ISBN 3-936855-12-9

Michael Mendizza & Joseph Ch. Pearce
Neue Kinder, neue Eltern

Die von Joseph Ch. Pearce vorgelegten bahnbrechenden Erkenntnisse über den aktuellen Forschungsstand zur kindlichen Entwicklung, zum Potential des menschlichen Gehirns und die neuronalen Grundlagen menschlichen Lernens werden in diesem Buch speziell für Eltern, Erzieher und Lehrer in mitreißender und leicht verständlicher Form zusammengestellt. 20 Jahre nach *Die magische Welt des Kindes* das neue Standardwerk zur Kunst spielerischer Elternschaft.

304 Seiten, ISBN 3-936855-20-X

Magda Gerber
Dein Baby zeigt Dir den Weg

Die Bedürfnisse von Babys und Eltern erfüllen – und dabei nicht ausgelaugt, sondern glücklich sein. Wer möchte das nicht? Magda Gerber beschreibt in ihrem neuen Buch Dein Baby zeigt Dir den Weg anschaulich den Schlüssel, der Eltern dabei helfen kann, ihre Kinder angemessen zu begleiten und in der Beziehung mit ihnen sich selbst besser kennenzulernen: Es ist der respektvolle Umgang mit dem Baby von Anfang an. In vielen Beispielen, von den alltäglichen Pflegesituationen bis zum freien Spiel, zeigt sie, wie Eltern liebevoll für ihre Kinder sorgen und ihnen gleichzeitig Raum für ihre eigenständige Entwicklung geben können. Magda Gerber schildert, wie Eltern die Zeichen ihrer Kinder verstehen lernen und in respektvoller Zuwendung Kooperation und Austausch erleben können.

„Der Gehalt der mündlichen und schriftlichen Beratung mehrerer Jahrzehnte."

Anna Tardos

ISBN 3-924195-62-5

Der Verein Mit Kindern wachsen e.V.

Der Verein *Mit Kindern wachsen e.V.* besteht mittlerweile seit mehr als zwölf Jahren. Unsere Aktivitäten richten sich an Menschen, die mit Kindern neue Wege gehen wollen – Wege, die ein Kind von Anfang an als fühlendes Subjekt respektieren, seine Integrität bewahren und es ihm erlauben wollen, sich nach seinem eigenen inneren Gesetz zu entfalten. Dabei haben sich in den letzten Jahren folgende Schwerpunkte herausgebildet:

Die Zeitschrift Mit Kindern wachsen
Unsere Zeitschrift erscheint vierteljährlich. Zusätzlich bringen wir in unregelmäßigen Abständen themenbezogene Sonderhefte heraus, wie z.B. unser Kennenlernheft oder unser Special zum Thema Geburt, Säuglinge und Kleinkinder. Gegen Zusendung von Euro 5,- (sFr 10,-) schicken wir Ihnen gerne ein Probeheft.

Seminare und Fortbildungen
Über diese Aktivitäten hinaus organisieren wir Fortbildungen, Seminare und Vorträge mit verschiedenen Referenten, die unserer Arbeit nahe stehen, wie z.B. mit Anna Tardos, Myla & Jon Kabat-Zinn, Prof. Remo Largo, Jesper Juul, Katharina Martin, Lienhard Valentin und anderen.

Weitere Informationen über uns, unsere Zeitschrift und unsere Arbeit finden Sie im Internet unter **www.mit-kindern-wachsen.de** oder schriftlich unter
Mit Kindern wachsen e.V., Karlstr. 3a, 79104 Freiburg, Fax +49.(0)761.4799540, info@mit-kindern-wachsen.de

Gerne informieren wir Sie über unsere weiteren Veröffentlichungen. Schreiben Sie uns oder besuchen Sie uns im Internet unter:

www.arbor-verlag.de

Hier finden Sie umfangreiche Leseproben, aktuelle Informationen zu unseren Büchern und Veranstaltungen, Links und unseren Buchshop.

Arbor Verlag • D-79348 Freiamt
Tel: 0761. 401 409 30 • info@arbor-verlag.de